현대자동차
생산직(생산인력)

최신기출복원문제 + 핵심이론 + 적중예상문제

SD에듀
㈜시대고시기획

✿ 머리말

현대자동차는 창의적 사고와 끝없는 도전을 통해 새로운 미래를 창조함으로써 인류 사회의 꿈을 실현한다는 경영철학을 바탕으로, 고객의 삶의 동반자로서 만족과 감동을 주는 브랜드로 더욱 성장하기 위해 브랜드 슬로건 'New Thinking, New Possibilities'를 바탕으로 브랜드 방향성인 'Modern Premium'을 고객에게 전달하고자 한다.

현대자동차의 이러한 그룹의 비전에 적합한 인재를 창출해내기 위해 최근 수시채용으로 전환하여 채용을 실시하고 있으며, 2023년 10년 만에 생산직 채용을 실시해 청년실업을 해소하고 국내 고용을 활성화하고자 한다.

이에 SD에듀에서는 현대자동차 생산직(생산인력) 필기시험을 준비하는 데 있어 가장 중요하면서도 기본이 되는 영역별 핵심이론과 적중예상문제를 정리하여, 현대자동차에 입사하고자 하는 수험생들에게 도움이 되고자 다음과 같은 특징을 가진 본서를 출간하게 되었다.

도서의 특징

❶ 현대 · 기아 최신기출복원문제를 수록하여 출제 경향을 파악할 수 있도록 하였다.

❷ 현대자동차 생산직(생산인력) 필기시험 문제 유형을 분석 · 연구하여 만든 자동차구조학과 기계기능이해력의 영역별 핵심이론 및 적중예상문제를 수록하여 출제될 가능성이 높은 문제 유형을 파악하고 체계적으로 공부할 수 있도록 하였다.

❸ 현대자동차 회사상식 문제와 일반상식 문제를 엄선해, 기본기를 다지며 실전에 대비할 수 있는 기초영어와 함께 수록하였다.

❹ 현대자동차의 인재상과의 적합 여부를 판별할 수 있는 인성검사를 분석 · 수록하였다.

❺ 합격의 최종 관문인 면접에 대한 실전 대책, 기출질문을 수록하여 현대자동차 생산직(생산인력) 채용의 마지막까지 도움이 될 수 있도록 하였다.

끝으로 본 도서를 통해 현대자동차 생산직(생산인력) 채용을 준비하는 모든 수험생 여러분이 합격의 기쁨을 누리기를 진심으로 기원한다.

SD적성검사연구소 씀

현대자동차
생산직(생산인력)

Always **with you**

사람의 인연은 길에서 우연하게 만나거나
함께 살아가는 것만을 의미하지는 않습니다.
책을 펴내는 출판사와 그 책을 읽는 독자의 만남도 소중한 인연입니다.
SD에듀는 항상 독자의 마음을 헤아리기 위해 노력하고 있습니다.
늘 독자와 함께하겠습니다.

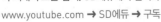

현대자동차 이야기

경영철학

창의적 사고와 끝없는 도전을 통해 새로운 미래를 창조함으로써
인류 사회의 꿈을 실현한다.

고객 최우선   도전적 실행   소통과 협력   인재 존중   글로벌 지향

비전

휴머니티를 향한 진보
Progress for Humanity

우리는 진보가 인류에 대한 깊은 배려와 맞닿아 있을 때 비로소 의미를 가진다고 믿는다.
휴머니티는 우리를 하나로 만들고, 우리의 관계를 더욱 단단하게 해준다.
그리고 무엇에 힘을 쏟아야 할지 알려주며, 혁신을 향해 나아가야 할 지향점을 제시해준다.
이러한 원칙으로 우리는 관계를 더 강하게 하고, 서로를 공감하게 하여 더 가치있는 삶을 제공한다.
우리는 인류를 위해 옳은 일을 하고자 존재한다.

🎯 핵심가치

5대 핵심가치는 현대자동차의 조직과 구성원에게 내재되어 있는 성공 DNA이자 더 나은 미래를 향하여 새롭게 발전시키고 있는 구체적인 행동양식이다.
현대자동차는 5대 핵심가치를 통해 글로벌 기업의 위상에 맞는 선진문화를 구축하며 성공 DNA를 더욱 발전시켜 나갈 것이다.

CUSTOMER

고객 최우선
최고의 품질과 최상의 서비스를 제공함으로써 모든 가치의 중심에 고객을 최우선으로 두는 고객 감동의 기업 문화를 조성한다.

CHALLENGE

도전적 실행
현실에 안주하지 않고 새로운 가능성에 도전하며 '할 수 있다'는 열정과 창의적 사고로 반드시 목표를 달성한다.

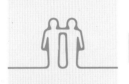
COLLABORATION

소통과 협력
타 부문 및 협력사에 대한 상호 소통과 협력을 통해 '우리'라는 공동체 의식을 나눔으로써 시너지효과를 창출한다.

PEOPLE

인재 존중
우리 조직의 미래가 각 구성원들의 마음가짐과 역량에 달려 있음을 믿고 자기계발에 힘쓰며, 인재 존중의 기업문화를 만들어 간다.

GLOBALITY

글로벌 지향
문화와 관행의 다양성을 존중하며, 모든 분야에서 글로벌 최고를 지향하고 글로벌 기업시민으로서 존경 받는 개인과 조직이 된다.

모집시기

시기가 정해져 있지는 않으며, 연중 수시로 진행

※ 생산직의 경우 2013년 4월 이후 10년 만에 신규 채용

지원자격

❶ 고등학교/전문대 졸업자 및 동등 학력 이수자
❷ 병역필 또는 면제자
❸ 해외여행 시 결격사유가 없는 자
❹ 생산공장 교육/현장실습 가능자

지원방법

현대자동차 채용 포털(talent.hyundai.com) 접속 후 지원서 작성 및 제출

채용전형 절차

| 지원서 접수 | 서류전형 | 인성검사/필기시험 | 면접 | 신체검사 |

기타

❶ 지원서 작성 내용이 사실과 다르거나 증빙할 수 없는 경우, 합격 취소 또는 전형상의 불이익을 받을 수 있습니다.
❷ 채용 절차의 모집 부문 및 분야, 자격 요건 및 일정 등 세부 내용은 채용 공고를 참고하기 바랍니다.
❸ 각 부문에 따라 채용 프로세스가 달라질 수 있으며, 상황에 따라 유동적으로 운영될 수 있습니다.

❖ 지원자격 및 채용절차는 시기별로 변경될 수 있으니, 반드시 발표되는 채용 공고를 반드시 확인하시길 바랍니다.

2주 완성 학습플랜

본서에 수록된 전 영역을 단기간에 끝낼 수 있도록 구성한 학습플랜이다. 한 번에 전 영역을 공부하지 않고, 한 영역을 집중적으로 공부할 수 있도록 하였다. 인성검사 및 필기시험에 대한 기초 학습은 되어 있으나, 학습 계획 세우기에 자신이 없는 분들이나 미리 시험에 대비하지 못해 단시간에 많은 분량을 봐야 하는 수험생에게 추천한다.

📝 TWO WEEKS STUDY PLAN

	1일 차 ☐	2일 차 ☐	3일 차 ☐
Start!	____월____일	____월____일	____월____일

4일 차 ☐	5일 차 ☐	6일 차 ☐	7일 차 ☐
____월____일	____월____일	____월____일	____월____일

8일 차 ☐	9일 차 ☐	10일 차 ☐	11일 차 ☐
____월____일	____월____일	____월____일	____월____일

12일 차 ☐	13일 차 ☐	14일 차 ☐	
____월____일	____월____일	____월____일	**Finish**

이 책의 차례

현대 · 기아자동차 생산인력

최신기출복원문제

얼마나 많은 사람들이
책 한 권을 읽음으로써
인생에 새로운 전기를 맞이했던가.

헨리 데이비드 소로

※ 최신기출복원문제는 기존에 출제되었던 현대자동차 생산인력 필기시험과 2021년 및 2017년도 기아자동차 입사시험 후기를 통해 SD에듀에서 복원한 문제로 실제 문제와 다소 차이가 있을 수 있으니 참고하시기 바랍니다.

01 현대자동차 기출복원문제

01 유압식 브레이크는 어떤 원리를 이용한 것인가?

① 뉴턴의 원리 ② 파스칼의 원리

③ 베르누이의 원리 ④ 애커먼 장토의 원리

해설 파스칼의 원리란 밀폐된 용기 속에 담겨 있는 액체의 특정 부분에 압력이 주어지면 압력이 각 면에 수직으로 작용하여 액체의 각 부분에 골고루 전달되는 것을 말한다.

02 다음 중 터보차저의 장점으로 옳지 않은 것은?

① 엔진의 소형 경량화가 가능하다.

② 내구성이 높다.

③ 착화지연 시간이 짧다.

④ 연료소비율을 감소시킨다.

해설 터보차저는 열에 취약하여 내구성이 낮은 점이 단점으로 꼽힌다.

03 다음 중 전자제어 현가장치의 제어 기능에 해당 되는 것이 아닌 것은?

① 미끄럼 방지 기능 ② 공기압축기 제어기능

③ 조향핸들감도 제어기능 ④ 차 높이 조절기능

해설 전자제어 현가장치의 제어 기능으로는 자세 제어기능, 감쇠력 제어기능, 차 높이 조절기능, 공기압축기 제어기능, 조향핸들감도 제어기능, ECS 지시등 제어기능, 자기진단기능이 있다.

정답 1 ② 2 ② 3 ①

04   (라) 기어의 회전 방향은 어느 쪽인가?

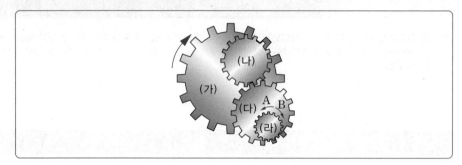

① A   ② B
③ 움직이지 않는다.

해 설 외접 기어는 회전 방향이 반대이고, 내접 기어는 회전 방향이 같다.

05   (다) 기어의 회전 방향은 어느 쪽인가?

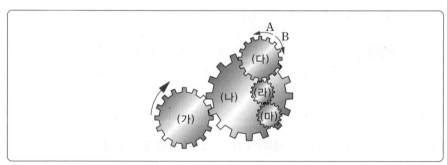

① A   ② B
③ 움직이지 않는다.

해 설 외접 기어는 회전 방향이 반대이고, 내접 기어는 회전 방향이 같다.

06 다음 중 회전 방향이 나머지와 다른 것을 고르면?

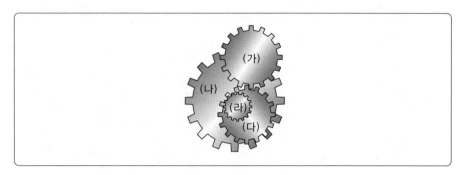

① (가)　　　　　　　　　　② (나)

③ (다)　　　　　　　　　　④ (라)

해설 외접 기어는 회전 방향이 반대이고, 내접 기어는 회전 방향이 같다.

07 다음 그림과 같이 지레에 무게가 10N인 물체를 놓고 지렛대를 수평으로 하기 위하여 필요한 힘 F의 크기는?

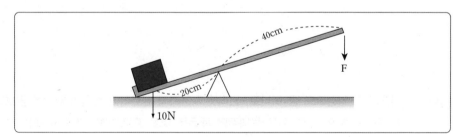

① 5N　　　　　　　　　　② 10N

③ 15N　　　　　　　　　　④ 20N

해설 받침점에서 작용점까지의 거리 : 받침점에서 힘점까지의 거리＝지레에 가해주는 힘 : 물체의 무게
20cm : 40cm＝F : 10N
∴ F＝5N

08 다음 그림과 같이 2N의 추를 용수철에 매달았더니 용수철이 4cm 늘어났다. 이 용수철을 손으로 잡아당겨 10cm 늘어나게 했을 때, 손이 용수철에 작용한 힘의 크기는 몇 N인가?

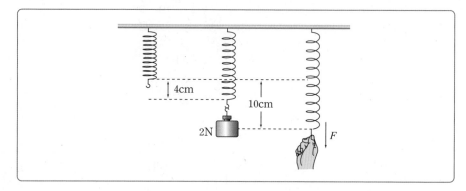

① 2.5N   ② 5N

③ 7.5N   ④ 9N

해설 1N의 힘을 가할 때 2cm 늘어난다. 따라서 10cm 늘어나려면 5N의 힘이 작용해야 한다.

09 최근 신종 악성코드 중 하나로, 인터넷 사용자의 컴퓨터에 잠입해 파일을 암호화해 열지 못하도록 만든 후 돈을 보내주면 해독용 열쇠 프로그램을 전송해준다면서 금품을 요구하는 악성 프로그램은?

① 멀웨어   ② 랜섬웨어

③ 핵티비즘   ④ 스파이웨어

해설 랜섬웨어는 컴퓨터 사용자의 중요 자료나 개인정보를 볼모로 잡고 몸값(Ransom)을 요구하는 악성코드이다.

10 지평선 가까이 있는 보름달이 커 보이는 이유는 무엇인가?

① 착시   ② 산란

③ 분산   ④ 굴절

해설 사람이 달을 볼 때, 지평선 근처의 달이 하늘 높이 떠 있는 달보다 더 멀리 있다고 인식하기 때문에 '멀리 있는 것은 작아보인다.'라는 상식을 보완하려는 작용으로 지평선 근처의 달을 더 크게 인식한다. 이는 끝이 점점 좁아지는 철로 그림의 가까운 곳과 먼 곳에 길이가 같은 선을 그렸을 때 먼 곳에 그린 선이 더 길어보이는 '폰조 원근착시(Ponzo Perspective Illusion)'와 비슷한 현상이다.

11 다음 중 통상임금에 포함되는 것은?

① 상여금   ② 휴일근무 수당

③ 시간 외 수당   ④ 명절 떡값

해설 대법원은 연말 떡값·명절 제사비·교통비는 회사가 격려 차원에서 주는 시혜성 보너스의 개념이 아니기 때문에 통상임금에 포함된다고 판결을 내렸다. 통상임금이란 근로자에게 일률적·정기적으로 소정 근로 또는 총근로에 대하여 지급하기로 정하여진 시간급·일급·주급·월급 금액 또는 도급 금액을 말한다.

12 다음 대화에서 밑줄 친 말의 의도로 가장 적절한 것은?

A : Hello, John.
B : Hey, Ann. Will you do me a favor?
A : Sure. What is it?
B : Can I borrow your badminton racket? I need it for my class for tomorrow.
A : <u>No problem</u>.

① 위로   ② 거절

③ 승낙   ④ 감사

해설 「A : 안녕, John.
　　B : 저기, Ann. 부탁 하나 들어줄래?
　　A : 그럼. 뭔데?
　　B : 네 배드민턴 라켓을 빌릴 수 있을까? 내일 수업에 필요하거든.
　　A : <u>문제 없어.(좋아)</u>」

13　다음 대화에서 A와 B의 관계로 가장 적절한 것은?

A : You look pale. What's the matter?
B : I have a terrible stomachache. The pain is too much. I think I'm going to throw up.
A : When did your stomach start hurting?
B : After breakfast.
A : Do you have any idea why?
B : It must have been something I ate.
A : Let me see. Oh, you have a fever, too. You'd better go to see the school nurse right now.

① teacher − student　　　② doctor − patient
③ pharmacist − customer　　④ mom − son

해설 ① 교사 − 학생
　　② 의사 − 환자
　　③ 약사 − 고객
　　④ 엄마 − 아들
「A : 얼굴이 창백해보여. 무슨 일이니?
　　B : 복통이 심해요. 너무 아프네요. 토할 것 같아요.
　　A : 언제부터 아프기 시작했니?
　　B : 아침식사 후부터요.
　　A : 왜 그러는지 알겠니?
　　B : 제가 먹은 무언가 때문인 게 틀림없어요.
　　A : 어디 보자. 오, 너 열도 있구나. 학교 간호사에게 즉시 가보는 게 좋겠다.」

14 다음 대화에서 빈칸에 들어갈 말로 알맞은 것을 고르면?

> A : Honey, you said you have a day off this Friday, right?
> B : Yeah, it's my company's foundation day. How about going on a family outing to the zoo?
> A : That sounds great. Jane wants to go to the zoo these days.
> B : _____

① Visitors should not feed the animals.

② All right. I'll see if I can take a day off for her.

③ sure. I'll take her to the foundation day party.

④ Yes. She likes to see lots of different animals.

해설 ① 방문객들은 동물에게 먹이를 줘서는 안 돼요.
② 좋아요. 그녀를 위해 휴가를 낼 수 있는지 알아볼게요.
③ 당연하죠. 나는 창립기념일 파티에 그녀를 데려갈 거예요.
「A : 여보, 이번 주 금요일에 휴가라고 말했었는데, 맞나요?
 B : 네, 회사 창립기념일이에요. 동물원으로 가족 나들이를 가는 게 어떨까요?
 A : 좋아요. Jane은 요즘에 동물원에 가고 싶어 했어요.
 B : 그래요. 그 애는 여러 가지 많은 동물을 보는 것을 좋아하죠.」

02 기아자동차 기출복원 문제

01 윤활유를 점검하였더니 백색이었다. 이 윤활유의 상태는? 2021년

① 심하게 오염되었다.　　　　② 냉각수가 침투되었다.

③ 휘발유가 침투되었다.　　　　④ 4에틸납이 침투되었다.

> **해설** 오답확인
> ① 심하게 오염된 경우의 오일은 흑색이다.
> ③ 휘발유가 침투된 경우의 오일은 적색이다.
> ④ 4에틸납이 침투된 경우의 오일은 회색이다.

02 다음 중 디젤기관의 연소실 구비조건에 대한 설명으로 옳지 않은 것은? 2021년

① 디젤 노크가 적고 연소상태가 좋을 것

② 연소시간을 짧게 할 수 있는 구조일 것

③ 평균 유효압력이 높을 것

④ 기동이 어렵고 시동정지가 쉬울 것

> **해설** 디젤기관의 연소실은 기동이 쉬워야 한다.
> **디젤 연소실의 구비조건**
> • 기동이 쉬울 것
> • 연소시간이 짧을 것
> • 평균 유효압력이 높을 것
> • 열효율이 높을 것
> • 디젤 노크가 적고 연소상태가 좋을 것

03 다음 중 레임덕(Lame Duck)에 대한 설명으로 적절하지 않은 것은? 2021년

① 제2차 세계대전 때부터 사용된 말이다.

② 임기만료를 앞둔 공직자를 '절름발이 오리'에 비유한 말이다.

③ 대통령을 배출한 집권당이 중간선거에서 다수의석을 확보하지 못하여, 대통령의 정책이 의회에서 순탄히 관철되지 않는 경우에 사용되는 말이기도 하다.

④ 채무 불이행 상태에 놓인 증권거래인을 가리키는 경제용어로도 쓰였다.

> **해설** 레임덕(Lame Duck)은 1861~1865년 일어난 미국 남북전쟁 때부터 사용된 단어이다.

1 ② 　2 ④ 　3 ① 　**정답**

04 다음 중 선거에서 약세 후보가 유권자들의 동정을 받아 지지도가 올라가는 현상을 가리키는 용어는?

2021년

① 밴드왜건 효과

② 언더독 효과

③ 스케이프고트 현상

④ 레임덕 현상

해설 언더독(Underdog)은 강자보다 약자에게 연민을 느껴 약자가 강자를 이겨주기를 바라는 현상을 말한다.

05 다음 중 자존감 부족으로 인해 발생하는 현상과 거리가 먼 것은?

2021년

① 번아웃 증후군

② 가면 증후군

③ 살리에리 증후군

④ 리셋 증후군

해설 리셋 증후군은 리셋 버튼만 누르면 처음부터 다시 시작할 수 있는 것처럼 착각하는 현상을 가리킨다. 이처럼 생각하는 일부 청소년층이 극단적인 범죄를 일으켜 물의를 빚기도 한다.

오답확인

① 번아웃 증후군은 극심한 육체적·정신적 피로감으로 인해 직무에서 오는 열정과 성취감을 잃어버린 현상이다.

② 가면 증후군은 높은 성취의 증거에도 불구하고 자신이 무능하다고 믿으며, 자신이 남들을 기만하고 있다고 생각하는 현상이다.

③ 살리에리 증후군은 탁월하게 뛰어난 사람을 보며 열등감이나 무기력함을 느끼는 현상이다.

06 다음 중 RV차량에 속하지 않는 것은? 2017년

① 세단
② SUV
③ 미니밴
④ 왜건

해설 RV(Recreational Vehicle)는 여가 활동을 위한 차를 말하는데, 실내 공간 효율이 높아 인원 및 화물 수용성이 뛰어나기 때문에 출퇴근뿐만 아니라 다목적으로 사용할 수 있는 것이 특징이다. 세단(Sedan)은 프랑스의 지명인 '스당(Sedan)'에서 비롯된 말로 지붕이 있고 독립된 네 개의 도어가 있는 일반적인 승용차 형식을 뜻한다.

오답확인

② SUV(Sport Utility Vehicle) : 넓은 뜻에서 RV차량에 속하며 보다 스포츠에 초점을 둔 다목적 차량이다. 악천후에서 쉽게 달릴 수 있도록 사륜구동을 사용하는 것이 특징이다.

③ 미니밴 : RV차량 중 하나로 실내 공간이 넓고, 3열 시트를 갖춰 많은 인원을 태울 수 있는 것이 특징이다.

④ 왜건 : RV차량 중 하나로 세단의 실내를 뒤로 늘려 8인승으로 하거나 좌석을 들어내어 트렁크 대신 쓰는 승용차를 뜻한다. 뒤 차체와 트렁크가 길게 늘어진 모양이 특징으로 업무용이나 레저용으로도 널리 이용된다.

07 다음 중 DOHC엔진의 특징이 아닌 것은? 2017년

① 흡기밸브와 배기밸브에 캠축이 2개 있다.
② 동급의 일반 엔진에 비해 흡ㆍ배기 효율이 좋다.
③ 배기량에 따른 연료소비량이 많으며 소음이 크다.
④ 회전수에 따라 흡기밸브를 여닫는 타이밍과 양에 변화를 준다.

해설 VVT엔진(Variable Valve Timing engine)에 대한 설명이다. VVT엔진은 가변 밸브 타이밍 엔진이라고도 하며 저속회전과 고속회전에 맞추어 엔진을 구동하기 때문에 연비와 출력을 동시에 증가시킬 수 있는 것이 특징이다.

08 다음 중 디젤 기관 연료의 구비조건으로 옳은 것은?　　　　　　2017년

① 점도가 높을 것　　　　　　　② 황의 함유량이 적을 것
③ 착화성이 낮을 것　　　　　　④ 발열량이 작을 것

해설 경유(디젤)에 함유된 황(S)은 공기 중으로 황산화물을 배출시키는 문제점이 있다. 황산화물은 황의 산소화물을 통틀어 이르는 말로 대기 오염이나 산성비의 원인이 되며 호흡 기관 질환의 원인으로 지목받는다.

오답확인
① 점도가 높으면 기화가 잘 일어나지 않게 된다.
③ 연료에 불이 쉽게 붙기 위해서는 착화성이 좋아야 한다.
④ 발열량은 연료가 완전 연소할 때에 생기는 열량으로, 발열량이 크다는 것은 같은 무게라도 에너지가 높다는 것을 의미한다.

09 다음 중 성격이 다른 단어는?　　　　　　　　　　　　　　2017년

① 출산(出産)　　　　　　　　　② 해산(解産)
③ 생산(生産)　　　　　　　　　④ 양산(量産)

해설 양산(量産)은 많이 만들어 냄을 의미하는 단어이다.

오답확인
①·② 출산(出産)과 해산(解産)은 아이를 낳음을 의미하는 단어다.
③ 생산(生産)은 아이나 새끼를 낳는 일을 예스럽게 이르는 말이다.

10 무선 랜이 장착되어 인터넷 접속이 가능함은 물론 자동 충돌 알림, 과속 및 안전 경보 알림 등 추가적인 기술이 장착된 차량을 뜻하는 단어는 무엇인가?　　2017년

① 와이어리스 카　　　　　　　② 와이파이 카
③ 커넥티드 카　　　　　　　　④ 일렉트릭 카

해설 커넥티드 카(Connected Car)는 네트워크에 연결된 자동차가 다양한 서비스를 제공하는 것을 의미하는 신조어다. 커넥티드 카는 V2X(Vehicle to X) 기술들을 기반으로 차량과 차량, 차량과 사물과 통신함은 물론 안전한 자율주행 또는 주행보조 기능을 제공하거나 차량과 교통 흐름 정보를 주고받을 수 있다. 기아자동차의 커넥티드 카 서비스인 유보(UVO)는 스마트폰과 내비게이션 화면을 무선으로 연결하여 HD급 화면을 연동할 수 있으며 비서 서비스, 스마트라디오, 사고 정보나 교통정보 안내 서비스 등을 지원한다.

11 다음 속담과 같은 의미의 사자성어는?

> 숭어가 뛰니까 망둥이도 뛴다.

① 설상가상(雪上加霜)　　　　② 상전벽해(桑田碧海)

③ 적반하장(賊反荷杖)　　　　④ 부화뇌동(附和雷同)

해설 부화뇌동(附和雷同)은 우레 소리에 맞춰 함께한다는 뜻으로, 자신의 뚜렷한 소신 없이 그저 남이 하는 대로 따라하는 것을 뜻한다. '숭어가 뛰니까 망둥이도 뛴다.'는 남이 한다고 하니까 분별없이 덩달아 나섬을 비유적으로 이르는 속담이다.

오답확인

① 설상가상(雪上加霜)은 눈 위에 서리가 덮인다는 뜻으로, 이와 유사한 속담으로는 '엎친 데 덮친 격'이 있다.

② 상전벽해(桑田碧海)는 뽕나무밭이 변하여 푸른 바다가 된다는 뜻으로, 이와 유사한 속담으로는 '십 년이면 강산도 변한다.'가 있다.

③ 적반하장(賊反荷杖)은 도적이 도리어 몽둥이를 든다는 뜻으로, 이와 유사한 속담으로는 '방귀 뀐 놈이 성낸다.'가 있다.

12 다음 빈칸에 들어갈 말로 알맞은 것은?

> According to some physicists, approximately 1 million years after the big bang, the universe cooled to about 3,000℃, and protons and electrons _____ to make hydrogen atoms.

① combined　　　　　　　② combining

③ combine　　　　　　　④ to combine

해설 등위접속사 and 뒤의 'protons and electrons'가 주어이므로 빈칸에는 앞문장의 동사 cooled와 동일한 형태인 과거형 동사가 와야 한다.

- cool : 식다, 차가워지다
- proton : 양자
- electron : 전자
- hydrogen : 수소
- atom : 원자

「몇몇 물리학자들에 따르면, 빅뱅 이후 대략 백만 년이 지나 우주가 약 3,000℃까지 식었고, 양자와 전자들이 결합해서 수소 원자들을 만들었다.」

13 다음 대화가 이루어지는 장소로 가장 알맞은 것은? 2017년

> A : May I help you?
> B : I booked three tickets yesterday.
> A : Oh! You mean 'Hamlet'. It's thirty dollars in total. You can enter in 20 minutes later.
> B : Thank you.

① bookstore ② theater
③ museum ④ school

해설 book이라는 단어 때문에 혼동이 올 수 있지만, 여기서는 '예약하다'는 동사로 쓰였다. 한편 tickets와 Hamlet, 그리고 20분 뒤부터 입장이 가능하다는 문장을 통해 대화가 이루어지는 장소가 ② theater임을 추측할 수 있다.
「A : 무엇을 도와드릴까요?
 B : 어제 입장권을 세 장 예약했는데요.
 A : 오! '햄릿' 말씀이시군요. 총 30달러입니다. 입장은 20분 뒤부터 가능합니다.
 B : 감사합니다.」

14 다음 대화의 빈칸에 들어갈 표현으로 적절하지 않은 것은? 2017년

> A : So, what are you planning to do in the future?
> B : _____

① I was a programmer at the company.
② I'll discuss it slowly with my wife.
③ First, I plan to go on a trip.
④ I'll take a month off and think after that.

해설 앞으로의 계획을 묻는 질문에 과거의 이력을 대답하고 있으므로 옳지 않다.
오답확인
② 아내와 함께 천천히 의논할 겁니다.
③ 먼저, 여행을 떠나려고 합니다.
④ 한 달은 쉬고 그 뒤에 생각할 겁니다.

15 방향 지시등 조작 없이 차량이 차로를 이탈하려 할 경우 클러스터에 경고하고, 차로 이탈을 방지하도록 스티어링 휠을 보조하는 주행보조 시스템은?   2017년

① LKA   ② SCC
③ DAW   ④ BCA

해설 차로 이탈방지 보조(LKA; Lane Keeping Assist) 시스템에 대한 설명이다.
오답확인
② 스마트 크루즈 컨트롤(SCC; Smart Cruise Control)은 도로에서 앞 차량과의 거리를 감지, 운전자가 설정한 속도를 기준으로 자동으로 주행 속도를 조절하여 편리하고 안전한 주행을 지원하는 기능이다.
③ 운전자 주의 경고(DAW; Driver Attention Warning)는 운전자의 피로 및 부주의 운전 패턴이 감지되면 휴식을 권하는 팝업 메시지와 경고음을 발생, 주의환기 및 운전자 휴식을 유도하는 시스템이다.
④ 후측방 충돌 방지보조(BCA; Blind-Spot Collision Avoidance-Assist)는 후측방 경보 중 차선 변경으로 충돌이 예상될 때 반대편 앞바퀴의 미세 제동을 통하여 충돌 회피를 지원하는 시스템이다.

16 다음 사건과 관련 있는 인물은?   2017년

> 그는 뜻한 바를 기어이 성공하려고 4월 27일에 식장인 홍커우 공원으로 가서 모든 것을 세밀하게 점검한 후, 시라카와 대장의 사진을 얻고 일본 국기 한 장을 사서 가슴 속에 품고 있다가, 29일 새벽이 되자 양복을 입고 어깨에 군용 물병을 메고 손에는 도시락을 들고 공원으로 달음질쳐 간 것이다.
>
> 김구, 『도왜실기』

① 안중근   ② 윤봉길
③ 안창호   ④ 이봉창

해설 제시된 사건은 홍커우 공원 사건으로, 1932년 4월 중국 상하이 홍커우 공원에서 윤봉길이 독립을 위해 일본 제국의 주요 인사들에게 폭탄을 투척한 사건이다.
오답확인
① 안중근 : 대한제국의 항일 의병장 겸 정치 사상가로 1909년 10월 하얼빈 역에 잠입하여 역전에서 이토 히로부미를 사살하였다.
③ 안창호 : 대한제국의 교육개혁운동가이자 애국계몽운동가, 일제 강점기의 독립운동가로 1897년에는 독립협회에 가입, 1907년에는 비밀결사 조직 신민회 결성, 1909년에는 청년 학우회, 1912년 대한인 국민회, 1913년 흥사단, 1928년 한국 독립단 조직을 비롯한 다양한 독립활동에 매진했다.
④ 이봉창 : 일제 강점기의 상인이자 독립운동가로 1932년 일본에 건너가 도쿄의 경시청 사쿠라다 문 앞에서 일왕을 폭탄으로 저격하려 하였으나 실패했다.

17 인구와 건물이 밀집되어 있는 도심지는 일반적으로 다른 지역보다 온도가 높게 나타나는데, 이처럼 도심지가 주변의 온도보다 특별히 높은 기온을 나타내는 현상을 가리키는 말은? 2017년

① 열대야
② 열섬현상
③ 기온역전
④ 지구온난화

해설 열섬현상은 인구의 증가, 각종 인공 시설물의 증가, 콘크리트 피복의 증가, 자동차 통행의 증가, 인공열의 방출, 온실효과 등의 영향으로 도시 중심부의 기온이 주변 지역보다 현저하게 높게 나타나는 현상을 말한다.

18 다음 중 고속 디젤기관의 사이클로 올바른 것은? 2017년

① 오토사이클
② 디젤사이클
③ 카르노사이클
④ 사바테사이클

해설 복합사이클(사바테사이클) : 작동 유체가 일정한 압력 및 체적 하에서 연소하는 사이클로 무기분사식 고속 디젤엔진에 사용한다.

오답확인
① 정적사이클(오토사이클) : 작동 유체가 일정한 체적 하에서 연소하는 사이클로 가솔린엔진 및 가스엔진에 사용한다.
② 정압사이클(디젤사이클) : 작동 유체가 일정한 압력 하에서 연소하는 사이클로 유기분사식 저속 디젤엔진에 사용한다.
③ 카르노사이클 : 높고 낮은 두 열원의 온도가 결정된 때, 그 사이에서 움직이는 사이클 중 가장 높은 열효율을 나타내는 사이클이다. 이론적으로 최대의 열효율을 가지는 기관인 카르노기관 내부의 열 순환과정을 뜻한다.

제 **1** 편

자동차 · 기계이해능력

아이들이 답이 있는
질문을 하기 시작하면
그들이 성장하고 있음을 알 수 있다.

존 J. 플롬프

제 1 절 자동차 기초

자동차란 차체에 설치한 기관의 동력을 이용하여 레일에 의하지 않고 도로상을 자유롭게 주행할 수 있는 운반구를 말하며, 다음과 같이 분류된다.

01 자동차의 분류

1. 구조 및 기능에 의한 분류

(1) 기관과 에너지원에 의한 분류

① 내연기관 자동차
ㄱ 가솔린 자동차
ㄴ 디젤 자동차
ㄷ 로터리엔진 자동차
ㄹ 가스터빈 자동차
② **전기 자동차** : 축전지를 탑재하여 전기에너지로 전동기를 회전시켜 차륜을 구동한다.

(2) 기관 위치에 따른 분류

① 전기관 자동차(Front Engine Vehicle)
② 후기관 자동차(Rear Engine Vehicle)
③ 바닥 밑 기관 자동차(Under Floor Engine Vehicle)
④ 언더시트 엔진 자동차(Under Seat Engine Vehicle)
⑤ 중앙배치 기관 자동차(Midship Vehicle)

(3) 구동방식에 의한 분류

① **전륜구동 자동차**(FF 방식 ; Front Engine-Front Drive) : 전륜에 동력을 전달하여 구동하는 자동차로서 소형 및 중형 승용차의 주류를 이룬다.
② **후륜구동 자동차** : 후륜에 동력을 전달하여 구동하는 자동차이다.

    ㉠ FR 방식(Front Engine-Rear Drive) : 기관을 전부에 비치하고 후륜을 구동하는 승용차로 중·대형 차량에 많다.

    ㉡ RR 방식(Rear Engine-Rear Drive) : 기관을 후부에 비치하고 후륜을 구동하는 승용차이다.

③ **총륜구동 자동차** : 전후의 모든 차륜에 동력을 전달하여 구동할 수 있는 자동차이며, 4륜구동 자동차, 6륜구동 자동차가 있다.

2. 차체의 형태에 의한 분류

(1) 형상에 의한 분류

① 승용차

    ㉠ 세단(Sedan) : 고정된 지붕이 있고 앞뒤 2열의 좌석이 구비된 상자형으로 운전석과 객석 사이에 칸막이가 없다. 도어 수에 따라 2도어 세단, 4도어 세단으로 분류된다.

    ㉡ 리무진(Limousine) : 외관은 세단과 같으나 운전석과 객석 사이에 유리칸막이를 설치하여 뒷좌석의 승객을 중시한 상자형 승용차이다.

    ㉢ 쿠페(Coupe) : 1열 또는 앞좌석의 승객을 중시한 2열 좌석을 설치한 2도어 상자형 승용차이다.

    ㉣ 컨버터블(Convertible) : 접을 수 있는 포장형 지붕으로 된 승용차를 말한다.

    ㉤ 하드톱(Hard Top) : 외관은 컨버터블과 비슷하나 지붕이 금속성의 것으로 고정되어 있다. 일반적으로 문에 틀이 없고 중간 기둥이 없는 세단 또는 쿠페형 차를 가리킨다.

    ㉥ 스테이션 왜곤(Station Wagon) : 세단의 변형으로서 좌석을 밀게 하여 그 뒷부분을 화물실로 하고 뒷면에도 문을 설치한 승용차이다.

② 버 스

    ㉠ 보닛 버스(Bonnet Bus) : 운전석이 기관을 덮고 있는 보닛의 후방에 위치하고 있는 버스

    ㉡ 캡오버 버스(Cab over Bus) : 운전석이 기관의 위에 위치하고 있는 버스

    ㉢ 상자형 버스(Coach Bus) : 기관을 후부에 설치하여 돌기를 없앤 것으로 전체가 상자형의 버스

    ㉣ 라이트 버스(Light Bus) : 승차정원 30명 미만의 중형버스

    ㉤ 마이크로 버스(Micro Bus) : 승차정원 10명 내외 정도의 소형버스

③ 트 럭

    ㉠ 보닛 트럭 : 기관을 덮고 있는 보닛의 후방에 운전대가 위치하고 있는 트럭

    ㉡ 캡오버 트럭 : 운전대가 기관의 위에 위치하고 있는 트럭

    ㉢ 패널 밴 : 운전실과 화물실이 일체로 되어 있고, 화물실도 고정된 지붕을 가지는 상자형 트럭

    ② 라이트 밴 : 소형의 패널 밴의 트럭

    ⑪ 픽업 : 지붕이 없는 화물실을 운전실의 후방에 설치한 소형트럭

  ④ **트레일러 트럭**

    ㉠ 세미트레일러 트럭 : 견인하기 위한 세미트레일러 트랙터와 화물을 적재하기 위한 세미 트레일러를 연결한 트럭

    ㉡ 풀트레일러 트럭 : 트랙터와 풀트레일러를 연결한 트럭

    ㉢ 복식트레일러 트럭 : 세미트레일러 트럭에 돌리를 사용하여 두 번째 세미트레일러를 연 결한 트럭 또는 세미트레일러 트럭에 풀트레일러를 연결한 트럭

(2) 용도에 따른 분류

  ① 소형 승용차

  ② 스포츠카

  ③ 화물승용 겸용차

  ④ 화물 자동차

  ⑤ 승합 자동차

  ⑥ 특별 용도차(구급차, 우편차, 냉장차 등)

  ⑦ 특별 장비차(탱크차, 덤프차, 소방차 등)

  ⑧ 특수차(트랙터, 포크리프트, 트럭 기중기 등)

02 자동차의 제원

1. 치 수

(1) 전길이

자동차의 중심면 및 접지면에서 평행으로 측정하였을 때 부속물(범퍼, 미등 등)을 포함하는 자동차의 최전단에서 최후단까지의 거리

(2) 전너비

자동차의 중심면에서 직각으로 측정하였을 때 부속물을 포함하여 가장 넓은 곳의 폭(하대 및 환기장치는 닫힌 상태, 백미러는 포함하지 않음)

(3) 전높이

접지면에서 자동차 최정상부까지의 높이(안테나는 제외한다)

(4) 최저 지상 높이

접지면과 자동차 중앙부분의 최하부와의 거리

(5) 실내 치수

① 길이 : 계기반으로부터 최후단 좌석의 등받이까지의 길이
② 폭 : 객실 중앙부의 최대폭
③ 높이 : 차량 중심선 부근의 바닥 면으로부터 천장까지의 연직 최대 거리

2. 차륜, 차축

(1) 축간 거리

앞뒤 차축의 중심 사이의 거리

(2) 윤간 거리

좌우 타이어의 접지면 중심 사이의 거리

(3) 오버행(Over Hang)

① **앞오버행** : 최전부 차축의 중심을 지나는 수직 평면에서 자동차의 최전부까지의 거리
② **뒤오버행** : 최후부 차축의 중심을 지나는 수직면에서 자동차의 최후부까지의 수평거리

(4) 오버행 각

① **앞오버행 각** : 자동차 앞부분 하단에서 앞바퀴 타이어의 바깥둘레에 그은 선과 지면이 이루는 최소 각도
② **뒤오버행 각** : 자동차 하단에서 뒷바퀴 타이어의 바깥둘레에 그은 선과 지면이 이루는 최소 각도

(5) 램프 각

앞뒤 타이어의 외주에 접하는 2직선의 교점에서 2접선이 이루는 각의 보각의 최솟값을 말한다.

(6) 뱅크 각

2륜 자동차의 외측 하단으로부터 전륜 및 후륜의 타이어의 바깥쪽 면에 접하는 평면과 접지면이 이루는 최소 각도를 말한다.

3. 주행성능의 제원

(1) 연료 소비율

① 자동차가 단위 주행거리당 또는 단위 시간당 소비하는 연료량으로서 l/km 또는 l/h로 표시한다.
② 자동차가 연료의 단위 용량당 주행하는 거리로서 km/ℓ로 표시한다.

(2) 브레이크 정지거리

자동차가 어느 초속도로 주행 중에 운전자가 가속 페달에서 브레이크 페달로 바꾸었을 때부터 자동차가 정지할 때까지 주행한 거리이다.

(3) 등반능력

자동차의 최대 적재상태에 있어서 경사도로를 오를 수 있는 능력을 말하며, 그 최대 경사각의 탄젠트(tan)의 값으로 나타낸다.

(4) 최소 선회 반지름

자동차가 최대 조향각으로 서행했을 때 타이어 접지 중심이 그리는 궤적의 반지름이다.

(5) 가속능력

① **발진가속능력** : 자동차를 정지상태로부터 출발하여 변속하여 급가속하고 일정거리(200m, 400m)를 주행하는 시간
② **추월가속능력** : 자동차를 어느 초속으로부터 변속하지 않고 가속 페달의 조작만으로 급가속하여 일정속도까지 가속하는 시간

03 자동차의 구조

(1) 자동차의 주요 구성 부분을 크게 나누면 차체(Body)와 섀시(Chassis)로 되어 있다.

(2) 섀시(Chassis)

　① 동력발생장치(엔진, 윤활장치, 연료장치, 냉각장치, 흡배기장치 등)
　② 동력전달장치(클러치, 변속기, 추진축, 차축 등)
　③ 조향장치, 현가장치, 제동장치, 프레임, 휠 및 타이어

04 섀 시

1. 동력발생장치

┌ 기관본체(Engine)
└ 부속장치 : 윤활장치, 냉각장치, 연료장치, 흡배기장치, 점화장치 및 충전장치 등

(1) 기관본체(Engine)

기관본체는 크게 실린더헤드, 실린더블록, 크랭크케이스의 3가지 주요부분으로 나누며, 그 내부에 피스톤, 커넥팅로드, 플라이휠, 밸브장치 등의 주요부품으로 구성되어 있다.

(2) 냉각장치

기관작동시 기관 각부를 지속적으로 냉각하여 과열을 방지하는 장치로, 공랭식과 수랭식이 있다.

(3) 시동장치

시동장치는 축전지 전원에서 전류를 공급하여 시동전동기를 회전시킴에 따라 시동전동기의 피니언기어와 기관본체의 링기어가 맞물려 기관을 구동시키기 위한 장치이다.

(4) 연료장치

연료장치는 기관에 필요한 연료를 공급하기 위한 장치이다.

(5) 점화장치

가솔린 기관에서 실린더 내에 공급된 혼합가스를 점화하기 위한 장치로서 혼합기를 점화하여 연소 및 팽창에 의하여 동력을 얻는다.

(6) 흡배기장치

① **흡기장치** : 공기 속에 있는 먼지나 이물질을 제거하기 위한 공기 청정기와 기화기에서 만들어지는 혼합기를 각 실린더에 분배하기 위한 흡기 매니폴드로 구성된다.

② **배기장치** : 기관의 각 실린더에서 배출되는 배기가스를 내보내는 장치이다.

(7) 충전장치

자동차에 필요한 전기를 지속적으로 공급하기 위한 장치로 발전기, 조정기 등으로 구성된다.

2. 동력전달장치

동력발생장치인 기관에서 발생한 동력을 구동륜에 전달하는 장치이다.

(1) 클러치(Clutch)

클러치는 기관과 변속기 사이에 있으며, 클러치 페달의 조작에 의해 기관의 동력을 전달하거나 차단하는 역할을 하는 장치이다.

(2) 변속기

변속기는 클러치와 추진축 사이에 있으며, 주행 조건에 따라 기관과 차륜과의 회전속도비를 여러 조건으로 변환시키거나 후진시킬 때 사용된다.

(3) 추진축

추진축은 변속기에서 후축의 종감속기어로 동력을 전달하는 역할을 한다.

(4) 유니버설조인트(Universal Joint)

일반적으로 추진축의 양단에 설치되며 변속기와 후차축의 높낮이의 차이가 존재하여도 동력을 원활히 전달하게 하는 역할을 하고 있다.

(5) 종감속기어

종감속기어는 드라이브 피니언기어와 링기어로 구성되어 있으며, 최종감속장치로서의 역할과 회전방향을 바꾸는 역할을 하고 있다.

(6) 차동기어

종감속기어에서 오는 동력을 후차축을 거쳐 차륜에 원활히 전달하는 역할을 한다.

3. 주행장치

주행장치는 자동차가 도로를 주행할 때 차량의 안전성과 승차감을 증대시키기 위한 장치이다.

(1) 차 축

차축에는 전차축과 후차축이 있으며, 하중만을 지지하는가 또는 조향차륜 여부 또는 동력을 전달하는가에 따라 차축의 구조는 크게 달라지게 된다.

(2) 차 륜

차륜은 차량의 하중을 떠받치며 지면으로부터의 충격을 완화하는 역할을 한다. 타이어에는 고무타이어와 튜브리스타이어가 있다.

(3) 현가장치

노면에서 받는 충격을 완화하고 승차감을 향상시키기 위하여 프레임과 액슬 사이에 현가장치를 둔다. 현가장치는 스프링, 충격흡수기, 좌우진동방지기 등으로 구성되어 있다.

4. 조종장치

차량을 운전자의 의사대로 자유롭게 조정 및 주행을 시키기 위한 장치를 말한다.

(1) 조향장치

조향장치는 주행하는 자동차의 진행방향의 전환이나 유지를 위하여 사용되는 장치이다.

(2) 제동장치

제동장치는 자동차의 속도를 제어하기 위한 장치로 상용 브레이크로서 풋 브레이크가 있고, 주차 브레이크로서 핸드 브레이크가 있다. 풋 브레이크는 주행시 속도를 저하시키거나 정지시킬 때 사용되며, 핸드 브레이크는 정지상태인 주차시 자동차가 스스로 이동하는 것을 방지하기 위하여 사용한다.

(3) 가속장치

가속장치는 기관출력의 제어를 위한 장치로서 가속페달, 가속케이블 및 가속레버로 이루어져 있다.

5. 부속장치

자동차를 안전하게 운전하기 위해서는 등화장치, 보안신호장치, 공조장치 및 각종 게이지 등이 필요하다.

제 1 절 적중예상문제

●● 정답 및 해설 p.003

01 다음 중 변속기가 하는 일은?

① 주행 상태에 알맞도록 기어의 물림을 변경시킨다.

② 기관과의 연결을 끊는 일을 한다.

③ 전달되는 기관의 동력을 필요에 따라 단속하는 일을 한다.

④ 발진할 때에 기관의 동력을 서서히 연결하는 일을 한다.

02 FF 자동차에 대한 설명으로 옳은 것은?

① 자동차의 앞쪽에 엔진을, 뒤에 구동축을 설치한 자동차

② 자동차의 앞쪽에 구동축을, 뒤에 엔진을 설치한 자동차

③ 자동차의 앞쪽에 엔진과 구동축을 모두 설치한 자동차

④ 자동차의 앞쪽에 엔진을, 앞뒤에 구동축을 설치한 자동차

03 전륜 구동 방식(Front Wheel Drive) 자동차의 장점으로 옳지 않은 것은?

① 전/후 차축 간의 하중 분포가 균일하다.

② 동력 전달 경로가 짧아 동력전달 손실이 적다.

③ 추진축 터널이 없어 차 실내 주거성이 좋다.

④ 커브 길과 미끄러운 길에서 조향 안정성이 양호하다.

04 다음 중 축거와 관계가 먼 것은?

① 차량의 안전성
② 최소 회전 반경
③ 앞뒤 차축의 중심 간 수평거리
④ 좌우 타이어의 접지면의 중심선 간의 거리

05 승용자동차에서 가장 좋은 승차감을 얻을 수 있는 차체 진동수의 범위는?

① 20~40사이클/분
② 60~90사이클/분
③ 150~180사이클/분
④ 180~240사이클/분

06 뒷바퀴 굴림 차의 동력 전달 순서가 옳은 것은?

① 엔진 → 클러치 → 추진축 → 차축 → 바퀴
② 엔진 → 변속기 → 종감속장치 → 추진축 → 바퀴
③ 클러치 → 엔진 → 변속기 → 추진축 → 바퀴
④ 클러치 → 변속기 → 엔진 → 차축 → 바퀴

07 다음 중 디젤기관의 장점은?

① 회전속도가 높다.
② 열효율이 높다.
③ 마력당 기관의 무게가 가볍다.
④ 소음진동이 적다.

08   다음 중 기계효율 ηm을 표시한 식으로 올바르지 않은 것은?

① $\eta m = \dfrac{제동마력}{지시마력}$

② $\eta m = \dfrac{지시\ 열효율}{제동\ 열효율}$

③ $\eta m = \dfrac{제동일}{지시일}$

④ $\eta m = \dfrac{제동평균\ 유효압력}{지시평균\ 유효압력}$

09   실린더 내에서 발생한 출력을 폭발압력에서 직접 측정한 마력은?

① 손실마력   ② 영마력

③ 지시마력   ④ SAE마력

10   전기 자동차에 대한 다음 설명 중 옳지 않은 것은?

① 시동과 운전이 용이하다.

② 가솔린 자동차에 비해 안전성이 좋다.

③ 소음이 적다.

④ 고속 장거리 주행에 적합하다.

11   다음 중 연소 온도가 높을수록 많이 배출되는 것은?

① 황산화물(SOx)   ② 일산화탄소(CO)

③ 질소산화물(NOx)   ④ 납화합물(Pb^{++})

12 다음 중 LPG 연료가 가솔린 연료에 비해 갖는 장점으로 옳지 않은 것은?

① 가스상태의 연료를 사용하므로 한랭시동이 용이하다.
② 연료비가 경제적이다.
③ 옥탄가가 높아 노킹의 발생이 적다.
④ 배기가스의 유해를 줄일 수 있다.

13 다음 중 자동차의 주행저항과 관계없는 것은?

① 공기저항   ② 가속저항
③ 구배저항   ④ 제동저항

14 다음 중 윤활의 목적이 아닌 것은?

① 냉각 작용   ② 소음방지 작용
③ 청정 작용   ④ 방진 작용

15 자동차용 기관으로 압축비가 일정할 때 열효율이 가장 좋은 사이클은?

① 오토 사이클   ② 디젤 사이클
③ 사바테 사이클   ④ 브레이턴 사이클

16 다음 중 윤활유의 성질에서 요구되는 사항으로 옳지 않은 것은?

① 온도 변화에 따른 점도 변화가 클 것
② 열전도가 좋고 내하중성이 클 것
③ 인화점 및 발화점이 높을 것
④ 카본을 생성하지 않고 강인한 유막을 형성할 것

17 온도변화에 따른 윤활유의 점도 변화를 나타내는 척도는?

① 세탄가   ② Saybolt 점도

③ 점도지수   ④ 스토우크스

18 자동차 배기가스 중에서 검사할 필요성이 적은 무해성 가스는?

① CO   ② CO_2

③ NO   ④ HC

19 다음 중 동력전달장치가 아닌 것은?

① 추진축   ② 변속장치

③ 현가장치   ④ 클러치

20 차륜하중이란 무엇인가?

① 차륜을 통하여 접지면에 가해지는 각 차축당의 하중이다.

② 공차상태의 자동차의 중량을 말한다.

③ 자동차의 1개의 차륜을 통히여 접지면에 가해지는 연직하중이다.

④ 자동차 총중량에서 공차중량을 뺀 것이다.

제2절 자동차 기관

01 가솔린기관

1. 열기관의 분류

(1) 내연기관

내연기관은 연소과정이 기관내부에서 행해지는 것으로 사용연료를 연소실 내에서 연소시켜 그 발생열로써 연소실 내의 압력을 상승시키고 연소가스의 팽창으로 생성된 압력 에너지를 이용하여 피스톤을 이동시켜 동력을 발생시키는 장치이다.

(2) 외연기관

외연기관은 기관외부에 따로 설치된 연소장치에 연료가 공급되어 작동유체를 가열시키고 여기서 발생한 증기를 다시 실린더로 이동시켜 동력을 발생시키는 장치이다.

2. 내연기관의 분류

(1) 사용연료에 의한 분류

① 가솔린기관 : 가솔린을 연료로 사용하며 전기 점화하여 동력을 얻는 기관이다.
② 디젤기관 : 경유를 연료로 사용하며 공기만을 고압으로 압축시켜 고온의 압축열에 의하여 분무된 연료를 자기착화하여 동력을 얻는 기관이다.
③ 가스기관 : 천연가스, 코크스가스, 목탄가스, LP가스(LPG), 프로판가스 등의 연료를 사용하며 일반적으로 가솔린기관과 구조가 거의 같으나 연료공급계통에 차이가 있다.
④ 석유기관 : 석유를 연료로 사용하며 가솔린기관과 같이 전기점화한다.

(2) 연소방식에 의한 분류

① 정적 사이클(오토 사이클)기관 : 혼합기의 연소가 일정한 체적하에서 일어나는 것으로 가솔린기관, 가스기관, 석유기관 등이 여기에 속한다.
② 정압 사이클(디젤 사이클)기관 : 혼합기의 연소가 일정한 압력하에서 일어나는 것으로 공기분사식 디젤기관이 여기에 속한다.

③ 정적 정압 사이클(사바테 사이클) : 정적 및 정압 사이클이 복합되어 일정한 압력에서 연소되는 것으로 복합 사이클 또는 혼합 사이클이라고도 한다.

(3) 점화방식에 의한 분류

① 전기점화기관 : 점화플러그에 의해 전기점화를 하는 기관으로 가솔린기관, 가스기관 등이 있다.
② 압축점화기관 : 공기만을 흡입하여 고온·고압으로 압축한 후 고압의 연료를 분무하여 자기 착화시키는 기관으로 디젤기관이 여기에 속한다.

(4) 냉각방식에 의한 분류

① 공랭식기관 : 실린더 헤드와 블록에 냉각핀을 두어 냉각하는 방식이다.
② 수랭식기관 : 물재킷을 설치하여 발열부 주위를 냉각수가 순환하여 냉각하는 방식이다.

3. 내연기관의 작동원리

(1) 용어의 정의

① 상사점(TDC ; Top Dead Center) : 피스톤 운동의 최상단점으로 피스톤이 최대로 상승한 후 내려오기 시작하는 지점을 말한다.
② 하사점(BDC ; Bottom Dead Center) : 피스톤 운동의 최하단점으로 피스톤이 최대로 하강한 후 올라가기 시작하는 지점을 말한다.
③ 행정(Stroke) : 상사점과 하사점 사이의 이동한 거리
④ 사이클(Cycle) : 실린더 내로 혼합가스의 흡입으로부터 배출되기까지 실린더 내의 가스의 주기적인 변화를 기관의 사이클이라 한다.
　㉠ 4사이클기관 : 1사이클을 완성하는 데 피스톤이 흡입, 압축, 폭발, 배기의 4행정을 하는 기관, 즉 크랭크축의 2회전으로 1사이클을 완성하는 기관을 말한다.
　㉡ 2사이클기관 : 크랭크축 1회전으로 1사이클을 완성하는 기관을 말한다.

(2) 4행정 사이클기관의 작동

① 흡입행정 : 피스톤이 상사점에서 하사점으로 내려가는 행정으로 흡기밸브는 열려 있고 배기밸브가 닫혀 있다.
② 압축행정 : 피스톤이 하사점에서 상사점으로 상승하며 흡기밸브와 배기밸브는 닫혀 있다. 압축압력은 약 10kg/cm^2까지 상승한다.

③ **폭발행정(팽창행정, 동력행정)** : 압축된 혼합기에 점화플러그로 전기스파크를 발생시켜 혼합기를 연소시키면 순간적으로 실린더 내의 온도와 압력이 급격히 상승하여 정적 연소의 형태로 나타나는 폭발과정으로 연소압력이 30~40kg/cm² 정도이다.

④ **배기행정** : 배기밸브가 열리고 피스톤이 상승하여 혼합기체의 연소로 인하여 생긴 가스를 배출한다. 배기행정이 끝남으로써 크랭크축은 720° 회전하여 1사이클을 완성하게 된다.

(3) 2행정 사이클기관의 작동

4행정 사이클기관과 달리 흡·배기밸브가 없으며, 실린더 벽면에 흡기공과 배기공을 두어 피스톤의 운동이 밸브와 같은 작용을 하게 한다.

① **팽창 및 배기행정** : 피스톤이 상사점에서 하사점으로 하강하는 동안 먼저 배기공이 열려 배기가스를 배출한다. 피스톤이 하강되는 것은 연소실 내의 가스가 폭발함에 따른 에너지의 힘이다.

② **흡입 및 압축행정** : 피스톤이 하강하면서 흡기공이 열리기 시작함에 따라 크랭크실에 흡입되어 있던 혼합가스는 흡기공을 통하여 연소실로 공급된다(소기작용). 소기작용이 끝나면 그 다음 피스톤이 하사점을 지나 상승하여 압축작용이 시작되고 흡기공 및 배기공을 닫으며 실린더 내의 혼합가스가 압축된다. 이때 피스톤이 상사점으로 이동하면서 압축하기 시작하면 크랭크실의 압력이 떨어지면서 외부로부터 새로운 가스가 크랭크실에 공급된다.

〈2행정 사이클기관의 작동원리〉

구 분	과정 ①	과정 ②	과정 ③	과정 ④
실린더 안	압 축	동 력	배 기	소기 · 흡입
크랭크실 안	혼합기의 유입	압 축	–	혼합기의 유출

(4) 4행정 사이클기관과 2행정 사이클기관의 비교

기 관 항 목	4행정 사이클기관	2행정 사이클기관
폭발 횟수	크랭크축이 2회전하는 사이에 1번 폭발한다.	크랭크축의 매회전 때마다 폭발한다. 따라서 실린더 수가 적어도 기관의 회전이 원활하다.
열효율	4개의 행정이 각각 독립적으로 이루어져 행정마다 작용이 확실하며 효율이 좋다.	유효 행정이 짧고 흡·배기구가 동시에 열려 있는 시간이 길어서 소기를 위한 신기의 손실이 많으며 효율이 나쁘다. 따라서 극소형 기관에 많이 사용하며 가솔린기관으로는 적합하지 않다.
밸브기구	밸브기구를 필요로 하기 때문에 구조가 복잡하고 마력당 중량이 커지며 제작비도 높아진다.	밸브기구가 없거나 배기밸브를 위한 기구만이 있어 구조가 간단하고 제작비도 낮다. 그러나 실린더 벽에 소·배기구가 있어 피스톤 링이 마멸되기 쉽다.

발생 동력 및 연료소비율	배기량이 같은 기관에서 발생 동력은 2사이클에 비하여 떨어지나 가솔린기관의 경우 연료소비량은 2사이클보다 적다.	배기량이 같은 기관에서 동력은 4행정 사이클에 비하여 더 얻을 수 있으나 연료 소비량이 많고 대형 가솔린기관으로서는 적합하지 못하다.
윤활유 소비량	윤활 방법이 확실하고 윤활유의 소비량이 적다.	소형 가솔린기관의 경우 윤활을 하기 위하여 연료에 처음부터 윤활유를 혼합시켜 넣어야 하는 불편이 있고 또 윤활유 소비량이 많다.

(5) 밸브 개폐 시기

밸브는 행정 중 정확히 상사점이나 하사점에서 개폐하지 않고 상사점의 전후 또는 하사점의 전후에서 개폐한다. 밸브 개폐 시기를 표시하는 그림을 밸브 개폐 시기 선도라 한다. 흡기밸브는 상사점 전 $18°$에서 열리고 하사점 후 $50°$에서 닫히며, 배기밸브는 하사점 전 $48°$에서 열리고 상사점 후 $20°$에서 닫힌다.

> **밸브 오버랩(Valve Overlap)**
> 상사점 부근에서 흡·배기밸브가 동시에 열려 있는 상태를 말한다. ($18° + 20° = 38°$)

---

02 가솔린기관의 주요부

1. 실린더 헤드

(1) 실린더 헤드의 역할

실린더 헤드는 피스톤과 함께 연소실을 형성하며 점화플러그가 설치되어 있다.

(2) 실린더 헤드의 재질

실린더 헤드는 통상 단일구조물로서 재질은 주로 보통 주철이나 알루미늄 합금을 사용한다.

(3) 연소실의 종류

① 반구형 연소실

　㉠ 연소실이 컴팩트하여 연소실의 체적당 표면적(표면적/체적비)이 작아 열손실이 적다.

　㉡ 지름이 큰 밸브를 설치할 수 있고 또 밸브 구멍의 배열을 알맞게 할 수 있어 체적효율을 높일 수 있다.

② 쐐기형 연소실

    ㉠ 고압축비를 얻을 수 있어 열효율이 높다.

    ㉡ 혼합기의 와류작용이 좋아 혼합기가 완전 연소된다.

    ㉢ 혼합기의 연소속도가 낮아 압력상승이 급격하지 않으므로 연소에 의한 운전의 거칠음이 없다.

③ **지붕형 연소실** : 연소실의 꼭대기 각도를 90˚정도로 하면 반구형과 비슷한 성질을 갖는다.

④ **욕조형 연소실** : 반구형과 쐐기형의 중간형이라 할 수 있다.

(4) 연소실의 구비조건

① 흡입효율이 좋을 것

② 노크를 일으키는 열점을 없앨 것

③ 체적효율이 좋을 것

④ 밸브 면적을 크게 하여 흡배기 면적을 크게 할 것

⑤ 화염 전파에 요하는 시간을 최소로 짧게 할 수 있도록 압축행정시 혼합기의 와류를 발생시키는 구조일 것

2. 실린더 블록

실린더 블록은 기관의 기본구조물로서 보통 일체구조로 되어 있다.

(1) 실린더

실린더는 그 내부를 피스톤이 기밀을 유지하면서 왕복운동을 하여 연료가 갖는 열에너지를 기계에너지로 바꾸어 동력을 발생시키는 역할을 한다.

① **실린더 벽** : 정밀하게 연마 다듬질이 되어 있으며, 벽의 마멸을 작게 하기 위하여 크롬 도금을 한 것도 있다.

② **실린더 라이너** : 실린더와 실린더 블록을 별개로 만드는 경우에 사용되며 일반적으로 보통 주철의 실린더 블록에 특수 주철의 실린더 라이너를 삽입하는 경우와 경합금 실린더 블록에 주철로 만든 실린더 라이너를 끼우는 경우 등이 있다.

③ **실린더 행정 내경비** : 실린더의 크기는 실린더 내경과 피스톤 행정에 따라 정해진다. 실린더 행정과 내경과의 비를 실린더 행정 내경비라 한다.

    ㉠ 장행정기관 : 행정/내경의 값이 1.0 이상인 기관

    ㉡ 정행정기관 : 행정/내경의 값이 1.0인 기관

    ㉢ 단행정기관 : 행정/내경의 값이 1.0 또는 그 이하인 기관

(2) 압축비

피스톤이 실린더의 하사점에 있을 때의 총체적(V)과 피스톤이 상사점에 달할 때의 실린더 체적, 즉 연소실 체적과의 비이다.

$$\varepsilon = \frac{V_C + V_S}{V_C} = 1 + \frac{V_S(\text{행정체적})}{V_C(\text{연소실체적})}$$

(3) 배기량

피스톤이 실린더 내에서 1행정을 할 때에 흡입 또는 배출하는 체적, 즉 행정체적이다. 배기량의 단위는 cc, cm³, ℓ로 나타낸다.

$$V_S = \frac{\pi D^2 S}{4} = 0.785 \times D^2 S \quad (D : \text{실린더 내경(cm)}, \ S : \text{행정(mm)})$$

$$\text{총배기량}(V) = \frac{\pi D^2 S Z}{4} \quad (Z : \text{실린더 수})$$

3. 피스톤과 커넥팅로드 어셈블리

(1) 피스톤

① **피스톤의 기능** : 피스톤은 실린더 내를 왕복운동하여 동력행정에서 고온 고압의 가스로부터 받은 압력으로 커넥팅로드를 거쳐 크랭크축에 회전력을 발생시킨다.

② **피스톤의 구비 조건**

  ㉠ 실린더 벽과의 마찰이 적고 윤활하기 위한 적당한 간극이 있을 것

  ㉡ 고온에서 강도가 저하되지 않으며 열전도가 잘 될 것

  ㉢ 관성력에 의하여 동력 손실을 적게 하기 위하여 가능한 한 가벼울 것

  ㉣ 다기통기관의 경우 각 피스톤의 무게가 같을 것

③ **피스톤의 구조** : 피스톤은 피스톤 헤드, 링부, 스커트 부 및 보스 등의 주요부로 되어 있으며 헤드는 연소실의 일부를 형성한다.

(2) 피스톤 핀(Piston Pin)

피스톤 핀은 피스톤 보스(Boss)에 삽입되어 피스톤과 커넥팅로드의 소단부를 연결하는 기능을 한다.

(3) 피스톤 링(Piston Ring)

① 피스톤 링의 기능
- ㉠ 기밀작용 : 혼합가스의 누출방지
- ㉡ 오일제어작용 : 오일이 연소실 내로 유입되는 것을 방지
- ㉢ 열전도작용 : 피스톤 헤드가 받는 열을 실린더 벽으로 전달

② 피스톤 링의 구비조건
- ㉠ 내열, 내마멸성을 가질 것
- ㉡ 적절한 장력과 높은 면압을 가질 것
- ㉢ 고온에서 장력의 감쇠가 작을 것
- ㉣ 실린더 벽을 마멸시키지 않을 것
- ㉤ 열전도성이 좋을 것

(4) 커넥팅로드(Connecting Rod)

커넥팅로드는 피스톤과 크랭크축을 연결하는 막대로서 피스톤 핀에 연결되는 소단부(Small End)와 크랭크축에 연결되는 대단부(Big End)로 되어 있다.

4. 크랭크축

(1) 크랭크축의 기능

크랭크축은 기관의 주축으로서 폭발행정시 피스톤의 직선운동을 회전운동으로 변화시켜 기관의 동력을 얻게 하는 역할을 한다.

(2) 크랭크축의 구조

크랭크축은 커넥팅로드의 대단부와 연결되는 크랭크 핀부와 메인베어링에 지지되는 크랭크 저널부 및 양축부를 연결하는 크랭크 암의 3부분으로 되어 있다.

(3) 점화 순서

① 4기통 엔진의 점화 순서

ㄱ 점화 순서 : 1-3-4-2

실린더 번호 / 크랭크축의 회전각도	1회전		2회전	
	0~180°	180~360°	360~540°	540~720°
1	동 력	배 기	흡 기	압 축
2	배 기	흡 기	압 축	동 력
3	압 축	동 력	배 기	흡 기
4	흡 기	압 축	동 력	배 기

ㄴ 점화 순서 : 1-2-4-3

실린더 번호 / 크랭크축의 회전각도	1회전		2회전	
	0~180°	180~360°	360~540°	540~720°
1	동 력	배 기	흡 기	압 축
2	압 축	동 력	배 기	흡 기
3	배 기	흡 기	압 축	동 력
4	흡 기	압 축	동 력	배 기

② 6기통 엔진의 점화 순서

ㄱ 우수식 : 1-5-3-6-2-4

실린더 번호 / 크랭크축의 회전각도	1회전		2회전	
	0~180° / 60~120°	180~360° / 240~300°	360~540° / 420~480°	540~720° / 600~660°
1	동 력	배 기	흡 기	압 축
2	배 기	흡 기	압 축	동 력 ... 배 기
3	흡 기 ... 압 축	동 력	배 기	흡 기
4	동 력 ... 배 기	흡 기	압 축	동 력
5	압 축	동 력	배 기	흡 기 ... 압 축
6	흡 기	압 축	동 력	배 기

ㄴ 좌수식 : 1-4-2-6-3-5

실린더 번호 / 크랭크축의 회전각도	1회전		2회전	
	0~180° / 60~120°	180~360° / 240~300°	360~540° / 420~480°	540~720° / 600~660°
1	동 력	배 기	흡 기	압 축
2	흡 기 ... 압 축	동 력	배 기	흡 기
3	배 기	흡 기	압 축	동 력 ... 배 기
4	압 축	동 력	배 기	흡 기 ... 압 축
5	동 력 ... 배 기	흡 기	압 축	동 력
6	흡 기	압 축	동 력	배 기

5. 기관 베어링

(1) 베어링의 구조

기관 베어링은 강이나 동합금의 셀(Shell)에 베어링합금을 녹여 붙여 만든 것이다. 일반적으로 베어링의 두께는 1~3mm이며, 베어링합금부의 두께는 배빗메탈(Babbit Metal)의 경우 0.1~0.3mm이고, 켈밋합금(Kelmet Metal)의 경우 0.2~0.5mm이다.

(2) 베어링의 구비조건

① 내식성, 내마멸성이 클 것

② 열전도율이 높아 축에 잘 융착되지 않을 것

③ 먼지, 카본, 금속분말 등을 베어링 자체 내에 파묻을 수 있는 매입성이 있을 것

④ 저널의 변형에 대하여 베어링이 변형에 맞추어 가는 추종 유동성이 있을 것

⑤ 길들임성이 좋을 것

6. 밸브 및 밸브기구

(1) 밸브의 구조 및 기능

밸브는 연소실에 마련된 흡·배기 구멍을 각각 개폐하여 공기 또는 혼합기, 연소가스를 내보내는 일을 한다. 자동차용기관에는 주로 포핏밸브(Poppet Valve)가 사용된다.

① **밸브헤드** : 고온 고압의 가스에 노출되며 특히 배기밸브인 경우 열적 부하가 매우 크다.

② **마진** : 두께가 얇으면 고온과 밸브작동의 충격으로 기밀이 충분히 유지되지 않는다.

③ **밸브면** : 밸브시트에 밀착되어 기밀작용을 한다.

④ **스템** : 스템은 그 일부가 밸브가이드에 끼워져 밸브의 운동을 유지하고 밸브헤드의 열을 가이드를 통하여 실린더블록에 전달하는 일을 한다.

⑤ **리테이너록홈** : 밸브스프링을 지지하는 스프링리테이너를 밸브에 고정하기 위한 록이나 키를 끼우는 홈이다.

⑥ **스템끝** : 밸브에 운동을 전달하는 밸브리프터나 로커암과 접촉하는 곳이다.

(2) 밸브기구

① **오버헤드 밸브기구** : 밸브가 실린더헤드에 설치되어 있으며 밸브와 캠축 사이에 밸브리프터, 푸시로드, 로커암 어셈블리가 밸브기구를 형성하고 있다.

② **L헤드 밸브기구** : 캠축이 크랭크 케이스 위쪽에 설치되어 있으며, 밸브리프터를 통하여 밸브를 개폐한다.

③ 오버헤드 캠축 밸브기구 : 오버헤드 밸브기구에서 캠축을 실린더헤드 위에 설치한 것으로 캠축 기어와 크랭크축 기어를 벨트나 체인에 의하여 동력을 전동하도록 되어 있다. 오버헤드 캠축 밸브기구는 밸브기구의 관성력이 작기 때문에 가속을 크게 할 수 있으며 고속에서도 밸브의 개폐가 안정되어 고속성능이 향상된다.

ㄱ 싱글오버캠축형식(SOHC) : 1개의 캠축으로 모든 밸브를 작동시킨다.

ㄴ 더블오버캠축형식(DOHC) : 2개의 캠축으로 흡·배기밸브를 작동시킨다.

④ F헤드 밸브기구 : 흡기밸브는 실린더헤드에 설치하고 배기밸브는 실린더블록에 설치한 것이다.

(3) 캠축과 캠

① 캠축 : 엔진의 밸브 수와 같은 수의 캠이 배열되어 있는 축이며, 크랭크축과 평행하게 크랭크케이스의 옆부분이나 위쪽에 베어링을 통해 지지되어 있다. 캠축에는 캠 이외에 오일펌프와 배전기의 구동을 위한 헬리컬 기어와 연료펌프 구동용의 편심륜이 설치되어 있다.

② 캠의 구동방식

ㄱ 기어구동식 : 크랭크축과 캠축의 중심간격이 작은 엔진에서는 직접 물리게 되어 있고 간격이 큰 엔진에서는 공전 기어(중간 기어)를 거쳐 구동하게 되어 있다.

ㄴ 체인구동식 : 캠축의 구동을 체인으로 하는 것이며, 크랭크축과 캠축에는 타이밍 기어 대신에 체인스프로킷이 설치되어 있다.

ㄷ 벨트구동식 : 체인 대신에 벨트를 사용하여 캠축을 구동하는 것으로 소음이 작고 관성력이 작다.

(4) 밸브리프터(Valve Lifter)

밸브리프터는 캠의 회전 운동을 상하 운동으로 바꾸어 밸브 또는 푸시로드에 전달하는 일을 한다.

① 기계식 리프터 : 캠과 리프터의 형상에 의해 볼록면 리프터, 평면 리프터, 롤러 리프터 등으로 되어 있다.

② 유압식 리프터 : 유압식 리프터는 밸브 간극을 두지 않고 오일의 비압축성과 엔진 윤활 장치의 오일압력을 이용하여 작용케 한 것이며, 온도변화에 관계없이 언제나 밸브 간극을 0으로 유지한다.

(5) 푸시로드(Push Rod)

푸시로드는 오버헤드 밸브기구의 리프터와 로커암의 한 끝을 잇는 강제의 긴 막대이며, 아래쪽 끝은 리프터의 푸시로드 시트에 맞도록 구형으로 되어 있고, 위쪽 끝은 로커암의 구형부를 받치게 되어 있다.

(6) 로커암축 어셈블리

로커암축 어셈블리는 로커암, 스프링, 로커암축, 로커암축지지(베어링캠) 등으로 되어 있으며 실린더헤드에 설치된다.

(7) 밸브 간극

밸브 간극은 열간시 열팽창을 고려하여 두는 것이며 엔진의 형식, 밸브의 재료, 캠의 형상 등에 따라 다르다. 일반적으로 흡입밸브는 0.20~0.35mm이고, 배기밸브는 0.30~0.40mm이다. 너무 간격이 좁으면 밸브가 제대로 닫히지 못해서 압력이 샐 수 있고, 너무 넓으면 소음과 부품의 내구성이 떨어지게 되고, 흡입 및 배기 효율 면에서도 떨어지게 된다.

03 윤활장치

1. 윤활장치의 기능과 방식

(1) 윤활장치의 기능

① **마찰감소 및 마멸방지작용** : 강인한 유막을 형성하여 표면의 마찰을 방지한다.
② **밀봉작용** : 고압가스의 누출을 방지한다.
③ **냉각작용** : 마찰열을 흡수한다.
④ **세척작용** : 불순물을 그 유동과정에서 흡수한다.
⑤ **응력분산작용** : 국부압력을 액 전체에 분산시켜 평균화시킨다.
⑥ **방청작용** : 수분이나 부식성가스 침투를 방지한다.

(2) 윤활방식

① **비산식** : 커넥팅로드 대단부에 붙어 있는 주걱으로 오일팬 안의 오일을 각 윤활부에 뿌리는 방식이다.
② **압력식(압송식)** : 캠축에 의해 구동되는 오일펌프도 오일팬 안에 있는 오일을 흡입 가압하여 각 윤활부에 보내는 방식이다.
③ **비산압력식** : 비산식과 압력식을 조합한 것으로 크랭크축 베어링, 캠축 베어링, 밸브기구 등은 압력식에 의해 윤활되고 실린더벽, 피스톤 핀 등은 비산식에 의해 윤활된다.

2. 윤활장치의 구성

(1) 오일펌프

주로 캠축이나 크랭크축에 의해 구동되며 오일팬 내의 오일을 흡입 가압하여 각 윤활부로 보내는 일을 한다.

(2) 오일스트레이너(Oil Strainer)

오일은 펌프에 유도하는 것이며 고정식과 부동식이 있다. 스트레이너는 큰 입자의 불순물을 제거하기 위한 고운 스크린이 있다.

(3) 유압조정밸브

윤활회로 내의 압력이 과대하게 올라가는 것을 방지하며 밸브 종류에는 볼형식과 플런저형식이 있다.

(4) 오일여과기(오일필터)

오일필터 케이스 내에 엘리먼트가 들어 있으며 엘리먼트는 오일 속의 불순물, 즉 수분이나 연소에 의한 생성물, 쇳가루 등을 여과한다.

(5) 오일냉각기

오일의 온도가 125~130℃ 이상이 되면 오일의 성능이 급격히 저하되어 유막의 형성이 나빠져 회전부분의 소결이 일어난다. 따라서 오일의 높은 온도를 감소시켜 70~80℃로 환산시키기 위하여 오일냉각기를 설치한다.

3. 윤활장치의 정비사항

(1) 윤활계통의 고장원인

① 윤활유가 외부로 누설되는 원인
  ㉠ 크랭크축 오일실로부터의 누설
  ㉡ 오일펌프 커버로부터의 누설
  ㉢ 타이밍 벨트 커버 주위로부터의 누설
  ㉣ 오일팬 드레인 플러그 및 개스킷으로부터의 누설
  ㉤ 오일팬 균열에 의한 누설
  ㉥ 로커암 커버로부터의 누설

② 연소실 내에서 윤활유가 연소되는 원인

 ㉠ 윤활유의 열화 또는 점도 불량

 ㉡ 오일팬 내의 윤활유량 과대

 ㉢ 피스톤과 실린더의 간극 과대

 ㉣ 피스톤의 불량

 ㉤ 밸브스템과 밸브가이드 사이의 간극 과대

 ㉥ 밸브스템 오일실 불량

(2) 윤활장치의 정비

① 윤활유 소비량이 많을 때

 ㉠ 압축압력부족 : 피스톤, 피스톤링의 마멸손상, 실린더의 마모손상

 ㉡ 압축압력정상 : 오일이 외부로 누출

② 오일압력이 낮을 때

 ㉠ 오일의 양과 오일 불량 : 오일의 점도가 낮거나 오일량 부족

 ㉡ 오일량과 오일 유질의 부적당 : 유압조정기 불량, 오일펌프 불량

③ 오일압력이 높을 때

 ㉠ 유압조정기밸브 스프링의 장력이 강할 때

 ㉡ 윤활유 점도가 높을 때

 ㉢ 오일 간극이 규정보다 적을 때

 ㉣ 유압 조정기의 유로가 막힘

오일오염 점검

1. 검정색 : 심하게 오염
2. 붉은색 : 가솔린 유입
3. 회색 : 4에틸납 연소생성물 혼합
4. 우유색 : 냉각수 혼합

---

04 냉각장치

1. 냉각장치의 기능 및 목적

(1) 냉각장치의 기능

냉각장치는 혼합기의 연소에 의하여 발생되는 열의 일부를 냉각시켜 기관의 과열을 방지하여 운전을 원활하게 하기 위한 장치이다.

(2) 냉각장치의 목적

① 조기점화 방지
② 충전효율의 향상
③ 변형 및 균열방지
④ 윤활작용의 원활

2. 냉각방식

(1) 공랭식

기관을 직접 대기와 접촉시켜 열을 방산하는 형식이다.
① **자연통풍식** : 주행할 때 받는 공기로 냉각하는 방식으로 실린더나 실린더헤드와 같이 과열 되기 쉬운 부분에 냉각 핀이 있다.
② **강제통풍식** : 냉각팬을 사용하여 강제로 유입되는 다량의 공기로 냉각하는 방식이다.

(2) 수랭식

보통 연수를 사용하여 기관을 냉각하는 방식이다.
① **자연순환식** : 냉각수를 대류에 의하여 순환시키는 것이다.
② **강제순환식** : 실린더블록과 헤드에 설치된 물재킷 내에 냉각수를 순환시켜 냉각작용을 한다.
③ **압력순환식** : 냉각장치의 회로를 밀폐하고 냉각수가 팽창할 때의 압력으로 냉각수를 가압하 여 비점을 올려 비등에 의한 손실을 작게 하는 형식이다.
④ **밀봉압력식** : 라디에이터 캡을 밀봉하고 냉각수의 팽창과 맞먹는 크기의 저장탱크를 두어 냉각수의 유출을 방지하는 형식이다.

3. 냉각장치의 구성

(1) 물재킷

실린더블록과 헤드에 설치된 냉각수의 통로이다.

(2) 물펌프

크랭크축에 의해 벨트로 구동되며 냉각수를 순환시키는 일을 한다.

(3) 냉각팬

냉각팬은 보통 펌프축과 일체로 되어 회전하며 라디에이터를 통해 공기를 흡입하여 라디에이터의 통풍을 보조한다.

(4) 슈라우드(Shroud)

라디에이터와 냉각팬을 감싸고 있는 판으로서 공기의 흐름을 도와 냉각효과를 도와준다.

(5) 벨 트

크랭크축과 발전기, 물펌프의 풀리와 연결되어 구동되며 내구성 향상을 위해 섬유질과 고무로 짜여 있고 이음매 없는 V-벨트가 사용된다. 팬벨트의 장력이 크면 베어링 마멸을 촉진하게 되고, 팬벨트의 장력이 작으면 펌프와 팬의 속도가 느려져 기관이 과열된다.

(6) 라디에이터

기관에서 열을 흡수한 냉각수를 냉각시키는 장치로 위 탱크, 라디에이터, 코어, 아래 탱크로 되어 있다.

(7) 수온조절기

수온조절기는 물재킷 출구부분에 설치되어 있으며 수온에 따라 냉각수 통로를 개폐하여 냉각수의 온도를 알맞게 조정하는 일을 한다. 냉각수의 온도가 정상 이하이면 밸브를 닫아 냉각수가 라디에이터 쪽으로 흐르지 못하게 하고, 냉각수의 온도가 정상에 가까워짐에 따라 점차 열리기 시작하여 정상 온도가 되었을 때 완전히 연다.

05 연료장치

1. 개 요

(1) 연료장치의 기능

연료장치는 연료와 공기를 혼합하여 실린더에 공급하는 장치이다.

(2) 연료 공급순서

연료를 저장해 놓은 연료탱크, 연료 속의 불순물을 제거하기 위한 연료필터, 연료탱크에서 엔진까지 연료를 보내기 위한 연료펌프, 연료펌프에서 보내온 연료를 공기청정기를 통해 들어온 공기와 섞어 혼합기를 만들어 내는 기화기(카뷰레터), 혼합기를 실린더로 보내는 흡기다기관(매니홀드) 등으로 이루어져 있으며, 이들의 각 장치들은 연료 파이프(강이나 플렉시블호스)에 의해 연결된다.

(3) 혼합비

① 혼합기의 이론 완전연소 혼합비 15 : 1
② 최대 출력시 13 : 1
③ 경제 혼합비 16~17 : 1
④ 무부하저속시 혼합비 12 : 1
⑤ 기동시 혼합비 5~9 : 1
⑥ 가속시 혼합비 8~11 : 1

2. 연료장치의 구성

(1) 연료탱크

연료탱크는 보통 강판으로 만들고 내부는 주석이나 아연으로 도금하여 방청 처리하고 또 칸막이를 두어 탱크의 강성과 강도를 크게 함과 동시에 운전 중의 연료 동요를 막게 되어 있다.

(2) 연료파이프

연료장치의 각 부품을 연결하는 것으로서 일반적으로 내경이 5~8mm 정도의 구리나 강제의 파이프가 사용된다.

(3) 연료여과기

연료 중의 불순물을 여과하기 위한 것으로 내부에 금속제 여과망이나 여과지가 있어 연료가 외측에서 내측으로 통과할 때 연료 중의 불순물이 여과된다.

(4) 연료펌프

연료탱크에 있는 연료를 압송하여 기화기로 보내는 장치이다. 연료펌프의 종류에는 기계식, 전기식, 연료진공조합식 펌프가 있다.

3. 기화기

(1) 기화기원리

기화기는 베르누이의 정리를 응용한 것으로 단면적이 큰 A부분에서 B부분으로 공기를 보내면 B부분에서 유속이 빨라진다. 따라서 D부분에는 대기압이 작용하여 압력이 낮고 유속이 빠른 B부분으로 연료가 빨려 올라가 C부분으로 분출된다.

(2) 기화기의 구성

① 벤튜리관 : 유속과 압력변화를 체크한다.
② 메인노즐 : 연료가 빨려 들어가는 부분이다.
③ 스로틀밸브 : 혼합기의 흐름량을 제어한다.
④ 초크밸브 : 공기량을 제어한다.
⑤ 플로트실 : 연료의 면을 규정 높이로 유지하기 위하여 설치하며 플로트(뜨개)와 니들밸브로 구성된다.

(3) 기화기의 회로

① 플로트회로(뜨개회로) : 플로트실은 연료탱크에서 보내온 가솔린을 노즐에 공급하기 위하여 저장하는 곳으로 플로트(Float)에 의해 연료량을 일정하게 유지한다.
② 공운전 및 저속회로 : 무부하 저속용의 회로이며 공전 및 저속구멍과 이것을 플로트실과 연결하는 통로로 되어 있다. 스로틀밸브 가장자리와 접하는 벽면에 연료 분출구를 만들면 스로틀밸브를 닫았을 때 밸브보다 아래쪽에는 높은 부압이 생기므로 이 부압을 이용하여 연

료를 쉽게 빨아들일 수 있다. 그러나 스로틀밸브를 열면 흡기다기관 안의 부압이 낮아지므로 분출구에서 연료의 분출이 멈추게 된다. 이와 같이 스로틀밸브가 완전히 닫혔을 때를 공전회로라 하고 약간 열렸을 때를 저속회로라 한다.

③ **고속회로(메인회로)** : 벤튜리를 통과하는 공기에 의하여 발생하는 부압(진공)을 이용하여 연료를 공급하는 회로이다.

④ **동력회로** : 전부하로 운전할 때 적당한 혼합기를 공급하기 위한 회로이다.

⑤ **가속회로** : 기관을 급가속하는 순간에 혼합비가 일시적으로 희박하게 되는 것을 방지해주는 회로이다.

⑥ **시동 및 초크회로** : 기관을 시동할 때 농후한 혼합기를 공급하는 회로이다.

(4) 기화기 정비사항

① **기화기 플로트실에 연료가 넘쳐흐르는 원인**
   ㉠ 플로트실 유면이 규정보다 높을 때
   ㉡ 니들밸브에 불순물이 끼었을 때
   ㉢ 플로트의 파손
   ㉣ 플로트의 조정불량

② **연료펌프의 송출 부족의 원인**
   ㉠ 다이어프램 파손 및 스프링의 약화
   ㉡ 로커암과 링크의 마멸
   ㉢ 흡입체크밸브의 손상 및 접촉불량
   ㉣ 파이프라인 내에 공기유입

③ **기화기에 연료가 공급되지 않는 원인**
   ㉠ 연료라인에 베이퍼록 현상이 발생하였을 때
   ㉡ 연료라인에 공기가 유입되고 있을 때
   ㉢ 연료펌프에 파이프가 막혔을 때
   ㉣ 연료펌프의 로커암이 파손되었을 때
   ㉤ 연료펌프 다이어프램이 파손되었을 때

④ **희박한 혼합기가 기관에 미치는 영향**
   ㉠ 가동이 어렵다.
   ㉡ 저속 및 고속회전이 어렵다.
   ㉢ 배기가스의 온도가 올라간다.
   ㉣ 동력의 감소, 노킹의 원인이 된다.
   ㉤ 역화가 일어난다.

⑤ 혼합기가 희박해지는 원인

　ㄱ 저속제트가 막혔을 때

　ㄴ 미터링로드의 작동이 불량할 때

　ㄷ 메인노즐이 불량할 때

　ㄹ 플로트실의 유면이 낮을 때

　ㅁ 공전 혼합비 조정 스크루에 결함이 있을 때

　ㅂ 공전 포트가 막혔을 때

⑥ 혼합기가 농후해지는 원인

　ㄱ 플로트실의 유면이 규정보다 높을 때

　ㄴ 연료펌프의 송출 압력이 너무 높을 때

　ㄷ 파워밸브에서 연료가 누출될 때

　ㄹ 초크밸브의 작동이 불량할 때

　ㅁ 공기청정기가 막혔을 때

　ㅂ 에어블리더가 막혔을 때

4. LPG 연료장치

(1) LPG 자동차의 특성

① 장 점

　ㄱ 엔진의 수명이 연장된다.

　ㄴ 연료비를 경감시킬 수 있다.

　ㄷ 연소실 내의 탄소의 부착이 없다.

　ㄹ 분해 점검까지의 시간이 연장된다.

　ㅁ 점화 플러그가 오손되지 않고 수명이 길어진다.

　ㅂ 엔진오일 사용 수명이 길어진다.

　ㅅ 엔진의 노킹이 일어나지 않는다.

　ㅇ 배기가스의 해가 적다.

② 단 점

　ㄱ 고압용기 자체로 승차에 불안감이 있다.

　ㄴ 차실 내부에 냄새가 나고 충전 중에 불쾌감이 따른다.

　ㄷ 무색 투명가스이므로 누출 발견이 어렵다.

　ㄹ 구조가 복잡해진다.

　ㅁ 가솔린 차에 비해 출력이 떨어진다.

　ㅂ 부대비용이 든다.

(2) LPG 연료의 공급 순서

① LPG 전용차

② LPG · 가솔린 겸용(병용식)

(3) LPG 연료장치의 구성

① 봄베(Bombe) : 내압이 30kg/cm² 이상의 압력에 견딜 수 있는 강철제 용기이다.

② LPG 필터 : LPG 속에 혼입되어 있는 불순물을 제거하기 위하여 봄베와 솔레노이드밸브 사이에 설치되어 있다.

③ 솔레노이드밸브(연료정지밸브) : 연료의 유출을 자동적으로 막는 밸브이다.

④ 프리히터(Pre-heater) : LPG를 가열하여 LPG 일부 또는 전부를 기화시켜 베이퍼라이저 에 공급하기 위해 설치한다.

⑤ 베이퍼라이저(Vaporizer) : 봄베로부터 유출된 액체상태의 연료는 2단으로 감압되며 먼저 고압 감압실에서 0.2~0.4kg/cm²로 감압된다. 감압기는 액체가 기화할 때에는 기화열을 흡수하여 주위를 냉각하므로 빙결을 방지하기 위하여 기관의 냉각수가 감압기 주위를 통하 게 되어 있다.

⑥ 혼합기 : 감압기에서 기화된 가스와 공기를 혼합시키는 작용을 하는 것으로 혼합가스는 1차 측과 2차측 스로틀밸브를 통하여 기관에 흡입되고, 1차측 스로틀밸브가 어느 일정의 각도 만큼 열렸을 때에 2차측 스로틀밸브가 열린다.

06 흡배기 장치

1. 흡기장치

(1) 의 의

흡기장치는 기관이 작동하기 위해서 실린더 안에 혼합기를 흡입하며, 공기청정기와 흡기다기 관이 있다.

(2) 공기청정기

① 기 능
- ㉠ 공기 속의 불순물 여과
- ㉡ 흡기 소음의 감소
- ㉢ 역화시 불길 저지

② 종 류
- ㉠ 건식 공기청정기 : 공기청정기 안에 여과 엘리먼트를 설치하고 엘리먼트 상하에 공기누출방지용의 패킹을 대고 케이스 커버를 설치한다.
- ㉡ 습식 공기청정기 : 엘리먼트는 스틸 울이나 천으로 되어 있으며, 공기가 유면과 부딪칠 때 비말형태로 언제나 오일이 묻어 있다.
- ㉢ 원심분리식 공기청정기 : 흡입공기의 원심력 관성을 이용하여 먼지를 분리하는 형식이며 US형식, 통행식, 멀티클론 형식 등이 있다.

(3) 흡기다기관 : 각 실린더에 혼합기를 분배한다.

2. 배기장치

혼합기가 연소한 후 그 연소가스를 외부로 배출하는 역할을 하는 장치이다.

(1) 배기다기관 : 배기다기관은 엔진의 각 실린더에서 배출되는 배기가스를 모으는 장치이다.

(2) 배기관 : 배기관은 다기관에서 나오는 배기가스를 내보내는 관이며, 하나 또는 두 개로 되어 있다.

(3) 소음기(머플러) : 소음기는 기관에서 배출하는 배기가스의 음압과 음파를 감쇠시키는 역할을 한다. 보통 1mm 정도의 강판으로 된 원통형의 모양으로 되어 있으며, 그 내부는 몇 개의 방으로 구분되어 있다.

07 전자제어 가솔린 분사장치

1. 개 요

(1) 전자제어 연료분사장치의 의의

가솔린기관의 전자제어 연료분사장치는 기관의 출력증대, 유해 배기가스의 감소, 연료소비율의 저감 및 신속한 응답성을 동시에 만족시키기 위하여 각종 센서를 부착하고 이 센서에서 보낸 신호와 기관의 운전 상태에 따라 연료의 분사량을 ECU(Electronic Control Unit)로 제어하며 인젝터를 통하여 실린더 내에 가솔린을 분사시키는 방식이다.

(2) 전자제어 연료분사장치의 특징

① 장 점
  ㉠ 기관의 효율증대
  ㉡ 기관의 운전성 향상
  ㉢ 저온기동이 용이
  ㉣ 기관의 출력증대
  ㉤ 연료소비율의 저감효과
  ㉥ 배기가스의 최소화

② 단 점
  ㉠ 고온기동성이 불량
  ㉡ 구조가 복잡하여 정비가 어려움
  ㉢ 값이 비쌈

〈기화기 엔진과 전자제어 가솔린분사 엔진의 비교〉

기화기 엔진	전자제어 가솔린분사 엔진
• 흡기 배기의 불균일 • 혼합기의 부정확 • 흡입 저항이 크다. • 무화의 불균일 • 구조가 간단하다. • 급가속성(응답성)이 좋지 않다. • 응축 현상에 의한 완전연소에 한계가 있다.	• 연비향상(흡입 공기량을 직접검출 피드백 조정) • 기관의 효율 및 주행 성능 향상 • 냉간시 시동이 용이

2. 전자제어 연료분사장치의 분류

(1) 분사 제어방식에 의한 분류

① **기계식(K-제트로닉 방식)** : 전자식 연료펌프에서 일정한 분사압력을 얻으면 분사되며, 분사량 제어는 흡기다기관의 통로에 설치된 감지기에 의하여 연료분배기의 제어 플런저를 상하로 움직여 인젝터로 통하는 연료 통로면적을 바꾸어 제어하는 방식이다.

② **전자식** : 일정압력의 연료를 흡기다기관 내에 분사시키는 방식으로 각 사이클마다 흡기공기량에 따라 인젝터를 일정시간 동안 열어주는 것에 의하여 분사량을 제어하는 방식이다.
  - ㉠ L-제트로닉 방식 : 흡입공기량 검출식
  - ㉡ D-제트로닉 방식 : 흡입다기관 부압감지식

(2) 분사밸브의 설치위치에 따른 분류

① **직접분사방식** : 분사밸브를 직접 연소실에 설치한 방식으로 초기에 사용된 기계식 직접분사방식이다.

② **간접분사방식** : 분사밸브를 흡기다기관이나 흡입통로에 설치한 방식으로 대부분의 가솔린 분사방식은 이 방식을 사용한다.

3. 전자제어 연료분사장치의 구조와 작용

(1) 흡입계통의 구조와 작용

흡입계통은 공기청정기, 공기유량감지기, 스로틀보디, 서지탱크 및 흡입다기관으로 구성된다.

① **공기유량센서(AFS ; Air Flow Sensor)** : 공기유량센서는 공기청정기 뒤쪽에 설치되며, 기관에 유입되는 공기량을 감지하여 ECU에 전달하는 장치로서, 기본 분사량 및 분사시간을 산출하는 데 큰 역할을 한다.

② **대기압력센서** : 대기압력센서는 공기유량센서에 부착되어 대기압력을 검출하며, 대기압력은 전압으로 변환되어 그 신호는 ECU로 보내진다. 이 신호는 ECU에서 대기압력에 따라 고도를 계산하여 적절한 혼합비가 되도록 연료분사량과 점화시기를 조절하는 데 사용된다.

③ **흡입공기온도센서(ATS ; Air Temperature Sensor)** : 공기유량센서에 부착되어 흡입공기의 온도를 검출하는 일종의 저항기이다. 이 신호는 ECU로 보내져 흡입공기의 온도에 상응하는 연료분사량을 조절하는 데 사용된다.

④ **스로틀보디** : 스로틀보디는 공기유량센서와 서지탱크 사이에 설치되어 흡입통로의 일부를 형성한다. 공회전 시에는 스로틀밸브는 거의 닫혀 있으며 공회전 시에 필요한 공기는 스로틀보디에 마련되어 있는 바이패스통로를 통하여 공급된다.

㉠ 공전속도조정기 : 공전속도조정기는 ECU가 기관의 회전속도 및 온도에 따라 조절신호를 보내면 스로틀밸브를 조정하여 기관에 공기를 가감시키며 공회전속도를 조정하는 역할을 한다.

㉡ 모터포지션센서 : 모터포지션센서에서 검출된 신호는 ECU로 보내어지며 ECU에서 모터포지션센서의 신호, 공회전신호, 냉각수온의 신호, 차량속도신호 등을 바탕으로 스로틀밸브의 열림 정도를 조절하게 된다.

㉢ 공전스위치 : 공전속도조정기의 플런저 아랫부분에 설치되어 있으며, 스로틀밸브가 공전상태에 놓이게 되면 공전속도조정기 레버에 의하여 푸시핀이 눌러져 접점이 통전(On)되어 기관이 공회전상태에 놓여 있음을 ECU로 보내주게 된다.

㉣ 스로틀포지션센서 : 스로틀밸브의 열림정도를 스로틀보디의 스로틀축과 함께 회전하는 가변저항의 변화에 따라 출력전압의 변화로 읽어 ECU에서 열림 정도를 감지한다. ECU는 스로틀포지션센서의 출력전압과 기관 회전수 등의 입력신호에 따라 기관상태를 판정하여 연료분사량을 조절해준다.

㉤ 패스트아이들 조정밸브 : 냉각수온의 온도에 따라 흡입공기량을 조절하여 기관회전속도를 조절해주는 장치이다.

⑤ **서지탱크와 흡입다기관** : 서지탱크는 기관의 충전효율을 높이기 위하여(흡입되는 공기가 맥동적으로 이루어지는 것을 방지하기 위하여) 설치되는 장치로서 흡입다기관과 일체로 제작되어 있다. 흡입다기관은 서지탱크에서 보내온 공기와 인젝터에서 분사된 연료를 혼합하여 각 실린더에 균일하게 분배하여 주는 작용을 한다.

⑥ **1번 실린더 TDC센서** : 실린더 내의 1번 피스톤의 압축상사점 위치를 검출하여 ECU에 보내어 초기분사시기 및 연료분사순서를 결정한다.

⑦ **크랭크각 센서** : 가솔린 분사장치에서 주로 점화시기 제어에 필요한 크랭크축의 회전 각도를 점검하여 피스톤 위치를 알기 위한 센서이며 ECU에서는 분사량 보정, 점화시기 등을 제어하는 데 사용한다.

(2) 연료계통의 구조와 작용

① 연료계통은 연료탱크, 연료펌프, 연료여과기, 연료공급파이프, 연료압력제어기 및 인젝터로 구성된다.

② 연료탱크 내의 연료는 전기로 구동되는 연료펌프에 의하여 약 $2.5kg/cm^2$의 압력으로 연료여과기를 거쳐 연료공급파이프로 공급되며, 연료공급파이프에 설치되어 있는 연료압력조절기에서 흡입다기관의 부압 정도에 따라 연료압력을 조절하여 각 인젝터와 냉시동밸브에 연료를 공급하고, 과잉 공급된 연료는 리턴라인(Return Line)을 따라 연료탱크로 되돌려진다. 인젝터에서는 ECU의 신호에 의하여 인젝터 내부의 솔레노이드 코일을 작동하면 니들밸브가 열려 각 실린더의 점화순서에 따라 흡입다기관 내에 연료를 분사시키게 된다.

(3) 제어계통의 구조와 작용

제어계통은 각종 센서와 ECU로 구성되며 기관의 운전조건과 상태에 따라 적절한 연료량을 결정한다.

① 회전속도센서 : L-제트로닉에서 기관회전속도의 검출은 배전기의 점화신호에 의하여 이루어진다. 점화신호가 ECU에 입력되면 기준전압과 비교하여 점화신호펄스를 형성하고 펄스 횟수에 의하여 기관회전속도를 검출한다.

② 서모타임스위치 : 서모타임스위치는 전기적으로 가열되는 바이메탈식 구조로서 냉각수 온도에 따라 접점이 개폐되도록 되어 있다. 서모타임스위치는 냉간시동시 시동불량을 방지하기 위해 추가연료를 분사하도록 작동한다.

③ 냉각수온센서 : 기관이 시동되면 워밍업 운전기간에 들어간다. 냉각수온센서는 이 기간의 냉각수 온도에 대한 정보를 ECU에 보내어 시동 후 농후한 혼합기를 공급하도록 한다.

④ 스로틀밸브위치센서(TPS) : 기관의 부하상태를 검출하기 위해서 스로틀밸브축에 설치된 TPS에 의하여 스로틀밸브의 개도를 판별한다. 스로틀밸브가 완전히 열리면 전부하접점이 접촉되고, 반대로 스로틀밸브가 완전히 닫히면 공전접점이 접촉된다.

⑤ 산소센서 : 3원촉매장치를 사용하여 배기가스를 정화시 촉매의 정화율은 이론공기 연료비 부근에서 가장 우수하다. 따라서 혼합비를 이론공연비 부근($\lambda=0.95\sim1.05$)으로 제어하기 위하여 산소센서를 이용한다. 현재 사용하고 있는 산소센서에는 지르코니아 산소센서와 티타니아 산소센서가 있다.

⑥ ECU(Electronic Control Unit) : ECU는 각종 센서에서 입력되는 기관작동상태에 관한 정보를 처리하여 대응하는 인젝터의 니들밸브 열림 시간을 계산한다. 즉 ECU는 인젝터의 분사지속시간을 제어하는 방법으로 분사량을 제어한다.

　ㄱ 연료분사제어 : 공기유량센서로부터 흡입공기량을 검출하여 이에 대응하는 연료를 분사시키기 위하여 인젝터의 구동시간을 제어한다.

　ㄴ 공전속도제어 : 모터포지션센서에 의하여 공전속도조정기의 플런저 위치를 감지하고 스로틀밸브의 열림 정도를 제어한다. 이 외에도 패스트아이들제어(Fast Idle Control), 대시포트제어(Dash Port Control), 에어컨 작동시 공전속도상승제어 등이 있다.

　ㄷ 점화시기제어 : 온 주행모드에서 점화시기와 캠각을 제어한다.

　ㄹ 컨트롤릴레이제어 : ECU, 연료펌프, 인젝터, 공기유량센서 등에 전원을 공급해 주는 릴레이를 컨트롤릴레이(Control Relay)라고 하며, 기관 정지시 연료펌프의 구동을 정지시키는 기능이다.

　ㅁ 에어컨릴레이제어 : 기관 시동시 또는 가속시에 일시적으로 에어컨릴레이가 오프(Off)되어 에어컨 콤프레서의 작동을 정지시켜 주는 기능이다.

　ㅂ 피드백제어(Feed Back Control) : 배기가스 중의 산소농도를 검출하여 혼합비가 자동적으로 적정혼합비로 되도록 하는 기능이다.

ⓐ 증발가스제어 : 캐니스터(Canister)에 포집된 연료증발가스를 기관의 상태에 따라 흡기
다기관으로의 유입을 제어하는 기능이다.

4. ECU의 연료분사제어

연료의 분사량은 인젝터의 구동시간에 의하여 제어되는데, 인젝터의 구동시간은 공기유량센서,
크랭크각센서, O_2센서의 배기가스 정보 및 각종 센서로부터의 신호를 근거로 하여 ECU에서 산정
된다.

(1) ECU의 정보처리 과정

① 기본분사시간 : ECU는 기본 분사량을 결정하는 영향인자인 흡입공기량과 기관회전속도의
센서로부터 보내오는 정보로부터 기본분사시간을 계산한다.

② 보정분사시간 : 기관냉각수 온도, 흡입공기의 온도와 압력, 스로틀밸브의 개도 및 시동 여
부 등에 따른 정보로부터 보조증가량에 대응하는 보정분사시간을 추가하여 결정한다.

③ 인젝터의 구동시간 : ECU에서 연산되는 인젝터의 구동시간은 기본분사시간과 보정분사시
간의 합으로 결정되며 이외에 전원전압의 변화에 따른 분사시간을 추가하여 결정한다.

(2) 분사시기제어

연료의 분사시기는 운전상태에 따라 결정되며 동기분사와 동시분사가 있다.

① 동기분사 : 각 실린더의 배기 행정에서 인젝터를 구동시키며 크랭크각 센서의 신호에 동기
하여 구동된다. 1번 실린더의 신호는 동기분사의 기준신호로서 이 신호를 검출한 곳에서 크
랭크각 센서의 신호와 동기하여 분사가 시작된다. 각 실린더의 분사는 크랭크각 2회전에 점
화순서에 따라 1회씩 분사된다.

② 동시분사(비동기분사) : 기관기동시나 공전스위치가 오프(Off)된 상태에서 스로틀밸브의 열
림 정도가 규정값보다 클 때, 즉 급가속시 4개의 인젝터가 동시에 연료를 분사한다.

---

08 디젤기관

1. 디젤기관의 개요

디젤기관은 실린더 안에 공기만을 흡입 · 압축하여 공기의 온도가 고온이 되게 한 후 연료를 안개
모양의 입자로 고압분사하여 분무된 연료가 공기의 압축열에 의하여 지기착회연소를 하게 하며
이 때 발생한 가스의 압력에 의하여 동력을 얻는 기관이다.

(1) 디젤기관의 장단점

① 장 점

ⓐ 가솔린기관보다 열효율이 높다.

ⓑ 가솔린기관보다 연료소비량이 작다.

ⓒ 연료인화점이 높아 화재의 위험이 적다.

ⓓ 배기가스에 함유되어 있는 유해성분이 적다.

② 단 점

ⓐ 마력당 중량이 무겁다.

ⓑ 평균유효압력 및 회전속도가 낮다.

ⓒ 운전중 진동소음이 크다.

ⓓ 기동전동기의 출력이 커야 한다.

ⓔ 연료공급장치의 정밀한 조정이 필요하다.

(2) 디젤기관의 종류

① 공기분사식

ⓐ 착화지연 시간이 짧고 질 낮은 연료도 사용할 수 있다.

ⓑ 정압에 가깝게 연소시킬 수 있다.

ⓒ 높은 압력을 내는 공기압축기가 있어야 한다.

ⓓ 부하속도에 의한 조정이 복잡하다.

ⓔ 선박기관에 사용한다.

② 무기분사식

ⓐ 연료 자체에 압력을 가하여 분사노즐을 거쳐 분사시킨다.

ⓑ 무게가 가벼울 뿐만 아니라 기계효율도 높다.

ⓒ 착화지연이 길어 복합사이클과 정적사이클에 가까운 연소를 한다.

2. 디젤기관의 연소과정

(1) 착화지연기간(연소준비기간)

연료가 실린더 속에 분사될 때부터 연소를 일으키기 전까지의 기간을 말한다. 착화지연기간은 연소에 크게 영향을 미치므로 될 수 있는 대로 짧은 것이 유리하며 연료의 착화성, 공기의 압축온도 및 압축압력, 연료의 분사상태 등의 영향을 받는다.

(2) 폭발연소기간(급격연소기간)

분사된 연료가 연소되어 실린더 내의 압력을 급상승시키는 기간을 말한다.

(3) 직접연소기간(제어연소기간)

연료의 분사가 계속되어 거의 정압상태에서 연소하는 기간을 말한다.

(4) 후기연소기간

연소실에 남아있는 연료가 연소를 계속하는 기간이다. 이 기간이 길면 배기 온도가 높아지고 열효율이 저하되므로 후기연소기간은 짧은 것이 유리하다.

3. 디젤기관의 연소실

〈연소실의 종류〉

```
연소실 ┬ 단실식 ── 직접분사실식
       └ 복실식 ┬ 예연소실식
                ├ 와류실식
                └ 공기실식
```

(1) 직접분사실식

연소실이 피스톤헤드에 설치된 볼(Bowl)에 의해 형성되며 여기에 연료를 직접 분사하게 되어 있다.

장 점	단 점
• 구조가 간단하여 열효율이 높고 연료소비량이 작다. • 열에 의한 변형이 작다. • 냉각손실이 작다. • 시동이 용이하다.	• 세탄가가 높은 연료를 사용하여야 한다. • 분사압력 및 연소압력이 높다. • 다공 노즐을 사용하므로 막히기 쉽다. • 분무 상태가 기관의 성능에 민감하게 작용한다. • 복실식에 비하여 와류가 약하므로 발열한계가 높고 고속회전이 곤란하다.

(2) 예연소실식

피스톤과 실린더헤드 사이에 주연소실이 있고 이외에 따로 예연소실(=부실)을 갖고 있어 예연소실에서 착화시키면 압력이 상승되고 반연소상태의 연소가스나 고온가스의 상태에서 연락공을 통하여 주연소실에 강하게 분출되어 주연소실 내의 공기에 의해 완전연소가 된다.

장 점	단 점
• 사용연료의 범위가 넓다. • 분사압력이 낮기 때문에 분사시기 변화에 대하여 민감하지 않다. • 노크가 적고 세탄가가 낮은 연료를 사용할 수 있다. • 착화지연이 짧다. • 노킹이 적어 정숙한 운전을 할 수 있다. • 평균유효압력이 비교적 높다.	• 열손실이 커서 압축행정시 온도 증가가 둔하다. • 연료소비율이 높고 열효율이 낮다. • 시동을 위하여 예열 플러그를 설치하지 않으면 안 된다.

(3) 와류실식

노즐 가까이에서 많은 공기와류를 얻을 수 있도록 설계된 것으로 연락공의 크기를 예연소실식과 비교하여 크게 하고 압축행정 중에 부실 내에 강한 와류를 형성시켜 와류 중에 연료를 분사하여 연소시키는 구조를 가진다.

장 점	단 점
• 회전수 및 평균유효압력을 높일 수 있다. • 고속운전이 가능하다. • 회전범위가 광범위하여 원활한 운전이 가능하다. • 연료소비율은 예연소실식보다 우수하다.	• 실린더헤드의 구조가 복잡하다. • 직접분사식보다 열효율이 떨어진다. • 저속 시에 예열 플러그를 필요로 하기 때문에 시동성이 나쁘다. • 열손실이 크다.

(4) 공기실식

예연소실식과 와류실식이 부실에 분사노즐이 설치되어 있는 데 반해, 공기실식 연소실은 부실의 대칭되는 위치에 노즐이 설치되어 있으며 연료의 분사방향이 부실방향으로 되어 있다.

장 점	단 점
• 연소압력이 낮기 때문에 작동이 비교적 정숙하다. • 시동이 용이하여 예열플러그를 사용하지 않아도 된다. • 핀틀형 노즐을 사용할 수 있으므로 고장이 적다.	• 기관의 회전속도가 낮다. • 열효율이 낮고 연료소비율이 낮다. • 평균유효압력이 낮다. • 후연소를 일으키기 쉽고 배기온도가 높다.

09 | 연료분사장치

1. 독립식 분사펌프

(1) 독립식 분사펌프의 구성

독립식 분사펌프는 연료탱크, 연료파이프, 공급펌프, 연료여과기, 분사펌프(조속기, 분사시기 조정기), 분사파이프, 분사노즐로 구성된다.

① **공급펌프** : 연료를 일정한 압력으로 가압하여 분사펌프에 공급하는 장치로 분사펌프의 캠축에 의해 작동된다. 공급펌프는 펌프보디와 그 내부에서 작동되는 플런저, 태핏, 푸시로드, 체크밸브 등으로 구성되어 있다.

② **연료여과기** : 연료속에 들어있는 먼지나 수분을 제거 분리하며 연료파이프에 의해 연료공급펌프와 분사펌프에 연결되어 있다.

③ **분사펌프**

　㉠ 캠축 : 캠축의 캠의 수는 기관실린더수와 같고 구동 쪽에는 분사시기 조정장치, 다른 한쪽에는 조속기를 설치하기 위한 나사홈이 파져 있다.

　㉡ 태핏(Tappet) : 태핏은 캠축에 의하여 상하운동을 하면서 플런저를 작동한다. 캠과 접촉하는 부분이 롤러로 되어 있으며, 롤러는 태핏에 부싱과 핀으로 지지되어 있다.

　㉢ 펌프엘리먼트 : 펌프엘리먼트는 플런저와 플런저배럴로 구성되어 있으며 펌프하우징에 고정되어 있는 배럴 속을 플런저가 상하로 섭동하고 동시에 어느 각도만큼 회전하게 되어 있다. 연료분사량은 플런저의 유효행정에 따라 정해지며 유효행정은 제어슬리브와 피니언의 위치변화에 따라 정해진다. 플런저의 유효행정을 크게 하면 연료분사량(송출)이 많아져 기관이 고속회전을 한다.

　㉣ 플런저리드 : 플런저리드의 종류에는 직선형과 나선형이 있으며, 리드는 오른쪽 리드와 왼쪽 리드가 있다.

　㉤ 딜리버리밸브(Delivery Valve) : 딜리버리밸브는 플런저의 상승행정으로 배럴 내의 연료압력이 규정(약 10kg/cm^2)에 이르면 밸브가 열려 연료를 분사노즐에 압송하고 플런저의 유효행정이 끝나면 밸브는 스프링 힘으로 닫혀서 연료의 역류를 방지한다.

④ **연료제어기구** : 연료분사량을 조정하는 가속페달이나 조속기의 움직임을 플런저에 전달하는 기구이며 가속페달에 연결된 제어래크, 제어피니언, 제어슬리브 등으로 구성되어 있다.

(2) 조속기(Governer)

조속기는 기관의 오버런이나 기관정지를 방지하기 위하여 자동적으로 분사량을 조정하여 기관의 회전속도를 제어하는 역할을 한다.

(3) 분사시기조정기

기관의 부하 및 회전속도에 따라 분사시기를 변화시키기 위한 장치로, 분사시기조정기는 기계식과 자동식이 있다.

2. 분배형 분사펌프(VE형)

분배형 분사펌프는 기통수에 관계없이 1개의 플런저가 회전과 왕복운동을 하여 각 계통에 연료를 공급한다.

(1) 분배형 분사펌프의 특징

① 소형, 경량으로 부품수가 적다.
② 시동이 용이하다.
③ 고속회전이 가능하다.
④ 분사량 조정이 가능하다.
⑤ 토크 조정이 간단하다.
⑥ 역회전을 방지할 수 있다.
⑦ 여러 가지 성능에 대한 맞춤이 용이하다.
⑧ 펌프 내의 윤활은 연료로 한다.

(2) 분배형 분사펌프의 구성 및 작동

① **분배형 분사펌프 연료장치** : 연료는 공급펌프에 의해 연료탱크로부터 뽑아 올려 물분리장치 연료필터를 통하여 분사펌프에 보내어 펌프내부에 있는 피드펌프에 의해 가압되어 펌프실로 보내진다. 연료는 펌프실로부터 분배헤드의 통로를 통과하여 배럴 흡입포트(구멍)를 거쳐서 플런저 상부의 펌프고압실에 이른다. 플런저는 연료를 분사순서에 의해 노즐을 통하여 고압 분사시킨다.

② **분배형 분사펌프의 작동**

  ㉠ 공급펌프 : 구동축쪽 하우징에 들어있는 베인형 공급펌프는 연료를 연료펌프에서 흡입하여 펌프실로 압송한다.

  ㉡ 조정밸브 : 공급펌프에서 공급되는 연료는 분사량의 몇 배가 되기 때문에 초과되는 연료는 조정밸브를 경유하여 공급펌프의 흡입쪽으로 되돌아간다.

  ㉢ 연료의 압송 및 분배 : 연료의 압송은 플런저의 왕복운동에 의하여 이루어지며, 분배는 각각의 분사홈에서 플런저의 중앙에 있는 분배슬릿에 의하여 행해진다.

3. 분사노즐

(1) 분사노즐의 기능

분사펌프에서 보내진 고압의 연료를 미세한 안개모양으로 연소실에 분사한다.

(2) 분사노즐의 종류

① **개방형** : 노즐 끝이 항상 열려있는 형식
② **폐지형** : 분사펌프와 노즐 사이에 니들밸브를 두고 필요한 때에만 밸브를 열어 연료가 분사
되게 한 것이다.

---

10 터보차저(Turbo Chager)

1. 터보차저의 기능 및 특징

(1) 터보차저의 기능

실린더 내에 제한된 용적에 비해 보다 큰 출력을 얻기 위하여 흡기다기관에 터보차저(Turbo
Charger, 과급기)를 설치한다. 터보차저는 공기량을 증대시키기 위해 흡기 밀도를 대기압으
로 가압하여 실린더 내에 공급시켜 기관의 충전효율을 높이고 평균유효압력을 높여 출력을 증
대시킨다.

(2) 터보차저의 특징

① **장 점**
　㉠ 연소가 양호하여 연료소비율이 3~5% 감소한다.
　㉡ 엔진의 소형 경량화가 가능하다.
　㉢ 배기가스 정화효율이 향상된다.
　㉣ 착화지연 시간이 짧다.
　㉤ 출력을 증대시킬 수 있다.
② **단 점**
　㉠ 엔진의 강도가 저하된다.
　㉡ 섭동부의 내구성이 저하된다.

2. 터보차저의 구조

터보차저는 압축기, 터빈, 플로팅베어링, 과급압력 조정장치, 인터쿨러, 노킹방지장치 등으로 구성되어 있다.

(1) 압축기

압축기는 원심식이며 100,000rpm 이상의 고속회전으로 공기를 가압하는 임펠러와 흐름속도가 빠를 때 감속하여 속도에너지를 압력에너지로 바꾸는 디퓨저와 하우징으로 되어 있다.

(2) 터 빈

압축기를 구동하는 부분으로 배기가스의 열에너지를 회전력으로 변화시킨다.

(3) 플로팅베어링

베어링의 윤활은 보통엔진오일을 사용하며 터보장치가 과열된 상태에서 엔진을 정지하면 베어링에 오일이 공급되지 않아 소결을 일으키는 경우가 있기 때문에 고속주행 직후에는 바로 엔진을 정지시키지 말고 충분히 공회전시켜 터보차저를 냉각시켜야 한다.

(4) 압력조정장치

① 배기가스 바이패스식 : 과급압력이 규정압력 이상으로 상승하였을 경우에 터빈으로 들어가는 배기가스 중에서 일부를 배출하여 그 이상으로 터빈이 회전하지 못하도록 하는 방식이다.
② 흡기 릴리프방식 : 배기가스 흐름을 조정하는 것이 아니라 과급압력자체를 조정하는 것으로 과급압력이 규정값 이상으로 되면 흡기 릴리프밸브가 열려 과급된 흡입 공기를 외부로 배출하는 방식이다.

(5) 인터쿨러

인터쿨러는 과급된 공기의 온도를 낮추어 충전효율의 저하나 노킹을 방지한다.

(6) 노킹방지장치

노킹이 발생하면 노킹센서가 노킹진동을 감지하여 바로 점화시기를 느리게 하여 그 이상 노킹이 발생하지 않도록 한 장치이다. 노킹방지장치는 노크센서, 노크조정장치, 진각제어부분으로 구성된다.

11 예열장치

1. 예열장치의 기능

겨울철에 외기의 온도가 낮을 경우 또는 기관이 냉각되어 있을 때 기동을 쉽게 하기 위하여 흡입 공기를 미리 가열하는 장치이다.

2. 예열장치의 종류

(1) 흡기가열식

실린더에 흡입되는 공기를 미리 예열하는 방식이다. 흡입공기를 가열하는 열원에 따라 연소식 과 전열식으로 구분한다.

(2) 예열플러그식

연소실 내의 공기를 직접 예열하는 방식이다.

제2절 적중예상문제

●● 정답 및 해설 p.005

01 겨울철 기동 시 요구되는 공기 연료의 혼합비는?

① 5 : 1

② 12 : 1

③ 17 : 1

④ 15 : 1

02 뜨게실의 유면 높이가 규정보다 낮을 때 나타나는 현상은?

① 배기관이 냉각된다.

② 연료의 무화가 양호해진다.

③ 혼합기가 희박해진다.

④ 혼합기가 농후해진다.

03 다음 중 여과기에 설치된 오버플로 밸브에 대한 설명으로 옳은 것은?

① 연료 여과기 내의 압력이 규정 이상이 되면 연료가 분사 펌프로 이동한다.

② 연료와 함께 흡입된 공기를 탱크로 되돌려 보낸다.

③ 연료와 함께 흡입된 공기를 브리더 밸브를 통해 배출시킨다.

④ 일정압 이상의 압력이 되면 연료를 바이패스시켜 노즐에 공급한다.

04 감압 장치의 기능은 무엇인가?

① 캠축이 원활히 회전되게 할 수 있는 장치이다.

② 각 실린더의 흡입 밸브를 열어 주어 가볍게 회전시킨다.

③ 라이닝 기어를 원활하게 회전시킬 수 있다.

④ 추진축을 원활히 회전시킬 수 있다.

05 가솔린 기관의 흡기 다기관 설치시 접촉이 불량하면 혼합기는?

① 농후해진다.　　　　　　　② 희박해진다.
③ 기관의 회전속도에 따른다.　④ 혼합기와 무관하다.

06 다음 중 연소의 3요소가 아닌 것은?

① 산소 공급　　　　　　　　② 점화원
③ 가연 물질　　　　　　　　④ 연소실

07 다음 중 엔진 기동에 필요한 공기를 공급하는 장치는?

① 초크 밸브　　　　　　　　② 에어블리드
③ 앤티퍼 컬레이터　　　　　④ 스로틀 크래커

08 다음 중 크랭크축을 교환해야 하는 때는?

① 균열이 생겼을 경우　　　　② 경미하게 휘었을 경우
③ 오일구멍이 막혔을 경우　　④ 베어링 저널이 긁혔을 경우

09 엔진의 규칙적인 부조현상이 일어나면서 시동이 자주 꺼지는 원인은?

① 시동계통의 고장　　　　　② 점화계통의 고장
③ 윤활계통의 고장　　　　　④ 충전계통의 고장

10 겨울철에 연료 탱크에 연료를 가득 채우는 이유는?

① 연료가 적으면 엔진록이 생긴다.
② 연료가 적으면 수증기가 응축된다.
③ 연료가 적으면 휘발성이 더 크다.
④ 연료가 적으면 베이퍼록이 생긴다.

11 연료 탱크에 구멍이 뚫어졌다. 임시조치 방법으로 가장 좋은 것은?

① 산소－아세틸렌 용접을 한다.　　② 경납땜을 한다.
③ 연납땜(땜납)을 한다.　　④ 전기용접을 한다.

12 액화석유가스(LPG)의 특징으로 옳지 않은 것은?

① 휘발유에 비해 많은 기화열을 필요로 한다.
② 일반적으로 휘발유보다 옥탄가가 약간 낮다.
③ 여름철에는 대부분 부탄만을 사용하지만, 겨울철에는 부탄에 프로판을 혼합한 LPG를 사용한다.
④ 액체상태에서 단위중량당 발열량은 휘발유보다 높으나, 공기와 혼합상태에서의 단위를 나타낸다.

13 디젤기관에서 과급을 하는 주된 목적은?

① 기관의 회전수를 일정하게 한다.
② 기관의 윤활유 소비를 줄인다.
③ 기관의 회전수를 빠르게 한다.
④ 기관의 출력을 증가시킨다.

제3절 섀시

01 동력전달장치

동력전달장치는 기관에서 발생한 동력을 구동바퀴에 전달하기 위한 장치를 말한다. 동력전달장치는 클러치, 변속기, 유니버설조인트, 추진축, 구동축, 구동바퀴 등으로 구성되어 있다.

02 클러치

1. 개 요

(1) 클러치의 기능

클러치는 기관과 변속기 사이에 설치되며 동력전달장치에 전달되는 기관의 회전력을 단속하는 일을 한다.

(2) 클러치의 구비조건

① 접속이 원활하고 차단이 확실하며 용이할 것
② 회전 관성이 작을 것
③ 회전부분의 평형이 좋을 것
④ 충분한 토크 전달용량을 갖출 것
⑤ 방열성이 좋고 과열하지 않을 것
⑥ 구조가 간단하고 고장이 적을 것

2. 마찰클러치

(1) 건식 단판클러치

① 건식 단판클러치의 구성
　㉠ 클러치판(원판, 마찰판) : 플라이 휠과 압력판 사이에 있으며 기관의 동력을 변속기에 전달하는 마찰판이다.

ⓛ 클러치축 : 클러치축은 클러치판이 받는 동력을 변속기에 전달하는 일을 한다.

ⓒ 압력판 : 압력판은 클러치스프링의 힘으로 클러치판을 플라이휠에 밀착시키는 일을 한다.

ⓔ 클러치스프링 : 클러치커버와 압력판 사이에 설치되어 클러치판에 압력을 가한다.

ⓜ 릴리스레버(Release Lever) : 릴리스베어링으로부터 힘을 받아 압력판을 움직이는 작용을 한다.

ⓗ 클러치커버 : 강판을 프레스 성형한 것으로 플라이휠에 설치하기 위한 플랜지부, 릴리스레버 지지부 등이 마련되어 있다.

ⓢ 릴리스베어링 : 회전 중인 릴리스레버를 눌러 클러치를 압력판에서 떨어지게 하는 역할을 한다.

② 클러치의 조작기구

㉠ 기계식 : 로드와 와이어를 사용하여 릴리스포크를 움직이는 형식으로 구조가 간단하다.

㉡ 유압식 : 페달을 밟는 것에 의해 유압이 발생되는 매스터실린더와 유압을 받아 릴리스포크를 움직이는 슬래브실린더로 되어 있으며 그 사이를 오일파이프로 연결하고 있다.

(2) 다판클러치

다판클러치는 2개 이상의 클러치판과 압력판을 차례로 겹친 것으로 대형 견인차 등의 특수자동차에 사용된다.

3. 유체클러치

(1) 유체클러치의 기능

유체클러치는 기관의 동력을 유체(오일)의 운동에너지로 바꾸고, 이 에너지를 다시 동력으로 바꾸어서 변속기에 전달하는 클러치이다.

(2) 유체클러치의 특성

① 구조가 간단하다.

② 마멸되는 부분이 작다.

③ 노면으로부터 받는 진동이나 충격 등을 엔진에 직접 전달하지 않는다.

4. 클러치의 정비사항

(1) 클러치 페달

① 페달의 자유간극(유격) : 페달을 밟은 후부터 릴리스레버에 힘이 작용할 때까지의 페달이 움직인 거리

    ㉠ 클러치의 유격이 크면 클러치가 잘 끊어지지 않는다.

    ㉡ 클러치 유격이 작으면 마찰판의 마모, 슬립의 원인, 클러치에서의 소음, 릴리스베어링의 마모가 발생한다.

  ② **작동간극** : 자유간극으로부터 클러치가 완전히 끊어질 때까지의 페달의 작동거리

  ③ **밑판간극** : 클러치가 완전히 끊긴 상태에서 차실 바닥과의 간극

(2) 점검사항

  ① **클러치판의 비틀림** : 0.5mm

  ② **클러치스프링의 점검**

    ㉠ 스프링 장력이 규정보다 15% 이상된 것을 교환한다.

    ㉡ 스프링은 규정보다 3% 이상 감소된 것은 교환한다.

  ③ **클러치하우징의 얼라이먼트의 편심** : 0.125mm 이상 되면 수정한다.

  ④ **플라이 휠 흔들림** : 0.25mm

03　변속기

1. 개 요

(1) 변속기의 기능과 필요성

변속기는 엔진과 추진축 사이 또는 엔진과 차동기어 사이에 설치되어 엔진의 동력을 자동차의 주행상태에 따라 회전력과 속도로 바꾸어 구동바퀴에 전달하는 장치이다.

  ① 광범위하게 변화하는 자동차의 주행저항에 알맞게 하려면 엔진과 구동축 사이에 회전력을 증대시키는 장치를 두어야 한다.

  ② 엔진을 기동할 때 변속 레버를 중립으로 하면 클러치의 작용 없이도 엔진을 무부하 상태로 둘 수 있다.

  ③ 역전용 기어장치를 변속기에 두어 자동차가 후진할 수 있도록 한다.

(2) 변속기의 구비조건

  ① 전달효율이 좋을 것

  ② 단계 없이 연속적으로 변속될 것

  ③ 조작하기 쉽고 신속, 확실, 정숙하게 행해질 것

  ④ 소량, 경량일 것

⑤ 고장이 없고 다루기 쉬울 것

(3) 변속기의 계산식

① 변속비

$$변속비 = \frac{기관의 \ 회전속도}{추진축의 \ 회전속도} = \frac{피동기어의 \ 잇수}{구동기어의 \ 잇수}$$

② 총감속비

총감속비 = (변속기의 변속비) × (종감속기의 감속비)

③ 구동토크

구동토크 = (기관의 축토크) × (총감속비) × (전달효율)

④ 구동력

$$구동력 = \frac{구동토크}{구동륜의 \ 유효반지름}$$

2. 기어식 변속기

기어식 변속기는 기어의 물림을 바꾸어서 입력축으로부터 회전속도를 감속하여 토크를 증가시키는 변속기이다.

(1) 동기물림식

① 동기물림식은 서로 물리는 기어의 원주 속도를 일치시켜서 물림을 쉽게 한 것이다.
② 변속소음이 거의 없고 변속이 용이하고, 변속하기 위하여 특별히 가속을 시키거나 더블클러치를 조작할 필요가 없다.

(2) 슬라이딩 기어식(섭동기어식 = 활동기어식 = 선택기어식)

① 주축상의 스플라인에 끼워진 슬라이딩 기어를 변속레버로 부축 위의 기어에 자유롭게 물리게 한 것이다.
② 구조가 간단하고 다루기 쉬우나 변속시 소음이 난다.

(3) 상시물림식

① 주축기어와 부축기어를 항상 물려있게 하는 방식으로 동력의 전달은 주축의 스플라인축에 끼워진 클러치기어를 변속레버로서 시프트포크를 작동시켜 주축의 기어와 물리게 함으로써 이루어진다.
② 기어를 파손시키는 일이 적고 변속조작이 쉬우며, 구조가 간단하고 소음이 적다.

3. 오버드라이브(Overdrive) 장치

(1) 기 능

평탄한 도로를 주행할 때 엔진의 여유출력을 이용하여 추진축의 회전속도가 엔진의 회전속도보다 빠르게 하는 장치이다.

(2) 종 류

① 기계식 : 변속기 내의 한 조의 증속기어를 설치하여 변속레버로 조작하는 것이다.
② 자동식(유성기어식) : 변속기 바로 뒤에 유성기어를 설치하여 전기장치에 의하여 작동시키는 것으로 자동차 속도가 40km/h에 이르면 자동적으로 작동한다.

(3) 유성기어장치

① 선기어(Sun Gear) : 선기어는 변속기 주축에 베어링을 사이에 두고 끼워져 있으며 보통 때에는 공전한다.
② 유성기어캐리어 : 변속기 주축상의 스플라인에 끼워지고 선기어와 물리는 3개의 유성기어를 지지하고 있다.
③ 링기어(Ring Gear) : 내부에 이로 유성기어와 물려 있고 그 뒤쪽은 추진축과 연결되어 있다.

(4) 자동식 오버드라이브기구

① 일방향클러치 : 변속기축의 회전력을 오버드라이버축에 전달하고 그 반대로는 전달하지 않는다.
② 오버드라이브 발전기 : 오버드라이브축에 설치되어 있으며 속도계 구동기어에 의해 구동된다. 오버드라이브축의 회전을 전압의 변화로서 내보내는 교류발전기이다.
③ 솔레노이드 : 전자식 플런저로서 그 선단에 선기어와 플레이트를 고정하기 위한 파울(Pawl)이 조립되어 있다.
④ 오보드라이브 릴레이 : 오버드라이브 발전기에서 발생하는 전압에 의하여 작용하는 스위치용 릴레이이다. 이 작용으로 축전지로부터의 전류를 솔레노이드에 유도하여 솔레노이드를 작용시킨다.
⑤ 킥다운스위치 : 가속페달 위에 있으며 큰 회전력을 필요로 할 때 오버드라이브를 푸는 작용을 한다.
⑥ 로크아웃스위치 : 주로 직결 주행 때 오버드라이브 발전기의 전압이 상승하여 솔레노이드가 작용하는 것을 방지하는 스위치이다.

4. 자동변속기

자동변속기는 수동식 클러치 조작기구가 생략되어 있어서 운전자가 가속페달만 조작하여 차량의 주행속도를 가감할 수 있는 변속기를 말한다.

(1) 자동변속기의 특징

① 장 점
ㄱ 변속레버를 조작할 필요가 없어 운전이 간편하다.
ㄴ 항상 기관의 출력에 알맞은 변속을 할 수 있다.
ㄷ 과부하나 조작실수로부터 엔진을 보호한다.
ㄹ 유성기어장치의 마모가 적다.
ㅁ 가속등판 성능이 좋다.
② 단 점
ㄱ 구조가 복잡하다.
ㄴ 연료소비율이 증가한다.

(2) 자동변속기의 구조

자동변속기는 토크변환기, 유성기어장치 및 유압제어장치, 전자제어장치 등으로 구성되어 있다.
① 토크변환기 : 토크변환기는 펌프, 임펠러, 터빈(러너), 스테이터 3날개바퀴가 케이스 안에 들어 있으며 그 속에는 작동유체인 오일이 충만되어 있다.
② 유성기어장치 : 토크변환기만 가지고는 등판길을 오르거나 노면상태가 고르지 못한 도로를 주행하기에는 불충분하므로 보조변속기로서 유성기어장치를 사용한다.
③ 유압제어장치 : 유압제어장치는 오일펌프, 조정밸브, 어큐물레이터(축압기), 오일통로로 구성되어 있다.

04 추진축과 자재이음

1. 추진축

추진축은 변속기와 구동축 사이에 설치되어 변속기의 출력을 구동축에 전달하는 일을 한다.

(1) 추진축의 기능

① 구동토크의 전달
② 각도 변화에 대응 : 자재이음(유니버설조인트)

③ 축방향 길이 변화를 보상 : 슬립조인트
④ 회전진동을 감쇄시킴 : 플렉시블조인트

(2) 추진축의 재료

추진축의 재료는 탄소강, 니켈강, 니켈크롬강으로 모두 탄소함유량이 보통 0.4~0.5%이다.

2. 자재이음

자재이음은 각도를 가진 2개의 축 사이에 동력을 전달할 때 사용된다.

(1) 십자형 자재이음(훅 조인트)

① 중심부의 십자축과 두 개의 요크로 되어 있으며 십자축과 요크는 롤러베어링을 사이에 두고 설치되어 있다.
② 주로 후륜식 자동차의 추진축에 사용된다.
③ 구조가 간단하고 마찰이 작다.

(2) 볼 앤드 트러니언 자재이음

① 자재이음과 슬립이음의 역할을 동시에 하는 형식으로 안쪽에 홈이 파져 있는 실린더형의 보디 속에 추진축의 한 끝을 끼우고 핀을 다음 핀의 양 끝에 볼을 조립한 형식이다.
② 십자형 자재이음보다 마찰이 크고 전동효율이 낮다.

(3) 플렉시블 조인트

세 갈래 요크 사이에 원심력에 충분히 견딜 수 있는 강한 마직물 또는 가죽을 합쳐서 만든 것이나 또는 경질 고무로 만든 커플링을 끼우고 볼트로 조인 것이다.
① 급유할 필요가 없고, 마찰 부분이 없다.
② 전달 효율이 낮고, 진동을 일으킨다.

(4) 등속도 자재이음

① 일반 자재이음에서 발생하는 진동을 방지하기 위해 만들어진 것이 등속도 자재이음이다.
② 등속도 자재이음은 드라이브 각도가 크게 변화하여도 동력 전달 효율이 높으나 구조가 복잡하다.
③ 앞엔진 앞바퀴 구동, 뒤엔진 뒷바퀴 구동 등에서는 그 구조상 설치각이 커지므로 등속도 자재이음을 사용한다.

3. 추진축의 정비사항

(1) 추진축이 진동할 때

① 니들롤러베어링의 파손 및 마모
② 추진축이 굽었거나 불평형일 때
③ 스플라인부가 마모되었을 때
④ 요크방향이 틀렸거나 체결부가 헐거울 때
⑤ 밸런스웨이트가 떨어졌을 때

(2) 출발 및 주행 시 소음이 날 때

① 스플라인부의 마모
② 니들롤러베어링의 마모
③ 요크방향이 틀리거나 체결부의 헐거움

05 뒤차축 어셈블리

1. 기 능

뒤차축 어셈블리는 자동차 뒤차축에 설치되어 차량 중량을 지지함과 동시에 엔진의 회전력을 구동바퀴에 전달하는 일을 하는 것으로 종감속기어, 차동기어장치, 차축 및 차축하우징으로 구성되어 있다.

2. 종감속기어

(1) 종감속기어의 기능

종감속기어는 추진축의 회전력을 직각 또는 직각에 가까운 각도로 바꾸어 뒤차축에 전달하고 동시에 감속하는 일을 한다.

(2) 종감속기어의 종류

웜기어 (Worm Gear)	• 감속비를 크게 할 수 있어 차의 높이를 낮출 수 있다. • 소음과 진동이 적다. • 전동 효율이 낮다. • 발열되기 쉽다.

베벨기어 (Bevel Gear)	• 물림비율이 크다. • 회전이 원활하다. • 전동 효율이 좋다. • 진동이나 소음이 적다. • 차고가 높아진다. • 축방향으로 트러스트가 발생한다.

하이포이드기어
(Hypoid Gear)
	• 구동피니언의 오프셋에 의해 추진축의 높이를 낮게 할 수 있다.
	• 바닥의 높이와 차고를 낮출 수 있어 안정성이 높아진다.
	• 동일 감속비, 동일 크기의 링기어의 경우 스파이럴 베벨기어에 비해서 구동피니언
	  이 크게 되기 때문에 기어형 및 베어링의 강도를 높일 수 있다.
	• 동시물림률이 크고 회전이 조용하다.
	• 기어 이(Tooth)의 폭방향으로도 미끄럼 접촉을 하고 압력이 크기 때문에 특별한
	  윤활유를 사용하여야 한다.
	• 제작하기가 비교적 어렵다.

3. 차동기어장치

(1) 기능 및 구조

차동기어장치는 자동차가 커브길을 돌 때 또는 울퉁불퉁한 도로를 주행할 때 양쪽 바퀴가 미끄러지지 않고 원활하게 회전하도록 하는 작용을 한다.

(2) 차동제한장치

미끄럼이 생기기 쉬운 도로 또는 좌·우 바퀴의 저항의 차이가 심한 경우에는 한쪽 바퀴는 노면의 저항을 받으나 한쪽은 거의 저항을 받지 않기 때문에 저항이 많은 쪽 바퀴는 동력이 전달되지 않고 저항을 받지 않아 공전하게 된다. 이와 같은 경우 차동기어장치의 작용을 정지시키면 동력이 양바퀴에 균일하게 분배되어 공전하는 바퀴가 없이 정상적으로 주행할 수 있다. 이러한 작동을 자동적으로 이루어지게 하는 장치를 차동제한장치라 한다.

① 미끄러운 노면에서 출발이 용이하다.

② 슬립이 방지되어 타이밍 수명이 연장된다.

③ 요철 노면 주행시 후부 흔들림을 방지할 수 있다.

④ 급속 전진 후행에 안전성이 양호하다.

(3) 감속비

① 종감속비

$$\text{종감속비} = \frac{\text{링기어 이의 수}}{\text{구동피니언의 이의 수}}$$

※ 보통 고속주행하는 승용차는 4~6 : 1, 중량물을 운반하는 버스나 트럭에서는 5~8 : 1 정도이다.

② 총감속비

총감속비＝변속비(변속기)×감속비(최종감속기어)

4. 차축(Axle Shaft)

차축은 종감속기어와 차동기어를 거쳐 전달된 동력을 뒷바퀴에 전달하는 축이며, 그 안쪽 끝은 스플라인을 통해 차동기어장치의 사이드기어에 끼워지고 바깥쪽 끝은 구동바퀴와 연결되어 있다.

(1) 차축의 지지방식

반부동식	• 구동바퀴가 직접 차축 바깥 끝에 설치되며, 차축은 베어링을 사이에 두고 차축 하우징에 설치되어 있다. • 승용차나 소형트럭에 사용된다.
3/4 부동식	• 차축의 바깥 끝에 바퀴허브를 설치하고 차축하우징에 한 개의 베어링을 사이에 두고 허브를 지지하게 되어 있다. • 대형승용차나 소형트럭에 사용된다.
전부동식	• 차축하우징의 끝부분에 휠 전체가 베어링을 사이에 두고 설치되고 차축은 허브에 볼트로 설치되어 있다. • 대형트럭, 버스 등에 사용된다.

(2) 차축하우징

차축하우징은 종감속기어, 차동기어장치 및 차축을 포함하는 튜브모양의 고정축이며 중앙부는 종감속기어와 차동장치의 지지를 위해 둥글게 되어 있고 양 끝에는 플랜지판이나 현가스프링의 지지부가 마련되어 있다.

① 벤조형(Banjo Type)

㉠ 차동기어캐리어를 차축하우징에서 떼어낼 수 있게 된 것으로 다루기 쉽다.

㉡ 대량생산에 알맞은 구조이기 때문에 현재 가장 많이 사용되고 있다.

② 분할형(Split Type)

㉠ 차동장치를 차축하우징의 중앙에서 좌·우로 분할하여 그 속에서 직접 접합한 것이다.

㉡ 종감속기어와 차동기어장치를 견고하게 지지할 수 있으나 제작이나 취급이 복잡하다.

③ 빌드업형(Build-up Type)

㉠ 차축하우징은 차동장치를 설치할 중앙의 하우징부가 일체로 제작되어 각 기어를 직접 조립한 형식이다.

㉡ 하우징 내부가 복잡하고 기계 가공도 비교적 어렵다.

5. 차동장치의 정비사항

(1) 차동기의 소음 원인

① 유량의 부족 및 오염
② 링기어와 구동피니언의 접촉 불량
③ 링기어와 구동피니언의 마모
④ 구동피니언측 베어링의 이완
⑤ 축 스플라인의 마모
⑥ 차동기 케이스 또는 링기어의 변형

(2) 차동기의 이상음

① 기어케이스 베어링 등의 파손
  ㉠ 오일의 부족 또는 불량
  ㉡ 무리한 운전
  ㉢ 기어의 조정 불량
  ㉣ 링기어 체결부의 이완
② 휠의 소음
  ㉠ 휠베어링 체결의 풀림
  ㉡ 축베어링의 마모 손상

06 현가장치

1. 현가장치의 기능 및 조건

(1) 기 능

현가장치는 차축과 프레임을 연결하고 주행 중 노면에서 받는 진동이나 충격을 흡수하여 승차
감과 자동차의 안전성을 향상시키는 장치이다.

(2) 구비조건

① 노면에서 받는 충격을 완화하기 위하여는 현가장치의 상하방향의 연결이 유연하여야 한다.
② 바퀴에 생기는 구동력, 제동력 및 원심력에 견딜 수 있도록 수평방향의 연결이 견고하여야
  한다.

2. 현가장치의 분류

(1) 일체 차축현가장치

일체로 된 차축에 양바퀴를 설치하고 차체와 차축 사이에 스프링을 설치한 형식이며 버스, 트럭의 앞 뒤 차축, 승용차의 뒤 차축 등에 많이 사용되고 있다.

(2) 독립현가장치

양쪽 바퀴가 독립적으로 작용하도록 한 것으로 승용차의 앞바퀴에 주로 사용한다.
  ① 앞바퀴 독립현가방식
      ㉠ 위시본형(Wishbone Type)
      ㉡ 맥퍼슨형(Macpherson Strut Type)
      ㉢ 트레일형(Trailing Link Type)
      ㉣ 옆방향 판스프링형
  ② 뒷바퀴 독립현가방식
      ㉠ 스윙 차축형식(Swing Axle Type)
      ㉡ 경사 링크형
      ㉢ 트레일링 링크형
      ㉣ 반트레일링 링크형

3. 현가장치의 이론

(1) 승차감과 진동수

일반적으로 60~120사이클의 상하운동에서 승차감이 좋고 120사이클을 넘으면 딱딱하고, 45사이클 이하에서는 멀미를 느끼게 한다.

(2) 차체의 진동

  ① 스프링 위 질량의 진동
      ㉠ 상하진동 : Z축 방향과 평행운동을 하는 고유진동이다.
      ㉡ 피칭(Pitching) : Y축을 중심으로 차체가 세로방향으로 진동하는 것이다.
      ㉢ 롤링(Rolling) : X축을 중심으로 하여 차체가 옆방향으로 진동하는 것이다.
      ㉣ 요잉(Yawing) : Z축을 중심으로 하여 회전운동을 하는 고유진동이다.

[스프링 위 질량의 진동]

② 스프링 아래 진동

   ㉠ 상하진동 : Z방향의 상하 평행운동을 하는 진동이다.

   ㉡ 휠 트램프(Wheel Tramp) : X축을 중심으로 하여 회전운동으로 인하여 생기는 진동이다.

   ㉢ 와인드업(Wind Up) : Y축을 중심으로 하여 회전운동으로 인하여 생기는 진동이다.

4. 금속 스프링

(1) 판 스프링

① 스프링 강판을 띠모양으로 구부려 몇 개 겹쳐 그 중심에서 볼트로 고정시킨 것이며 제일 위
판의 양 끝을 차체에 연결하기 위하여 스프링 아이(Spring Eye)를 설치하였다.

② 버스 및 트럭에 많이 사용한다.

〈판 스프링의 장단점〉

장 점	단 점
• 스프링에 차축을 직접 설치하기 때문에 현가장치의 구조가 간단하다. • 진동흡수에 판간 마찰을 이용하기 때문에 진동 흡수작용이 크다.	• 판간 마찰을 이용하기 때문에 작은 진동 흡수력이 적다. • 뒷바퀴 구동 형식의 자동차에서는 스프링의 장력이 적으면 차축 지지력이 적어 자동차가 불안정하게 되기 쉽다. • 하중 증감시 스프링의 변형량이 달라진다.

(2) 코일 스프링

① 스프링 강을 코일 모양으로 만든 것이며 외력을 받으면 비틀림 변형을 하면서 충격을 흡수
할 수 있게 한 것이다.

② 코일 스프링은 설치면을 평면으로 만들어 설치가 용이하게 하였다.

〈코일 스프링의 장단점〉

장 점	단 점
• 단위 중량당 진동흡수력이 크다. • 유연하여 승차감이 좋다.	• 진동감쇠력이 없다. • 차축을 지지할 수 없다. • 옆방향에서의 작용력에 대한 저항력이 없다. • 구조가 복잡하다.

(3) 토션 바 스프링

① 스프링 강의 막대가 비틀림을 받았을 때 복원하려는 성질을 이용한 것이다.
② 스프링의 탄성은 바의 길이와 단면적에 따라 정하여지고 진동의 감쇠작용이 없기 때문에 쇼크업소버를 병용하여야 한다.

5. 비금속 스프링

(1) 공기 스프링

① 공기의 탄성을 이용하기 때문에 다른 종류의 스프링에 비하여 유연한 탄성을 얻을 수 있어 고유진동수를 낮출 수 있다.
② 노면에서 작은 진동도 흡수할 수 있다.
③ 하중에 관계없이 차의 높이가 일정하다.
④ 승차감이 좋아 대형 승합차에 사용된다.
⑤ 구조가 복잡하고 제작비가 비싸다.

(2) 고무 스프링

① 고무의 탄성을 이용한 것으로 여러 형태로 제작할 수 있다.
② 작동이 정숙하며 내부 마찰에 의한 감쇠작용도 우수하다.
③ 큰 하중을 지지하기엔 적당하지 않다.

07 쇼크업소버(Shock Absorber)

1. 쇼크업소버의 기능

① 자동차 주행 중 발생된 스프링 자체의 진동흡수
② 승차감 향상
③ 스프링의 피로를 감소시켜 수명을 연장
④ 고속주행 시 발생하기 쉬운 로드 홀딩(Road Holding) 경감
⑤ 주행 시와 제동 시 안전성 향상
⑥ 스프링의 상하운동을 열에너지로 변환
※ 로드 홀딩(Road Holding) : 타이어와 노면과의 점착성

2. 쇼크업소버의 종류

```
                    ┌ 작동방식에 따라 : 단동식, 복동식
                    │
        ┌ 통형 ─────┼ 구조에 따라 : 복동형, 단동형
        │           │
        │           └ 피스톤식 봉입된 유체에 따라 : 오일, 압축가스
        │
        └ 레버(Lever)형 : 회전날개식, 피스톤식
```

(1) 원통형

① 긴 원통을 서로 조합한 구조로 되어 있으며 내부에는 차축 쪽과 연결하는 실린더와 차체 쪽을 연결하는 피스톤이 결합되어 있고 그 속에는 오일로 채워져 있다.

② 피스톤에는 오일이 통과하는 작은 구멍이 설치되어 있고 이 구멍은 오일의 흐름 방향에 따라 자동적으로 개폐하는 밸브가 설치되어 있다.

(2) 레버형

① 피스톤식

㉠ 피스톤과 실린더 사이의 유밀을 지지하기 쉽다.

㉡ 낮은 점도의 오일을 사용할 수 있다.

㉢ 레버나 링크를 사용하기 때문에 차체에 설치하기 쉽다.

② 회전날개식

㉠ 원통형의 하우징, 날개 바퀴, 압력실, 칸막이벽, 밸브 및 오일 통로 등으로 되어 있다.

㉡ 구조가 간단하고 소형으로 할 수 있다.

(3) 가스 봉입식

① 유압식 쇼크업소버의 일종으로 실린더 내에 프리피스톤을 설치하여 오일실과 가스실이 분리되어 있다.

② 실린더가 하나로 되어 있기 때문에 방열효과가 있다.

(4) 맥퍼슨식

① 쇼크업소버가 서스펜션 링크의 일부를 형성하고 차체의 하중을 지지하며 앞 스트러트 속에 장치되어 있다.

② 실린더 안에서 상하로 움직이는 피스톤 로드에 결합된 피스톤에는 피스톤 밸브 및 논 리턴 밸브가 설치되어 있고 실린더 밑부분에는 베이스 밸브가 있어 피스톤 부분과 같은 작용을 한다.

(5) 스태빌라이저(Stabilizer)

자동차의 승차감을 향상시키기 위하여 스프링 정수가 작은 스프링을 사용하면 커브를 선회할 때 원심력 때문에 차체의 기울기가 증대된다. 특히 독립현가식에서는 그 경향이 커지기 때문에 스태빌라이저를 설치하여 차의 평형을 유지하도록 하고 있다.

08 현가장치의 종류 및 구조

1. 일체차축현가장치

(1) 특 징

① 일체로 된 차축에 양쪽 바퀴를 설치한 것으로 강도가 높고 구조가 단순하다.
② 버스, 트럭 등의 전후 차축 및 승용차의 후차축에 많이 사용한다.
③ 스프링 밑 질량이 크기 때문에 승차감이 좋지 않다.
④ 선회할 때 차체 기울기가 작다.

(2) 종 류

① 평행 판스프링 형식
　㉠ 판스프링을 차체의 길이 방향으로 한쪽 끝은 직접 프레임에 설치하고 다른 끝은 하중변화에 따라 스프링 스팬의 변화가 가능하도록 섀클을 통하여 프레임에 설치되어 있다.
　㉡ 스프링 차축을 지지하기 때문에 구조가 간단하다.
② 옆방향 판스프링 형식
　㉠ 스프링 중앙부를 프레임에 고정하고 스프링 양단은 섀클을 사용하여 차축에 결합하여 하중 변화에 따른 스팬의 변화가 가능하도록 하였다.
　㉡ 차축의 위치를 정하기 위하여 텐션로드, 파나르로드(Panhard Rod) 등을 설치하여 전후 방향의 작용력, 제동시 또는 구동시 발생하는 반동회전력 등을 받게 하였다.

2. 독립현가장치

(1) 특 징

① 차축을 분할하여 좌우 바퀴가 서로 상관없이 움직이도록 한 것이다.
② 스프링 밑 질량이 가볍기 때문에 승차감이 좋다.
③ 고속주행에 안정성이 있다.
④ 바퀴가 시미(Shimmy)를 잘 일으키지 않고 로드 홀딩이 우수하다.
⑤ 구조가 복잡하며 가격이 비싸다.
⑥ 앞바퀴 정렬이 변화되기 쉽다.
⑦ 타이어 마멸이 크다.

(2) 종 류

① 위시본 형식(Wishbone Type)
　㉠ 평행사변형 형식
　　• 상하 컨트롤 암을 연결하는 4점이 평행사변형을 이루고 있기 때문에 바퀴가 상하운동을 하면 조향너클과 연결되는 두 점이 평행이동을 하므로 이에 따라 윤간 거리가 변화됨으로써 타이어의 마멸이 심하게 된다.
　　• 캠버가 변화되지 않으므로 선회시 안정성이 높아 고속용 자동차 및 경주용 자동차에 사용된다.
　㉡ SLA 형식(Short Long Arm Type)
　　• 아래 컨트롤 암이 위 컨트롤 암보다 길게 되어 있어 바퀴의 상하운동시 위 컨트롤 암은 아래 컨트롤 암보다 작은 원호를 그리게 되어 윤간 거리의 변화가 없어 타이어의 마멸이 적다.
　　• 컨트롤 암이 움직일 때마다 캠버의 변화가 생기는 결점이 있다.
② 맥퍼슨 형식
　㉠ 구 조
　　현가장치가 조향너클과 일체로 되어 있으며 쇼크업소버가 내부에 설치된 스트러트와 현가암, 현가암과 스트러트 아랫부분을 연결하는 볼이음 및 스프링 등으로 구성되어 있다.
　㉡ 특 징
　　• 위시본형에 비하여 구조가 간단하다.
　　• 마모나 손상을 일으키는 부분이 적고 보수가 용이하다.
　　• 스프링 밑 중량이 작기 때문에 로드 홀딩이 좋다.
　　• 엔진실의 유효체적을 넓게 할 수 있다.

③ 트레일링 링크 형식

ㄱ 구조 : 자동차 후방으로 향한 암에 의하여 바퀴를 지지하는 형식으로 암은 자동차의 진행
방향과 직각으로 되어 있다.

ㄴ 특 징

• 앞바퀴 정렬의 변화나 타이어의 마모를 줄일 수 있다.

• 자동차의 진행방향에 대한 저항력이 부족하고 제동시 노즈 다운(Nose Down)을 일으
킨다.

④ 스윙 차축 형식

ㄱ 일체식 차축을 양쪽으로 분할하여 자재이음을 사용한 형식이다.

ㄴ 좌우 바퀴가 모두 분할된 점을 중심으로 하여 상하운동을 할 수 있다.

ㄷ 바퀴의 상하운동에 따라 캠버, 윤간 거리 등이 크게 변화하기 때문에 앞차축에는 사용하
지 않고 주로 뒤 차축에 사용한다.

ㄹ 차체의 롤링 중심이 높기 때문에 선회시 경사가 적다.

3. 공기현가장치

(1) 구 조

공기현가장치의 구성은 공기스프링, 레벨링밸브, 공기탱크, 공기압축기, 체크밸브, 거버너, 안
전밸브, 물트랩, 서지탱크, 트레인밸브 등으로 구성되어 있다.

(2) 작 동

① 공기스프링

공기스프링은 섬유 등으로 보강된 고무막이나 강철재의 용기 속에 공기를 압입하여 공기가
수축 팽창하면서 스프링 작용을 하게 한 것이다.

② 공기압축기 : 엔진에 의해 구동되어 공기를 압축하며 압축된 공기는 주탱크에 보내지고 여
기서 밸브를 거쳐 공기스프링에 보내진다.

③ 서지탱크 : 공기스프링 내부의 압력변화를 완화하여 스프링작용을 유연하게 한다.

④ 레벨링밸브 : 자동차의 하중에 관계없이 항상 자동차의 높이를 일정하게 유지하도록 압축공
기를 자동적으로 공기스프링에 공급하거나 배출한다.

(3) 특 징

① 하중의 변화에 따라 스프링정수가 자동적으로 변한다.

② 고주파진동을 잘 흡수한다.

③ 하중의 증감에 관계없이 고유 진동수는 거의 일정하게 유지된다.

④ 하중의 증감에 관계없이 차의 높이가 항상 일정하게 유지되어 차량이 전후좌우로 기우는 것을 방지한다.

⑤ 승차감이 좋고 진동을 완화하여 자동차의 수명이 길어진다.

4. 전자제어현가장치(ECS)

(1) 전자제어현가장치의 개념

전자제어현가장치(Electronic Control Suspension ; ECS)는 종래의 스프링과 쇼크업소버 등으로 구성된 현가장치에 대하여 주행조건에 따라서 스프링정수와 감쇠력 및 차의 높이 조정 등을 외부의 유압 또는 공기압을 이용하여 더욱 우수하고 이상적인 현가장치의 특성을 실현한 것이다.

(2) 전자제어현가장치의 기능

① **자세 제어기능** : 현가장치의 공기스프링의 내부압력을 제어하는 양에 따라 선회시, 제동시, 출발시 등에 노면에 대하여 평행한 자세를 얻도록 제어한다.

　㉠ 선회 시 롤링을 적게 한다.

　㉡ 제동 시 노즈 다이브(Nose Dive)를 적게 한다.

　㉢ 발진 시 스쿼트(Squat)를 적게 한다.

　㉣ 롤링 및 바운싱을 적게 한다.

　※ 용어의 정의

　　• 스쿼트(Squat) : 발진, 가속시 후륜측이 내려가는 현상

　　• 다이브(Dive) : 제동시 전륜측이 내려가는 현상

　　• 바운싱(Bouncing) : 노면의 요철에 의해 자동차가 상하 진동하는 현상

② **감쇠력 제어기능** : 전후 각 차륜의 쇼크업소버 감쇠력을 노면의 상황과 주행조건에 따라 여러 단계로 제어하여 승차감과 조종 안정성을 추구한다.

　㉠ Auto : 주행조건에 따라 쇼크업소버의 감쇠력을 자동적으로 Soft, Medium, Hard 등으로 선택하는 기능이 있다.

　㉡ Soft : 주행상태에 따라 쇼크업소버의 감쇠력이 Medium, Hard로 선택하는 작용이 있다.

　　※ • Hard : 안정된 조향성

　　　 • Soft : 좋은 승차감

③ **차 높이 조절기능** : 하중의 변화에 의한 자동차의 높이를 노면의 상태와 주행조건에 따라 공기스프링 내의 압력을 변화시켜 차 높이를 조설하는 기능을 가시고 있다.

④ **공기압축기 제어기능** : 공기저장탱크 내의 압력이 기준치 이하로 내려가면 공기압축기를 작동시켜 공기저장탱크 내의 압력을 항상 기준치로 유지시킨다.

⑤ **조향핸들감도 제어기능** : ECS 패널의 스위치 선택에 따라 조향핸들의 감도를 선택할 수 있다.

⑥ **ECS 지시등 제어기능** : ECS 지시등은 계기판에 설치되어 운전자의 스위치 선택에 의한 명령이 컨트롤 유닛에 전달되어 현가 특성 및 차 높이 상태등이 작동하고 그 실행내용이 램프나 버저(Busser)에 의하여 표시된다.

⑦ **자기진단기능** : ECS 장치의 입출력 신호가 비정상적일 때 ECS 지시등이 점등되면 고장진 단코드를 출력시켜 운전자에게 알려주는 기능이 있다.

(3) ECS의 구성 및 기능

〈ECS 구성부품의 주요기능〉

부품명		기능
컴프레서 릴레이		컴프레서용 모터에 전원 공급
앞 솔레노이드 밸브	H/S선택 에어밸브	차고 조정 시 및 Hard/Soft 선택 시 밸브 개폐에 의해 공기 압력 을 조정(전륜용)
	차고 조정 에어밸브	
앞 스트러트		FRT 스트러트에는 에어스프링 체임버 및 스프링 밸브가 내장되어 차고 및 Hard/Soft 조정
차속 센서		차량 주행속도를 감지하여 컨트롤 유닛으로 입력시킴
조향휠 각도 센서		조향휠 회전속도를 감지하여 컨트롤 유닛으로 입력시킴
뒤 솔레노이드 밸브	H/S선택 에어밸브	뒤 솔레노이드 밸브와 동일(후륜용)
	차고 조정 에어밸브	
에어 액추에이터		각 바퀴의 스위칭 로드를 회전시켜 Hard/Soft 조정
뒤 쇼크업소버		앞 스트러트와 동일
컨트롤 유닛		각종 센서로부터 입력신호를 토대로 차량상태를 파악하여 각종 액 추에이터를 작동시키는 출력을 발생시킴
뒤차고 센서		차량의 뒤쪽 높이를 감지하여 컨트롤 유닛으로 입력시킴
전조등 릴레이		전조등 On/Off 상태를 컨트롤 유닛으로 입력시킴
ECS 패널		차고 조정스위치 및 현가장치 모드 스위치가 설치되어 있으며, 스 위치 작동에 따른 신호가 컨트롤 유닛으로 입력된다. 또한 각 기능 의 제어상태도 표시함
TPS		스로틀 밸브, 개폐속도를 컨트롤 유닛으로 입력시킴
앞차고 센서		차량의 앞부분 높이를 감지하여 컨트롤 유닛으로 입력시킴
컴프레서		차고증가 및 Hard/Soft 전환에 필요한 압축 공기를 발생
배기 솔레노이드 밸브(COMP에 설치됨)		차고를 낮출 때 공기압을 배출시키기 위한 밸브
저장탱크		컴프레서로부터 발생된 압축공기를 저장하며 탱크 내에 설치된 드 라이어에 의해 압축공기 중 수분을 흡수함
공기 공급 밸브(저장탱크에 설치됨)		차고를 높일 때 압축공기를 공급하기 위한 밸브

압력 스위치	저장탱크 내의 공기압을 감지하여 On/Off 스위칭 작용으로 컴프레서 릴레이 제어
발전기(L단자)	엔진의 가동여부 신호를 컨트롤 유닛으로 입력시킴
정지등 스위치	브레이크페달, 작동신호를 컨트롤 유닛으로 입력시킴
자기진단 출력커넥터	자기진단코드 신호를 발생시킴

09 조향장치

1. 조향장치의 기능 및 조건

(1) 기 능

조향장치는 자동차의 진행방향을 바꾸는 장치이며 조향핸들, 조향축, 조향기어 및 로드, 링크기구로 구성되어 있다.

(2) 구비조건

① 주행조작이 주행중의 충격에 영향을 받지 않을 것
② 조작하기 쉽고 방향 변환이 원활하게 이루어질 것
③ 진행방향을 바꿀 때 섀시 및 보디 각 부에 무리한 힘이 작용하지 않을 것
④ 고속주행에서도 조향핸들이 안정될 것
⑤ 조향핸들의 회전과 바퀴선회의 차가 크지 않을 것
⑥ 수명이 길고 정비가 쉬울 것

2. 조향 이론

(1) 애커먼장토식(Ackerman-Jantaud Type)

자동차가 선회할 때 양쪽 바퀴가 옆방향으로 미끄러지거나 저항을 줄이려면 조향바퀴가 동심원을 그리며 선회하도록 하여야 한다. 이와 같은 원리를 이용한 것이 애커먼장토식이며 현재 거의 이 형식이 사용되고 있다.

(2) 최소 회전반지름

조향각노들 최대로 하고 선회로 하였을 때 그려지는 동심원 가운데 맨 바깥쪽 원의 반경을 그 자동차의 최소 회전반지름이라 한다.

$$R = \frac{L}{\sin\alpha} + \gamma \ (L : \text{축간 거리}, \ \alpha : \text{바깥쪽 앞바퀴의 조향각}, \ \gamma : \text{바퀴접지면 중심과 킹핀과의 거리})$$

(3) 자동차의 선회

애커먼장토식 조향장치는 자동차가 선회할 때 옆방향 미끄럼이 거의 없는 상태이고, 실제로는 원심력이 작용하기 때문에 자동차가 일정의 반지름을 그리며 선회하려면 원심력에 평형되는 힘이 필요하게 된다. 이 힘은 타이어가 옆방향으로 미끄러지는 것에 의해 발생되며, 이 힘을 코너링 포스(Cornering Force)라 한다.

(4) 앞바퀴 정렬

자동차의 앞바퀴는 조향조작을 하기 위하여 조향너클과 함께 킹핀 혹은 볼조인트를 중심으로 하여 좌우로 회전하도록 설치되어 있다.

① 캠버(Camber)
  ㉠ 캠버의 정의 : 자동차를 앞에서 보면 앞바퀴가 수선에 대하여 바깥쪽으로 경사지게 조립 되어 있는데 바퀴의 중심선과 노면에 대한 수직이 이루는 각도를 캠버라 한다. 캠버는 차종에 따라 다르나 보통 0.5~1.5 정도이다.
  ㉡ 캠버의 종류
    • 정의 캠버(Positive Camber) : 바퀴의 위쪽이 바깥쪽으로 기울어진 상태
    • 0의 캠버(Zero Camber) : 바퀴의 중심선이 수직일 때
    • 부의 캠버(Negative Camber) : 바퀴의 중심선이 안쪽으로 기울어진 상태
  ㉢ 캠버를 두는 이유
    • 앞바퀴가 하중을 받았을 때 바퀴 아래쪽이 벌어지는 것을 방지한다.
    • 조향축 경사와 함께 조향핸들의 조작력을 적게 하기 위하여 둔다.
    • 주행 중 바퀴가 탈출하는 것을 방지할 수 있다.
② 캐스터(Caster)
  ㉠ 캐스터의 정의 : 킹핀의 중심선과 노면에 대해 수직선이 이루는 각도를 캐스터라 한다.
  ㉡ 캐스터의 종류
    • 정의 캐스터(Positive Caster) : 자동차 뒤쪽으로 기울어져 있을 때
    • 0의 캐스터(Zero Caster) : 조향축의 중심선이 수선과 일치하였을 때
    • 부의 캐스터(Negative Caster) : 조향축의 상부가 앞으로 기울어져 있을 때

ⓒ 캐스터를 두는 이유

- 주행 중 조향바퀴에 방향성을 준다.
- 조향바퀴에 복원성을 준다.

③ 토인(Toe-in)

㉠ 토인의 정의 : 자동차의 앞바퀴를 위에서 보면 앞쪽이 뒤쪽보다 좁게 되어 있는데 이와 같은 상태를 토인이라 한다.

㉡ 토인을 두는 이유

- 앞바퀴를 평행하게 회전시킨다.
- 바퀴가 옆방향으로 미끄러지는 것과 타이어의 편마멸을 방지한다.
- 조향장치의 링키지 마멸에 의한 토아웃(Toe-out) 현상을 방지한다.

④ 조향축 경사각(킹핀 경사각)

㉠ 조향축 경사각의 정의 : 앞바퀴를 앞에서 보면 모든 자동차의 조향축은 모두 윗부분이 안쪽으로 기울게 설치되어 있으며 조향축 중심선과 노면에 대한 수직선이 이루는 각을 말하며 보통 6~9 정도이다.

㉡ 조향축 경사각을 두는 이유

- 스핀들이나 조향기구에 무리한 힘이 작용하지 않도록 조향핸들의 조작력을 경감시킨다.
- 앞바퀴의 복원성을 주어 직진위치로 쉽게 되돌아가게 한다.
- 앞바퀴의 좌우 흔들림현상(시미현상)을 방지한다.

⑤ 선회시 토아웃 : 자동차가 선회할 때 모든 바퀴가 동심원을 그리려면 안쪽 바퀴의 조향각이 바깥 바퀴의 조향각보다 커야 한다. 따라서 선회할 때는 토아웃이 되어야 하며 이 관계는 너클 암, 타이로드, 피트먼 암에 의하여 이루어진다.

⑥ 조향기어비 : 감속비를 조향기어비라 하며 조향핸들이 움직인 양과 피트먼 암이 움직인 양의 비로 표시한다.

$$조향기어비 = \frac{핸들의\ 움직인\ 양}{피트먼\ 암의\ 움직인\ 양}$$

일반적으로 조향기어비는 소형차 10~15 : 1, 중형차 15~20 : 1, 대형차 20~30 : 1 정도이다.

3. 조향핸들과 조향축

(1) 조향핸들

조향핸들은 허브, 스포크 및 림으로 구성되어 있으며 림과 스포크 내부에는 보강재로 철심이나 경합금재의 부재가 들어가고 바깥쪽은 합성수지나 경질의 고무로 성형하여 제작한다.

(2) 조향축

조향축은 핸들의 조작력을 조향기어에 전달한다.

4. 조향기어

(1) 조향기어의 기능

조향기어는 조향핸들의 운동방향을 바꾸어 주고 동시에 조향력을 증대시켜 조향링크기구에 전달하여 경쾌한 조향이 되도록 하는 장치이다.

(2) 조향기어의 구비조건

① 경쾌한 조향이 되도록 적당한 감속비를 가질 것
② 주행 중 운전자가 핸들의 회전각과 선회 반지름의 관계를 느낄 수 있는 구조일 것
③ 조향기구에 의하여 주어지는 복원력을 방해하지 않을 것
④ 주행 중 앞바퀴의 충격을 알맞은 반력으로 핸들에 전달하여 운전자가 충격의 감각을 느낄 수 있는 구조일 것

(3) 조향기어의 방식

① 가역식 : 옆바퀴로도 조향핸들을 움직일 수 있게 한 방식이다.
② 비가역식 : 조향핸들의 움직임을 앞바퀴에 전달할 수 있으나 역으로 움직이지 않는 형식이다.
③ 반가역식 : 가역식과 비가역식의 중간 성질을 가지고 있는 형식으로 바퀴의 복원력이 핸들에 전달되고 노면으로부터의 충격도 완화시킬 수 있도록 된 것이다.

5. 조향링크

조향장치의 링크기구는 섹터축과 너클 암을 연결하는 기구로서 조향을 조정하는 링크 및 로드 등으로 구성되어 있다.

(1) 일체차축식 조향링크

① 피트먼 암(Pitman Arm)
피트먼 암은 핸들의 움직임을 드래그 링크에 전달하는 것으로 그 한쪽은 테이퍼세레이션을 이용하여 섹터축에 고정되어 있고 다른 끝은 볼 이음을 이용하여 드래그링크에 연결되어 있다.

② 드래그링크(Drag Link)

피트먼 암과 너클 암을 연결하는 로드이며, 양 끝이 볼 이음으로 피트먼 암과 너클 암에 설치하게 되어 있다.

③ 너클 암(Knuckle Arm) : 너클 암은 드래그링크의 운동을 타이로드 및 조향너클에 전달하는 기구이다.

④ 타이로드(Tie Rod) : 타이로드는 좌우 너클 암을 연결하여 드래그링크의 작동을 다른 쪽 너클 암에 전달하여 좌우바퀴의 관계를 정확하게 유지하는 일을 한다.

(2) 독립식 현가장치의 링크 기구

독립식 현가장치는 좌우바퀴가 서로 독립되어 운동하기 때문에 주행 중 윤간 거리가 변한다. 따라서 타이로드를 한 개로 연결하면 토인이 변하게 된다. 이를 방지하기 위해서 타이로드를 2개로 나누어 그 중간에 릴레이로드를 설치하고 그 한쪽에는 피트먼 암을, 다른 쪽에는 아이들 암을 설치하여 그 길이와 볼 이음을 적절히 설정하여 바퀴가 상하로 움직여도 토인이 변하지 않도록 되어 있다.

6. 동력조향장치

(1) 개 요

동력조향장치는 조향장치 중간에 배력장치를 설치하여 대형자동차나 저압타이어 및 승용차의 전륜구동화에 따른 조향바퀴의 접지저항의 증가를 배력장치로 경감시켜 핸들의 조작력을 감소시키기 위하여 고안되었다.

(2) 동력조향장치의 특징

① 작은 조작력으로 큰 조향조작을 할 수 있다.
② 조향기어비를 조작력에 관계없이 선정할 수 있다.
③ 전륜이 펑크시 조향핸들이 갑자기 꺾이지 않아 위험도가 낮다.
④ 굴곡이 있는 노면에서의 충격을 도중에서 흡수하므로 조향핸들에 전달되는 것을 방지할 수 있다.
⑤ 기계식에 비하여 구조가 복잡하다.

(3) 동력조향장치의 주요 구성 장치

① 동력실린더 : 실린더, 피스톤과 피스톤로드로 구성되어 있으며, 피스톤은 피스톤보스에 연결되어 프레임에 볼 이음으로 접합되어 있다.

② **액추에이터(Actuator)** : 액추에이터의 역할은 피트먼 암의 회전운동으로 밸브스풀을 움직여 동력실린더를 작동시켜 조향력을 앞바퀴에 전달한다.

③ **조정밸브** : 조정밸브는 동력실린더의 작동방향과 작동을 조정하는 부분으로 조정밸브보디 내에 3개의 홈이 파져 있는 밸브스풀(Valve Spool)이 축방향으로 움직여 밸브작용을 한다.

④ **리액션 챔버(Reaction Chamber)** : 조향할 때 밸브스풀의 움직임에 대하여 반력이 발생되어 운전자의 확실한 조향감각을 느낄 수 있도록 한다.

⑤ **오일펌프** : 엔진에 설치되어 V벨트로 구동되며 베인펌프, 로터리펌프, 슬리퍼펌프 등이 있다.

⑥ **유량조정밸브** : 오리피스, 스풀밸브, 배출조인트 등으로 구성되어 동력조향장치의 작동유량을 일정한 양으로 제어하는 역할을 한다.

⑦ **압력조정밸브** : 압력조정밸브는 유량조정밸브의 스풀밸브 안에서 결합되어 항상 일정한 유압을 유지시켜 준다.

⑧ **오일탱크** : 오일탱크 내의 필터는 유압라인에서 오는 오일을 걸러 유압펌프에 깨끗한 오일을 공급한다.

⑨ **안전체크밸브** : 유압회로에 고장이 있을 때(엔진의 운전정지, 오일펌프의 고장, 오일의 누출, 유압이 발생되지 않을 때) 조향핸들과 앞바퀴 사이의 링크를 통하여 수동조작으로 조향할 수 있다.

7. 전자제어 동력조향장치(Electronic Power Steering ; EPS)

(1) EPS의 특징

전자제어 동력조향장치는 동력조향장치의 결점인 자동차의 속도 증가에 따른 조향핸들의 민감성을 방지하기 위하여 기관회전수 및 차속의 변화에 따라 조향핸들의 조작력을 전자제어화하여 조향성능을 고도화하였다.

(2) EPS의 종류

① **유량제어 방식** : 유량제어식 차속 감응형 동력조향장치는 차속센서에 의하여 검출된 자동차 속도에 따라 동력피스톤에 작용하는 압력을, 저속에서는 정상압력을 유지하도록 하고 자동차 속도가 증가할수록 작동압력을 저하시켜 적당한 무게의 조향감각이 주어지도록 변화시키는 방식이다.

② **반력제어 방식** : 자동차 속도센서는 트로코이드형 유압모터를 활용하여 오일량을 자동차 속도에 따라 제어하고 유로를 절환하는 조종밸브의 움직임을 변화시켜 조향감각이 얻어지도록 하였다.

8. 기계식 조향장치의 고장원인

고 장	원 인
조향핸들의 유격이 크게 될 때	• 조향기어의 조정불량 및 마모 • 조향링키지의 볼 이음 접속부의 헐거움 • 조향너클 베어링의 마모 • 조향너클 암의 헐거움
조향핸들의 조작이 무거울 때	• 타이어의 공기압이 낮을 때 • 조향기어의 백래시가 잦음 • 조향너클이 휘어 있음 • 부(−)의 캐스터가 심함
제동시 조향핸들이 한쪽으로 쏠릴 때	• 타이어 공기압의 불균일 • 브레이크 드럼 간극의 불균일 • 캐스터의 좌우 값이 다름 • 현가스프링의 쇠약 또는 절손 • 스테빌라이저 지지점의 풀림
조향핸들에 충격이 느껴질 때	• 타이어 공기압이 너무 높음 • 앞바퀴 정렬 불량 • 조향기어의 조정 불량 • 드래그링크의 스프링 장력 불량
주행 중 핸들이 한쪽으로 쏠릴 때	• 타이어 공기압의 불균일 • 브레이크 조정 불량 • 앞바퀴 정렬의 불량 • 현가스프링의 절손 또는 쇠약 • 쇼크업소버의 작동 불량 • 좌우 타이로드의 길이가 다름 • 앞차축 프레임이 휨 • 휠허브 베어링의 마모

9. 동력조향장치의 고장원인

고 장	원 인
동력조향핸들이 무거울 때	• 회로 내 공기가 들어감 • 유압이 규정압보다 높음 • 타이어의 공기압이 낮음 • 컨트롤밸브가 고착 • 낮은 오일 수준
동력조향핸들이 복원이 안 될 때	• 오일 압력조정밸브의 손상 • 호스의 손상 • 오일펌프축 베어링 손상 • 타이로드 및 볼 조인트의 손상 • 피니언베어링의 손상

오일펌프에서 소음이 발생될 때	• 오일 부족 • 오일 내 공기유입 • 펌프 설치 볼트 풀림
래크와 피니언에서 소음이 날 때	• 차체와 호스접촉 • 기어박스 브래킷 풀림 • 타이로드와 볼 조인트의 풀림 또는 마모

10 제동장치

1. 제동장치의 기능 및 조건

(1) 제동장치의 기능

제동장치는 주행중의 자동차를 감속 또는 정지시키고 동시에 주차상태를 유지하기 위해 사용되는 장치로 보통 마찰력을 이용해서 자동차의 운동에너지를 열에너지로 바꾸어 제동한다.

(2) 제동장치의 구비조건

① 신뢰성이 높고 내구력이 클 것
② 조작이 간단하고 운전자에게 피로감을 주지 않을 것
③ 최고속도와 차량 중량에 대하여 항상 충분한 제동작용을 발휘할 것
④ 브레이크를 작동시키지 않을 때는 각 바퀴의 회전에 전혀 방해되지 않을 것

(3) 브레이크의 성능

① 브레이크의 응답성

$$슈팩터(SF : Shoe\ Factor) = \frac{슈에\ 의한\ 브레이크\ 토크}{슈\ 끝단\ 입력}$$

② 브레이크 계수

$$브레이크\ 팩터(BF : Brake\ Factor) = \frac{출력\ 토크}{브레이크\ 입력}$$

③ 페이드(Fade) : 고속에서의 제동, 연속적인 비탈길 운전, 잦은 제동조작의 반복으로 드럼과 슈의 온도가 상승하고 그 결과 제동능력이 저하되는 현상을 말한다.

④ 베이퍼록(Vapor Lock) : 브레이크의 연속 사용이나 끌림 현상 등으로 브레이크계가 가열되어 브레이크 액 일부가 기화해서 배관 내에 기포가 발생하여 송유 또는 압력전달이 불가능해지는 현상을 말한다.

2. 브레이크의 분류

(1) 용도에 따른 분류

① **풋 브레이크(Foot Brake)** : 주행중인 자동차를 감속시키거나 정지시에 사용되는 것으로 브레이크 페달을 밟아서 작동시킨다.

② **주차 브레이크** : 자동차를 정지한 상태로 유지시키기 위한 브레이크로서 보통 손으로 작동시키기 때문에 핸드 브레이크라고도 한다.

③ **감속 브레이크** : 차량의 대형화, 고속화에 따라 마찰 브레이크를 보호하고 제동효과를 높여서 긴 경사길을 내려갈 때나 고속 주행시 감속하기 위하여 사용하는 브레이크로, 배기 브레이크, 엔진 브레이크, 와전류 브레이크가 있다.

④ **비상 브레이크** : 압축공기를 사용하는 브레이크에서 공기계통의 고장이 생겼을 때 스프링의 장력을 이용하여 자동적으로 제동하도록 한 브레이크이다.

(2) 작동 방식에 따른 분류

① **기계식 브레이크** : 브레이크 페달의 조작력을 로드나 와이어를 거쳐 제동기구에 전달하여 제동력을 발생시키는 브레이크이다.

② **유압식 브레이크** : 마스터 실린더, 휠 실린더, 오일 파이프, 호스 등으로 구성되어있다.

③ **서보 브레이크** : 엔진의 흡기부압이나 압축공기를 이용하여 조작력을 증대시키는 것으로 흡기부압을 이용하는 하이드로백(Hydrovac)과 압축공기를 이용하는 공기서보 브레이크 하이드로에어팩(Hydro Airpack) 등이 있다.

④ **공기 브레이크** : 압축공기의 압력을 이용하여 모든 바퀴의 브레이크 슈를 드럼에 압착시켜 브레이크 작용을 한다.

(3) 브레이크 구조에 따른 분류

① **디스크 브레이크** : 바퀴와 함께 회전하는 디스크를 양쪽에서 브레이크 패드를 유압으로 압착하여 제동력을 발생하는 브레이크로 제동력의 변화가 적어 안정적이다.

② **외부수축식 브레이크** : 브레이크 레버를 당기면 브레이크 밴드가 드럼에 압착되어 브레이크 작용을 하는 브레이크이다.

③ 내부확장식 브레이크 : 드럼 내부에 슈라이닝이 설치되어 풋 브레이크를 밟으면 슈라이닝이 확장되면서 제동작용을 하는 브레이크이다.

3. 유압 브레이크

(1) 유압 브레이크의 작용원리

① 파스칼의 원리를 이용한 것으로 브레이크 페달을 밟으면 마스터 실린더에서 유압이 발생한다.
② 이 압력은 브레이크 파이프를 거쳐서 같은 힘으로 휠 실린더에 전달되어 피스톤을 이동시킨다.
③ 피스톤의 이동으로 브레이크 슈가 확장되어 드럼에 밀어붙여 제동 작용을 하게 된다.

(2) 유압 브레이크의 장단점

장 점	• 제동력이 모든 바퀴에 균일하게 작용한다. • 마찰손실이 적다. • 조작력이 작다.
단 점	• 오일 파이프 등의 파손으로 기능을 상실한다. • 베이퍼록 현상이 일어나기 쉽다. • 오일라인에 공기유입시 성능이 저하된다.

(3) 유압 브레이크의 구조

① **마스터 실린더** : 마스터 실린더는 오일 브레이크의 주체가 되는 부분으로 유압을 발생하고 이것을 유압계통에 보급하는 역할을 한다. 마스터 실린더는 피스톤, 피스톤컵, 리턴스프링 및 체크밸브로 구성된다.
② **휠 실린더** : 휠 실린더는 마스터 실린더에서 발생한 유압으로 브레이크 슈를 드럼에 압착시키는 역할을 한다.
③ **브레이크 파이프와 호스**
　㉠ 브레이크 파이프 : 마스터 실린더에서 휠 실린더로 브레이크 액을 유도하는 관으로 방청처리한 강파이프를 사용한다.
　㉡ 브레이크 호스 : 프레임에 결합된 파이프와 차축이나 바퀴 등을 연결하는 것으로 플렉시블 호스라고도 한다.
④ **브레이크 슈(Brake Shoe)** : 슈는 원주방향의 휨에 대하여 강성을 필요로 하기 때문에 보통 그 단면은 I형 또는 II형(대형차)을 사용한다.
⑤ **브레이크 라이닝** : 브레이크 라이닝은 드럼과의 마찰력을 크게 하기 위하여 마찰제이며 위븐 라이닝, 몰드 라이닝, 메탈릭 라이닝 등이 있다.

⑥ 브레이크 드럼 : 브레이크 드럼은 바퀴와 함께 회전하며, 슈와의 마찰로 제동력을 발생시키는 역할을 한다.

(4) 드럼 브레이크

① 제동작용 : 전륜에서는 너클·스핀들, 후륜에서는 차축관에 부착된 고정원판에 브레이크 슈라고 하는 반달형 부재를 2개 갖추어 브레이크 페달로부터 전해진 힘으로 슈를 바깥쪽으로 밀어 확장시켜 주위를 회전하고 있는 통형 브레이크 드럼의 내면에 압력을 가하여 드럼과 일체의 차륜 회전에 마찰력을 가하여 제동한다.

② 자기작동작용 : 브레이크 슈의 작동방향을 각각 바깥쪽으로 확장시키면 드럼이 회전하고 있을 때에는 좌측 슈의 확장부는 회전에 대해서 저항하는 방향이 되고(리딩슈), 마찰력에 의해서 확장력은 더욱 크게 된다. 이에 비해 우측 슈의 확장부는 회전에 대하여 미끄러지는 쪽이 되고(트레일링 슈) 마찰력에 의해서 드럼으로부터 이탈하는 방향의 힘을 받아 확장력은 감소된다.

(5) 디스크 브레이크

① 제동작용 : 회전하고 있는 디스크(Disc)를 양측에서 패드로 압착하여 마찰 토크를 발생시킨다.

② 디스크 브레이크의 특징

ㄱ 방열성이 양호하여 페이드 현상이 적다.

ㄴ 자기배력(서보)작용은 없지만 브레이크력의 변동이 적다.

ㄷ 좌우 브레이크의 힘의 평형이 유지되어 방향 안정성이 좋다.

ㄹ 패드의 마모는 빠르나 패드 교환이 용이하다.

ㅁ 틈새가 자동으로 조절된다.

ㅂ 자기 청소작용이 양호하다.

ㅅ 외부물질에 의한 오염에 민감하다.

ㅇ 마찰면적이 적기 때문에 패드를 압착하는 힘이 커야 한다.

ㅈ 패드는 강도가 큰 재료를 사용해야 한다.

ㅊ 브레이크 페달을 밟는 힘이 커야 한다.

4. 주차 브레이크(핸드 브레이크)

(1) 센터 브레이크

주로 트럭, 버스 등에 사용된다.

① 외부수축식

　① 브레이크 드럼은 강판 프레스 제품 또는 주조품이고 변속기 출력축의 뒷부분에 설치되어 있다.

　ⓒ 마찰 부분에 수분이나 먼지가 묻기 쉽고 제동력이 안정되지 않는 결점이 있다.

② 내부확장식

　① 브레이크 드럼과 브레이크 슈를 사용한다.

　ⓒ 브레이크 레버를 잡아당기면 와이어를 통해 캠축 레버가 움직여 슈를 드럼에 밀착시키게 되어 있다.

(2) 휠 브레이크

휠 브레이크식은 와이어나 링크를 사용하여 작동시킨다.

5. 감속 브레이크

대형 버스나 트럭과 같이 열변환량이 큰 것은 일반 브레이크로 제동하기에는 안전하지 못하므로 감속전용 브레이크가 필요하게 되었다. 감속 브레이크는 풋 브레이크의 보조로 사용된다.

(1) 감속 브레이크의 특징

① 풋 브레이크를 사용하는 횟수가 줄기 때문에 주행시의 안전도가 향상되고 운전자의 피로를 줄일 수 있다.

② 브레이크 슈, 드럼 혹은 타이어의 마모를 줄일 수 있다.

③ 눈, 비, 동결 시 타이어의 미끄럼을 줄일 수 있다.

④ 클러치 사용횟수가 줄게 되므로 클러치 관계 부품의 마모가 적게 된다.

⑤ 브레이크 작동 시 이상 소음을 내지 않으므로 승객에게 불쾌감을 주지 않는다.

(2) 감속 브레이크의 종류

① 엔진 브레이크

　① 엔진의 회전 저항을 이용한 것으로 언덕길을 내려갈 때 엔진 스위치를 넣은 채로 가속 페달을 놓으면 엔진구동바퀴로부터 역으로 회전되면서 회전저항에 의한 제동력이 발생한다.

　ⓒ 제동력은 동일 속도에 대해서 저속기어를 사용할수록 제동력이 크다.

② 배기 브레이크

　① 배기 브레이크는 배기관 내에 밸브를 설치하여 배기가스 또는 공기를 압축하여 압력을 높게 하여 배기 파이프 내의 압력이 배기 밸브 스프링 장력과 평형이 될 때까지 높아지

므로 이 배압으로 제동력을 얻는다.

ⓛ 배기 브레이크는 엔진 브레이크보다 1.5~2.0배의 감속 효과를 얻는다.

③ 와전류 브레이크(와전류 리타더)

ⓜ 스테이터(Stater), 로터(Rotor), 계자코일(Field Coil) 등으로 구성되어 있다.

ⓛ 로터는 변속기 출력축과 종감속 장치 사이의 추진축에 고정 설치되어 추진축과 같은 속도로 회전하며 여자코일은 스테이터와 함께 보통 로터의 사이에 설치되어 차체에 고정된다.

6. 동력 브레이크

(1) 제동배력장치

제동배력장치는 유압식 브레이크에 제동보조장치로서 사용하여 운전자의 피로를 줄이고 작은 힘으로 큰 제동력을 얻기 위한 장치로서 일명 서보장치(Servo System) 또는 부스터 장치(Booster System)라고도 한다.

① 원리 : 제동배력장치는 어느 것이나 대기압과의 압력차를 응용한 것인데 진공식은 엔진의 흡입다기관에서 발생하는 진공과 대기압의 압력차를, 공기식은 엔진으로 구동되는 압축기로부터 얻은 압축기의 압력차를 응용한 것이다.

② 진공식

ⓜ 부압을 이용해서 대기압과의 차압으로 브레이크 유압을 배가하는 장치이다.

ⓛ 마스터 실린더로부터 브레이크 페달 쪽에 설치한 것을 마스터 백(Master Vac), 유압배관계의 도중에 설치하는 것을 하이드로 마스터(Hydro Master)라고 한다.

③ 공기식

ⓜ 압축공기를 사용해서 브레이크 유압을 배가하는 장치이다.

ⓛ 적재량이 8톤 이상인 대형차에 주로 사용된다.

(2) 공기 브레이크

① 특 징

공기 브레이크는 압축공기를 이용하여 제동작용을 하는 것으로, 작은 힘으로 조작이 가능하여 주로 대형차량에 사용된다. 공기가 조금 누설되어도 제동성능이 현저하게 저하되지는 않는다.

② 공기 브레이크의 종류

ⓜ 원격조작형 : 브레이크 페달의 움직임을 로드 등의 링키지 등을 사용하여 브레이크 밸브에 전달하도록 된 것이다.

ⓛ 일체구조형 : 브레이크 페달과 브레이크 밸브를 일체구조로 하여 직접 조작하게 되어 있다.

7. ABS(Antilock Brake System) 장치

ABS 장치는 급제동 시나 눈길과 같은 미끄러운 노면에서 제동 시 바퀴의 슬립(Slip) 현상을 휠 센서가 감지하여 ECU가 모듈레이터를 조정함으로써 제동 시 방향 안전성 유지, 조정성 확보, 제동거리를 단축시키는 전자제어 브레이크 조정장치이다.

(1) ABS 장치의 특징

① 바퀴가 로크되는 것을 방지한다.
② 스핀현상을 방지한다.
③ 제동시 한쪽으로 쏠리는 것을 방지한다.
④ 제동거리를 단축시킨다(30% 이상 제동력 향상).
⑤ 슬립(Slip) 현상을 방지한다.

(2) ABS 장치의 구성

① **차량속도센서** : 좌우 전후륜에 각 1개씩 설치되어 각 차륜의 회전속도를 검출한다.
② **ABS 엑추에이터** : 마스터 실린더와 휠 실린더와의 배관의 도중에 장착되고 각 휠 실린더에 향하는 브레이크 유압을 감압 또는 증압시켜 제동력을 제어한다.
③ **ECU** : 차륜속도센서로부터의 차륜속도신호에 의해서 차체 속도를 추측함과 동시에 각 차륜의 회전상황을 감시하고 노면의 상태에 따른 최적의 제동력이 얻어지도록 브레이크 유압의 증감제어지령을 ABS 엑추에이터에 보낸다.

8. 제동장치의 정비사항

고 장	원 인
브레이크 페달의 행정이 크게 되는 원인	• 브레이크 드럼, 라이닝의 마멸 또는 간격의 불량 • 링크기구의 각 접속부의 마멸 • 브레이크 오일에 공기 혼입 • 베이퍼록 발생 • 브레이크 오일의 누수
브레이크 페달을 밟았을 때 한쪽으로 쏠리는 원인	• 타이어 공기압의 불균형 • 드럼 간극 조정의 불량 • 한쪽 라이닝에 오일이 묻었을 때 • 앞바퀴 정렬이 불량할 때 • 패드나 라이닝의 접촉불량
베이퍼록의 발생원인	• 긴 내리막길에서 계속 브레이크를 사용하여 드럼이 과열되었을 때 • 드럼과 라이닝 간격이 작아서 라이닝이 끌리게 되어 드럼이 과열되었을 때 • 불량한 오일 • 오일의 변질로 비등점이 저하되었을 때

브레이크 작용시 "끽" 소리가 나는 원인	• 라이닝의 표면 경화 • 라이닝의 마멸 • 백 플레이트의 헐거움 • 드럼의 오손
브레이크 회로에 잔압을 두는 이유	• 신속한 브레이크 작용 • 휠 실린더 오일 누출 방지 • 베이퍼록의 방지

11 차륜(바퀴)

차륜(바퀴)은 휠(Wheel)과 타이어(Tire)로 구분한다.

1. 휠(Wheel)

휠은 타이어를 지지하는 림(Rim)과 휠을 허브에 설치하는 디스크(Disc)로 되어 있다.

(1) 휠의 종류

① 디스크 휠 : 강철의 원판에 림을 용접하여 붙인 것으로 구조가 단단하고 내구력이 좋아 가장 많이 사용되고 있다.

② 스포크 휠 : 주로 2륜차에 사용되고 있는 바퀴로서 경량이고 브레이크 냉각도 잘되나 구조가 복잡하고 변형하였을 때 정비가 어렵다.

③ 스파이더 휠 : 방사선상의 림 지지대를 둔 것이며 브레이크 드럼의 냉각이 잘되고 큰 직경의 타이어도 쉽게 끼울 수 있다. 중량급 차량이나 특수 대형차에 사용된다.

(2) 림(Rim)의 종류

① 2분할 림 : 좌우 같은 모양의 강판을 프레스 제작하여 볼트·너트로 결합한 것이다. 이 형식은 제작이 간단하고 경제적이므로 타이어의 직경이 작은 경자동차에 사용된다.

② 드롭센터 림 : 타이어의 탈착을 쉽게 하기 위해 림 중앙부분을 깊게 한 것으로 주로 승용차 및 소형 트럭에 사용된다.

③ 와이드 베이스 드롭센터 림 : 림의 폭을 넓게 하고 타이어의 공기 용적을 증가시킨 초저압 타이어를 사용하여 완충작용을 증가시킨 림이다.

④ 세미드롭센터 림 : 보통 한쪽의 비드, 시트부가 탈착식으로 되어 있는데 이 부분을 사이드 링(Side Ring)이라 한다. 8플라이 이상의 타이어에서는 이 림을 사용하지 않고 주로 소형

트럭에 사용한다.

⑤ **플레이트 베이스 림** : 비드, 시트부가 한쪽에만 설치되어 있으므로 타이어의 림에 대한 안
정성이 나쁘고 마모가 빠르다. 트럭, 버스용으로 많이 사용되며 타이어는 고압 밸룬 타이어
를 사용한다.

⑥ **인터 림** : 비드, 시트부를 넓게 하여 사이드 링의 형상을 바꾸어 타이어를 확실히 체결하도
록 한 것이다. 림폭이 크기 때문에 타이어의 내용적도 크게 되어 트럭, 버스용의 밸룬 타이
어에 사용한다.

2. 타이어

타이어는 바퀴의 림에 끼워져 일체로 회전하며 노면으로부터의 충격을 흡수하고 노면과 점착하여
자동차의 구동이나 제동을 가능하게 한다.

(1) 타이어의 분류

사용압력에 의한 분류	튜브의 유무에 따른 분류	형상에 따른 분류
• 고압 타이어 : 대형 트럭, 버스 • 저압 타이어 : 소형 트럭 • 초저압 타이어 : 승용차	• 튜브 타이어 • 튜브리스 타이어	• 타이어 • 편평 타이어 • 레이디얼 타이어 • 스노 타이어

(2) 타이어의 종류별 특성

① **스노 타이어** : 눈길에서 체인을 감지 않고 주행할 수 있도록 만들어진 것으로 패턴에 눈이
끼지 않고 방향성과 견인력이 있다.

② **튜브리스 타이어**

　㉠ 구조 : 튜브를 사용하지 않고 타이어의 비드부와 림과의 기밀을 좋게 하여 직접 공기를
넣은 것이다. 타이어 내면에는 접착성이 좋은 고무층의 라이너가 밀착되어 기밀을 유지
하고 펑크를 방지한다.

　㉡ 튜브리스 타이어의 특징

　　• 못 등에 찔려도 공기가 급격히 새지 않는다.

　　• 튜브가 없으므로 다소 가볍다.

　　• 펑크 수리가 간단하다.

　　• 고속주행하여도 발열이 적다.

　　• 림이 변형되면 공기가 새기 쉽다.

　　• 유리 조각 등에 의해 손상되면 수리하기가 어렵다.

③ 편평 타이어

　　㉠ 타이어 단면의 세로가로비를 보통 타이어보다 작게 한 것으로 고속주행용 차에 사용된다.

$$※ \ 편평비 = \frac{타이어\ 높이(H)}{타이어\ 폭(S)}$$

　　㉡ 편평 타이어는 접지면적이 커서 옆방향 변형에 대한 강도가 크기 때문에 제동 시, 출발
시, 가속 시에 미끄럼을 작게 할 수 있고, 선회성이 좋아진다.

④ 레이디얼(Radial) 타이어

　　㉠ 구조 : 카카스 코드를 단면 방향으로 하고 트레드 밑의 브레이커를 원둘레 방향으로 넣어
만든 것이다.

　　㉡ 특 징

　　　• 접지면적이 크고, 내마모성이 좋다.

　　　• 고속주행 시 스탠딩 웨이브가 잘 일어나지 않는다.

　　　• 트레드의 하중에 의한 변형이 적다.

　　　• 타이어 단면의 편평률을 크게 할 수 있다.

　　　• 선회할 때 옆방향의 미끄럼도 적다.

　　　• 브레이크가 단단하여 충격흡수가 어렵고, 승차감이 좋지 않다.

(3) 타이어의 구조

타이어는 레이온(Rayon)과 나일론(Nylon) 등의 섬유에 양질의 고무를 입혀서 코드(Cord)로
하고 이것을 겹쳐서 유황을 가하여 틀 속에서 성형화한 것이다.

① 카카스(Carcass)

　　㉠ 타이어의 골격이 되는 부분으로 일명 코드(Cord)부라 한다.

　　㉡ 튜브에 가해지는 공기 압력에 견디면서 일정 체적을 유지하며 하중이나 충격에 대해서는
변형되는 완충작용을 한다.

　　㉢ 카카스는 면·나일론 또는 레이온 등의 코드를 여러 장 비스듬이 겹쳐 내열성의 고무로
밀착시킨 구조로 되어 있다.

　　㉣ 카카스를 구성하는 코드층의 수를 플라이 수로 표시하며 플라이 수가 많을수록 큰 하중
을 지지할 수 있다.

② 브레이커(Breaker)부

　　㉠ 카카스와 트레드 사이에 있으며 몇 겹의 코드층을 내열성의 고무로 싼 구조로 되어 있다.

　　㉡ 트레드와 카카스가 분리되는 것을 방지하고 노면으로부터의 충격을 방지하며 노면으로
부터의 충격을 완화시켜 카카스의 손상을 방지하는 일을 한다.

③ 비드(Bead)부 : 타이어 림과 접촉하는 부분으로서 중심에 20~30개의 피아노선(강신)을 넣
어 비드부의 늘어남을 방지하고 타이어의 형이 변하거나 림에서 탈출을 방지하고 있다.

④ 튜브(Tube)

    ㉠ 튜브는 타이어 내부에 끼워져 압축공기를 지지한다.

    ㉡ 내열성과 탄력성이 큰 양질의 고무로 되어 있으며 그 일부에 공기 밸브가 설치되어 있다.

⑤ 트레드(Tred) : 트레드는 노면과 접촉되는 부분으로 내부의 카카스와 브레이커를 보호하기

    위해 내마모성이 큰 고무층으로 되어 있다.

(4) 트레드 패턴

① 패턴의 필요성

    ㉠ 타이어 내부에서 발생한 열을 방산한다.

    ㉡ 타이어의 옆방향의 미끄럼이나 전진 방향의 미끄럼을 방지한다.

    ㉢ 트레드에 생긴 절상 등의 확대를 방지할 수 있다.

    ㉣ 구동력이나 선회 능력을 향상시킬 수 있다.

② 패턴형식

    ㉠ 리브(Rib) 패턴 : 원둘레 방향으로 여러 개의 홈을 둔 것이며, 옆방향 미끄럼에 대한 저항
    이 크고 조향성이 우수하다. 포장도로에서의 고속주행에 알맞아 주로 승용차에 사용된다.

    ㉡ 러그(Lug) 패턴 : 타이어의 회전 방향으로 직각의 홈을 둔 것으로 전후 방향에 대해 견인
    력이 크고 타이어의 방열이 좋아 버스, 트럭에 사용된다.

    ㉢ 블록(Block) 패턴 : 견인력이 커서 고르지 못한 도로나 모래땅에 적합하다. 포장도로에
    서는 진동과 소음이 있다.

    ㉣ 리브러그(Rib-rug) 패턴 : 숄더 부분에는 러그 패턴을 만들고, 트레드 가운데 부분은 리
    브 패턴을 만든 것으로 험한 도로나 포장도로에 겸용할 수 있다.

    ㉤ 오프 더 로드(Off the Road) 패턴 : 러그 패턴의 홈을 깊이 하고 또 폭을 넓게 한 것이며
    진흙길이나 험한 도로에 사용한다.

(5) 타이어의 호칭치수

타이어의 호칭치수는 타이어의 폭, 타이어의 내경 또는 외경 및 플라이 수로 나타낸다.

① 저압 타이어

    타이어의 폭(인치) – 타이어의 내경(인치) – 플라이 수

② 고압 타이어

    타이어의 외경(인치) × 타이어의 폭(인치) – 플라이 수

(6) 타이어의 평형

바퀴와 같이 회전 물체는 평형이 맞지 않으면 회전 중 진동을 일으켜 타이어를 비롯하여 현가 관계부품의 마멸을 촉진하고 안전운전을 어렵게 한다. 자동차 바퀴의 평형에는 정적평형과 동적평형 두 가지가 있다.

① **정적평형** : 회전중심축에서 보았을 때 회전체가 정지된 상태로 정적평형이 맞지 않으면 트램핑 현상(바퀴가 상하로 진동하는 현상)이 일어난다.

② **동적평형** : 회전중심축을 옆면에서 보았을 때 회전하고 있는 상태의 평형으로 동적평형이 잡혀있지 않으면 바퀴에 시미(Shimmy, 심한 진동)가 발생한다.

(7) 타이어의 이상현상

① 스탠딩 웨이브(Standing Wave)

  ㉠ 정의 : 스탠딩 웨이브란 일반 진행방향에 대하여 골이나 산 같은 것이 생기는 것을 말한다.

  ㉡ 방지법 : 스탠딩 웨이브 현상을 방지하기 위해서는 타이어 공기압을 표준 공기압보다 10~30% 높인다.

② 하이드로플레인(Hydroplane, 수막현상)

  ㉠ 정의 : 물이 고인 도로를 고속으로 주행할 때 타이어 바닥면이 물을 완전히 밀어내지 못하고 물위로 활주하는 상태로 차의 조정이 불가능하게 된다.

  ㉡ 방지법

    • 타이어의 공기압을 높인다.

    • 바닥무늬가 닳지 않은 타이어를 사용한다.

    • 리브형 패턴을 사용한다.

    • 바닥무늬에 카프 가공을 한 타이어를 사용한다.

3. 타이어의 정비사항

(1) 타이어의 공기압이 높은 경우

① 트레드의 중앙부가 빨리 마모된다.

② 바운드(Bound)가 심하여 승차감이 나쁘다.

③ 타이어 펑크가 나기 쉽다.

④ 미끄러지기 쉽다.

(2) 타이어의 공기압이 낮은 경우

① 타이어 트레드 숄더(Shoulder)부가 중앙부에 비하여 빨리 마모된다.

② 주행저항이 커서 연료소비량이 많아진다.

③ 공기가 적은 쪽으로 타이어가 쏠린다.

12 ▍ 프레임(Frame)

1. 프레임의 종류

프레임은 자동차의 종류, 용도, 구동방식 및 기관이나 현가장치의 설치위치 등에 의하여 분류할 수 있다.

2. 프레임의 구조 및 특성

(1) 보통 프레임

① H형 프레임

2개의 사이드 멤버(Side Member)에 여러 개의 크로스 멤버를 접합하여 사다리꼴 모양을 하고 있는 구조로 버스, 트럭에 많이 사용된다.

② X형 프레임

사이드 멤버의 중앙부를 좁게 하여 X형으로 한 것과 크로스 멤버를 X형으로 한 것으로 주로 승용차에 사용된다.

(2) 특수 프레임

① 백본형(Back Bone Type)

1개의 굵은 강관 또는 ㅁ형이나 I단면으로 된 등뼈를 가지며, 이것에 기관이나 차체를 설치하기 위한 브래킷 등을 고정한 것으로 주로 승용차에 쓰인다.

② 플랫폼형(Platform Type)

프레임과 차체의 바닥을 일체로 만든 것이다.

③ 트러스형(Truss Type)

강관을 용접하여 트러스 구조로 만들어 프레임으로 한 것으로 스페이스 프레임이라고도 하며, 경주용 차나 스포츠카에 적합하다.

3. 모노코크 바디

(1) 의 의

보디와 프레임이 일체로 된 구조로 일체 구조식 차체라고도 한다.

(2) 특 징

모노코크 바디는 차체가 큰 강도와 강성을 갖고 있으며, 외부로부터의 힘을 차체 전체에 분산시키도록 되어 있어 보통의 승용차들이 이 방식을 적용하고 있다.

자동차의 차체와 프레임을 일체로 제작함으로써 하중과 충격에 견딜 수 있는 구조로 하여 자동차의 경량화와 바닥을 낮게 할 수 있으며, 곡면을 이용하여 강도가 증가하도록 결합되어 있다. 현가장치나 엔진 설치부와 같은 외력이 집중되는 부분에는 서브 프레임(Sub-Frame)을 두어 차체에 힘을 분산시키도록 되어 있다. 그러나 바닥이 낮아 노면이나 엔진의 진동 소음이 생기기 쉽고, 파손 시 수리가 분리 구조인 섀시 프레임식보다 다소 어렵다.

4. 프레임식 보디

(1) 의 의

보디와 프레임을 분리한 방식이다.

(2) 특 징

섀시의 프레임 위에 차체를 결합시킨 구조로, 자동차에 작용하는 하중이나 반력 등을 프레임만으로 지지하도록 되어 있다.

견고한 철재구조로 내구성이 있으며 충돌에너지를 프레임에서 분담할 수 있기 때문에 일체구조식보다 안전하지만, 전체의 중량이 무거워지므로 소형차에는 적합하지 않아 현재 4륜 구동 다목적차와 트럭 등이 이 방식을 채택하고 있다.

제 3 절 적중예상문제

●● 정답 및 해설 p.006

01 기어의 백래시(Back Lash)란?

① 이 끝면과 이 뿌리면과의 차이
② 서로 물린 기어의 이면과 이면 사이의 유격
③ 이 높이와 상대면의 이 뿌리 높이와의 차이
④ 이 끝원의 기어 사이의 거리와 이 두께와의 차이

02 고속에서 회전할 때 차체가 한쪽으로 기우는 것을 완화하는 기능을 하는 것은?

① 인벌루트
② 스태빌라이저
③ 섀시 스프링
④ 쇼크업소버

03 다음 현상 중 차동장치의 이상에 의한 것으로 볼 수 있는 것은?

① 곧은 길에서 제동시 끽하는 소음이 발생한다.
② 출발시 차체가 울컥거린다.
③ 곧은 길에서 급가속할 때만 뒤차축 부근에서 소음이 발생한다.
④ 커브 길에서 회전시 뒤차축 부근에서 소음이 발생한다.

04 다음 중 조향 장치의 원리는?

① 파스칼의 원리
② 래크 피니언의 원리
③ 장토스의 원리
④ 애커먼 장토의 원리

05 조향 장치의 구비조건이다. 옳지 않은 것은?

① 조향 조작이 주행 중의 충격에 영향을 받지 않을 것
② 조향 핸들의 회전과 바퀴 선회의 차가 클 것
③ 회전반경이 작을 것
④ 조작하기 쉽고 방향 변환이 원활하게 행하여 질 것

06 자동차의 앞바퀴를 앞에서 보면 바퀴의 윗부분이 아래쪽보다 더 벌어져 있는데 이 벌어진 바퀴의 중심선과 수선 사이의 각을 무엇이라고 하는가?

① 토인
② 캠버
③ 캐스터
④ 킹핀각

07 자동차의 유압식 브레이크는 무슨 원리를 이용한 것인가?

① 베르누이의 정리
② 뉴턴의 제3법칙
③ 알키메데스의 원리
④ 파스칼의 원리

08 다음 중 유압식 브레이크의 장점이 아닌 것은?

① 마찰손실이 적다.
② 베이퍼록의 우려가 없다.
③ 조작력이 작아도 된다.
④ 제동력이 모든 바퀴에 균일하게 전달된다.

09 미끄러운 도로에서 바퀴의 로크업을 방지하여 제동효과를 높이고 직진 안전성과 조향
　　안전성을 향상시키는 제동장치는?

　　① ABS　　　　　　　　　　　② 배력식 브레이크
　　③ 공기식 브레이크　　　　　　④ 유압식 브레이크

10 다음 장치 중 악셀레이터 페달을 밟지 않고 차량을 일정한 속도로 유지시키는 장치는?

　　① ECS 장치　　　　　　　　　② 4WD 장치
　　③ ABS 장치　　　　　　　　　④ 크루즈 컨트롤 장치

11 언덕길에서 일시 정지하였다가 다시 출발할 때, 차가 뒤로 밀리는 것을 방지하는 장치
　　는 무엇이라 하는가?

　　① 공기배력 장치　　　　　　　② 앤티로울 장치
　　③ 압력증강 장치　　　　　　　④ 탠덤 브레이크 장치

12 다음 중 페이드 현상을 방지하는 방법으로 옳지 않은 것은?

　　① 드럼의 방열성을 높일 것
　　② 열팽창에 의한 변형이 작은 형상으로 할 것
　　③ 마찰계수가 큰 라이닝을 사용할 것
　　④ 엔진 브레이크를 가급적 사용하지 않을 것

13 브레이크에 페이드 현상이 발생했을 경우의 응급조치 방법으로 옳은 것은?

① 자동차를 세우고 열을 식힌다.

② 주차 브레이크를 대신 쓴다.

③ 브레이크를 자주 밟아 열을 발생시킨다.

④ 자동차의 속도를 조금 올려준다.

14 섀시를 구성하는 각 장치나 보디에서 전달되는 하중 및 차축에서의 반력을 지지하는 것은?

① 프레임   ② 차 륜

③ 차 축   ④ 유니버설 조인트

15 다음 중 튜브 없는 타이어의 장점으로 볼 수 없는 것은?

① 못 등에 찔려도 공기가 급격히 새지 않는다.

② 림이 변형되어도 공기가 누출되지 않는다.

③ 내마모성이 좋다.

④ 펑크시의 수리가 간단하다.

16 고속도로 주행 시 타이어 공기압을 10~15% 높여 주는 이유는?

① 미끄럼 방지

② 승차감 향상

③ 스탠딩 웨이브 현상 방지

④ 페이드 현상 방지

제4절 친환경자동차 및 신기술

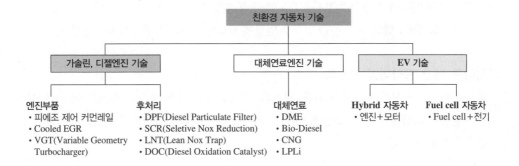

1. 가스연료 엔진

자동차에서 가스성분을 연료로 적용하는 방법에 따라 압축 천연가스(CNG), 액화 천연가스(LNG), 흡착 천연가스(ANG) 자동차 등으로 구분된다.

(1) 가스연료 엔진의 장점

① 디젤기관과 비교 시 매연(SMOKE)이 100% 감소한다.

② 가솔린엔진에 비해 이산화탄소는 20~30%, 일산화탄소는 30~50% 감소한다.

③ 저온 시동성이 우수하고 옥탄가가 130으로 가솔린보다 높다.

④ 질소산화물 등 오존 영향물질을 70% 이상 감소시킬 수 있다.

⑤ 엔진 소음 저감

(2) 가스연료 기관 주요구성 부품

① **연료계측밸브** : 8개의 작은 인젝터로 구성되며 ECU의 구동신호를 받아 요구 연료량을 흡기라인에 분사한다.

② **가스압력 센서** : 압력변환기구로서 연료계측밸브에 장착되어 분사직전의 가스압력을 검출한다.

③ **가스온도 센서** : 부특성(Negative Characteristic) 온도측정센서로 연료계측밸브에 장착되며 가스온도를 측정하여 연료농도를 계산한다.

④ **고압차단 밸브** : 탱크와 압력조절기구 사이에 장착되며 엔진 정지 시 고압연료 라인을 차단 한다.

⑤ **탱크 압력 센서** : 탱크 내부의 연료밀도 계산을 위해 측정되며 탱크 온도센서와 함께 사용 된다.

⑥ **탱크 온도 센서** : 탱크 속의 연료온도를 측정하기 위하여 사용되며 부특성 서미스터이다.

⑦ **열 교환기구** : 열 교환기구는 압력조절기와 연료계측 밸브 사이에 설치되며 가스의 난기온 도를 조절하기 위해 냉각수 흐름을 ON/OFF시킨다.

⑧ **압력조절기구** : 탱크 내의 높은 압력을 엔진에 필요한 저압으로 감압하여 조절한다.

2. 액티브 에코 드라이빙 시스템

액티브 에코 드라이빙 시스템은 엔진, 변속기, 에어컨 제어 등을 통하여 연료소비율을 향상시 키는 운전 시스템을 말한다. 스위치 ON 시 계기판에 녹색등이 점등되며 연비모드 상태로 주 행할 수 있는 시스템이다.

(1) 운전자의 스위치 조작으로 작동이 가능하다.

(2) 액티브 에코 모드 주행시 엔진과 변속기를 우선적으로 제어하며 추가적인 연비 향상 효과를 제공한다.

(3) 기관의 난기운전(위밍업) 이전, 등판 및 가속 시 액티브 에코모드가 비작동 한다.

3. 공회전 방지(ISG) 시스템

ISG 시스템은 연료 및 배기가스의 저감을 위하여 자동차 정차 시 엔진의 작동을 정지하고 출 발 시 기동전동기를 통하여 다시 시동하는 시스템이다. 연료소비율 효과는 5~30% 정도이며 이산화탄소 절감효과도 약 6% 정도이다.

4. 에너지 회생 제동장치

하이브리드 및 전기자동차에서 감속 시 구동모터를 발전기로 작동하여 감속효과를 얻는 동시 에 운동에너지를 전기에너지로 전환하여 배터리에 저장하는 제동시스템이다.

5. 언덕길 밀림 방지 장치(HAC)

경사로에서 브레이크를 밟지 않아도 차량이 뒤로 밀리지 않도록 브레이크 압력을 자동적으로 제공하는 시스템이다.

6. 하이브리드 시스템(Hybrid System)

하이브리드 전기자동차는 차량의 성능 및 연비를 향상시키고 배출가스 오염을 줄이기 위한 방법으로 동작원리가 다른 두 종류 이상의 동력원을 효율적으로 조합해서 동작시키는 시스템을 말한다. 대부분의 경우 연료를 사용하여 동력을 얻는 기관과 전기로 구동시키는 전기모터로 구성된 시스템이 이에 해당한다.

(1) 하이브리드 전기자동차의 특징

① **에너지손실 저감(Idle Stop)** : 하이브리드 시스템은 기관의 공회전 상태를 자동적으로 정지시킨다. 이 기능을 통해 에너지손실을 저감한다.

② **모터의 기관 보조(Power Assist)** : 모터는 가속 운전을 하는 기관을 보조한다.

③ **고효율 제어** : 하이브리드 시스템은 기관 효율이 낮은 운전조건에서 모터를 사용하고 기관 효율이 높은 운전조건에서 발전을 실행함으로써 자동차의 전체 효율을 극대화시킨다.

④ **회생제동(Regenerative Braking)** : 회생제동시스템은 감속 제동할 때 자동차의 동적 에너지를 브레이크 패드와 디스크의 마찰열로 소산시키지 않고 발전기를 이용하여 전기에너지로 변환하는 것으로 회생 제동량은 차량의 속도, Battery의 충전량 등에 의해서 결정된다.

(2) 운전모드의 작동원리

① **시동모드** : 시동모드는 기관을 가동시켜 발진하는 것인데 하이브리드 자동차에서는 시동을 건다는 것이 꼭 기관을 가동시키는 것을 의미하지 않는다. 직렬식은 전동기로 하기 때문에 기관 시동은 필요 없다. 병렬식은 하이브리드 전동기로 시동을 건다.

② **발진모드** : 발진모드는 자동차를 출발시키는 것으로서 가속페달을 밟아서 정지 상태에 있는 자동차를 움직이게 하는 것인데 기관의 동력만으로는 출발할 수 없기 때문에 하이브리드 전동기를 동시에 같이 구동시켜 발진한다. 직렬식은 발진도 하이브리드 전동기로 하고, 병렬식은 기관이 가동되고 있으나 기관의 동력만으로는 출발할 수 없기 때문에 하이브리드 전동기를 동시에 같이 구동시켜 발진한다.

③ **가속 및 등판모드** : 가속 및 등판모드는 구동력을 증가시켜 자동차의 속도가 올라가는 단계로서 직렬식은 하이브리드 전동기로만 하고, 병렬식은 하이브리드 전동기와 기관을 함께 구동시켜 가속한다.

④ **정속모드** : 정속모드는 일정한 속도를 유지하여 주행하는 상태를 의미하는 것으로서 직렬식은 계속해서 하이브리드 전동기만 구동시켜 정속모드를 유지하고, 병렬식은 정속모드부터 소프트·하드 방식 모두 기관의 동력만으로 주행한다. 그 이유는 정속주행의 경우 전동기보다 기관의 효율이 좋기 때문이다.

⑤ **감속모드** : 감속모드는 가장 효율적인 모드로서 감속 시 자동차를 움직이는 데 구동력이 쓰

이지 않고 오히려 바퀴의 회전에 제동을 걸어야 하기 때문에 바퀴에서 발생하는 회전 동력을 전기에너지로 전환하여 축전기에 충전하게 된다. 이때 발생하는 에너지를 회생에너지라고 한다(직렬식 및 병렬식 동일함).

⑥ **정지모드** : 정지모드는 앞 단계에서 이미 기관의 시동을 모두 정지시킨 상태임으로 일반 자동차와 같이 공전모드가 없이 바로 정지 상태로 들어가게 된다.

(3) 하이브리드 시스템의 장점

① 연료소비율을 약 50% 정도 절감할 수 있고 친환경적이다.

② 탄화수소, 일산화탄소, 질소산화물 등의 유해배출가스가 90% 정도 감소한다.

③ 이산화탄소 배출량이 50% 정도 감소한다.

(4) 하이브리드 시스템의 단점

① 구조 및 제어 시스템이 복잡하다.

② 정비가 어렵고 수리비가 고가이다.

③ 동력전달계통이 일반 내연기관 자동차와 차이가 있어 복잡하다.

(5) 하이브리드 자동차의 분류

① 직렬형 타입

에진의 동력은 발전용으로 이용하고 자동차의 구동력은 배터리의 전원으로 회전하는 모터만으로 얻는 하이브리드 자동차 형식이다. 일반적으로 동력전달경로는 엔진, 발전기, 축전지, 전동기, 변속기, 구동바퀴의 순이다.

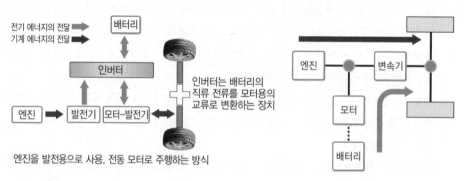

엔진을 발전용으로 사용, 전동 모터로 주행하는 방식

② 병렬형 타입

구동력을 엔진과 모터가 각각 발생을 시키거나 양쪽에서 동시에 얻을 수 있는 하이브리드 전기 자동차이다. 예를 들면 저속주행에서는 모터만을 이용하여 주행하고 고속주행에서는 엔진의 동력으로 주행을 하면서 충전을 하는 방법으로 분리하여 주행할 수 있는 방식이다.

그리고 엔진을 구동력의 메인으로 이용하고 급가속 시에는 모터를 보조 동력으로서 이용하
여, 브레이크 시에는 발전기로서 작동시켜 에너지를 회생하거나 일시정지 시의 아이들링
스톱을 실시하여 연비가 향상되도록 하는 방식이다.

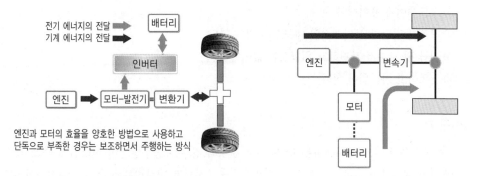

③ 복합형 타입

직렬 방식과 병렬 방식의 양쪽 기구를 배치하고 운전조건에 따라 최적인 운전모드를 선택
하여 구동하는 방식이다. 아이들링 시나 저부하 주행에서는 시리즈 방식이 엔진의 열효율
이 높기 때문에 전동 모터로 운행하고 엔진은 발전기의 구동에만 사용하며, 고부하 주행에
서는 패럴렐 방식이 엔진의 열효율이 높기 때문에 시리즈 방식에서 패럴렐 방식으로 변환
하여 모든 영역에서 높은 열효율과 저공해를 실현할 수 있다.

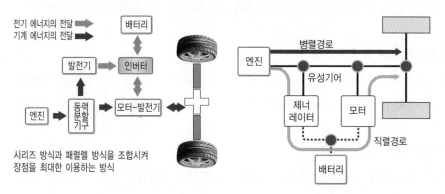

7. 전기자동차

(1) 모 터

전기자동차용으로 직류(브러쉬) 모터를 많이 사용하였으나, 최근에는 교류 모터나 브러시리스
모터 등도 사용하고 있다. 이러한 교류 모터는 같은 출력을 내는 직류 모터에 비하여 가격이 3
배 이상 저렴하고, 크기에 비하여 모터의 효율과 토크가 비교적 크다. 또 보수 유지비용이 상
대적으로 저렴하고 수명이 더 길다는 장점을 가지고 있다. 전기자동차용 모터의 조건은 다음

과 같다.
① 시동 시의 토크가 커야 한다.
② 전원은 축전지의 직류전원이다.
③ 속도제어가 용이해야 한다.
④ 구조가 간단하고 기계적인 내구성이 커야 한다.
⑤ 취급 및 보수가 간편하고 위험성이 없어야 한다.
⑥ 소형이고 가벼워야 한다.

(2) 전 지

리튬금속을 음극으로 사용하는 리튬−이온전지의 경우는 충·방전이 진행됨에 따라 리튬금속의 부피 변화가 일어나고 리튬금속 표면에서 국부적으로 침상리튬의 석출이 일어나며 이는 전지 단락의 원인이 된다. 그러나 카본을 음극으로 사용하는 전지에서는 충·방전 시 리튬이온의 이동만 생길 뿐 전극활물질은 원형을 유지함으로써 전지수명 및 안전성이 향상된다.

(3) 인버터 및 컨버터

인버터(Inverter)는 직류전력을 교류전력으로 변환하는 장치를 말하며 다시 말해 전류의 역변환장치이다. 먼저 전지에서 얻은 직류전압을 조정하는 장치를 컨버터(Converter)라고 한다.

(4) 인버터의 특성 및 작동원리

PWM이란 Pulse Width Modulation의 약칭으로 평활된 직류전압의 크기는 변화시키지 않고 펄스상의 전압 출력시간을 변화시킨 후 등가인 전압을 변화시켜 펄스폭을 변조시킨다.

(5) 모터제어기

엑셀 패달 조작량 및 속도를 검출해서 의도한 구동 토크 변화를 가져올 수 있도록 차속이나 부하 등의 조건에 따라 모터의 토크 및 회전속도를 제어한다.

8. 연료전지

연료전지란 화학에너지가 전기에너지로 직접 변환되어 전기를 생산하는 능력을 갖는 전지(Cell)이다. 기존의 전지와는 달리 외부에서 연료와 공기를 공급하여 연속적으로 전기를 생산한다.

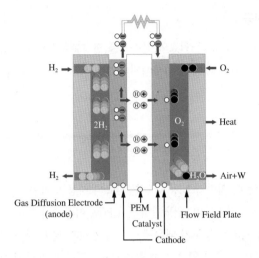

(1) 연료전지의 전기 발생원리

연료전지는 중간 과정 없이 화학에너지에서 바로 전기에너지로 직접 변환된다. 천연가스나 메탄올 등의 연료에서 얻어낸 수소와 공기 중의 산소를 반응시키면 전기에너지를 직접 얻을 수 있다.

(2) 연료전지의 구성

연료전지는 공기극과 연료극의 전극, 두 극 사이에 위치하는 전해질로 구성되어 있다. 연료전지의 구성요소 중 전극은 전기화학반응을 진행시킬 수 있는 일종의 촉매 역할을 하고 전해질은 생성된 이온을 상대 극으로 전달시켜주는 매개체 역할을 한다.

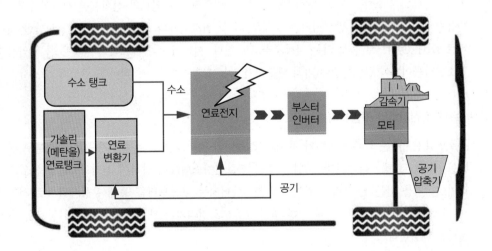

(3) 연료전지의 화학반응

연료전지(Fuel Cell)는 수소 즉 연료와 산화제를 전기화학적으로 반응시켜 전기에너지를 발생시킨다. 이 반응은 전해질 내에서 이루어지며 일반적으로 전해질이 남아있는 한 지속적으로 발전이 가능하다.

(4) 연료전지의 특징

① 장 점

　　㉠ 천연가스, 메탄올, 석탄가스 등 다양한 연료의 사용이 가능하다.

　　㉡ 발전효율이 40~60%이며, 열병합발전시 80% 이상까지 가능하다.

　　㉢ 도심부근에 설치가 가능하기 때문에 송·배전 시의 설비 및 전력 손실이 적다.

　　㉣ 회전부위가 없어 소음이 없고 기존 화력발전과 같은 다량의 냉각수가 불필요하다.

　　㉤ 배기가스 중 NOx, SOx 및 분진이 거의 없으며, CO_2 발생에 있어서도 미분탄 화력발전에 비하여 20~40% 감소되기 때문에 환경공해가 감소된다.

　　㉥ 부하변동에 따라 신속히 반응하고 설치형태에 따라서 현지 설치용, 중앙 집중형, 분산 배치형과 같은 다양한 용도로 사용이 가능하다.

② 단 점

　　㉠ 초기 설치비용에 따른 부담이 크다.

　　㉡ 수소공급 및 저장 등과 같은 인프라 구축에 어려움이 따른다.

9. 수소연료전지차(FCEV; Fuel Cell Electric Vehicle)

수소연료전지차는 수소와 공기 중의 산소를 반응시켜 얻은 전기를 이용하여 구동하는 연료전지 자동차로 '수소차', '수소자동차'로 불린다. 연료전지란 연료와 산화제를 전기화학적으로 반응시켜 전지에너지를 발생시키는 장치로, 수소 원자 2개와 산소 원자 하나가 결합한 것이 바로 물(H_2O)이므로 물로 가는 자동차라고도 한다. 따라서 배기가스의 주성분은 물과 약간의 질소산화물이기에 공해물질이 거의 배출되지 않는 친환경 자동차이다.

(1) 수소연료전지차의 구동원리

수소연료전지차는 외부의 공기가 차 내부로 들어와 필터링을 거쳐 순도가 높은 산소를 포진한 다음, 수소연료탱크에 보관된 고압 수소를 연료전지스택에 전달하여 전기화학반응을 일으켜 전기에너지를 만든다. 그리고 만들어진 전기에너지는 구동모터를 통해 운동에너지로 전환하며 자동차를 주행시킨다. 이때 주행 중인 수소연료전지차는 배기구를 통해 부산물로 순수한 물만을 배출한다.

(2) 연료전지시스템

연료전지시스템은 내연기관 자동차의 엔진과 같은 역할을 하는 것으로, 구동에 필요한 전기를 만드는 장치이다. 연료전지는 산소와 수소의 전화학 반응을 이용해 열에너지를 전기에너지로 변환시키는데, 이때 발생하는 전기에너지는 순수한 화학 반응의 결과물로 화석 연료와 달리 이산화탄소 같은 배출가스를 발생시키지 않는다. 기본적인 구성은 연료전지스택, 수소공급시스템, 공기공급시스템, 열관리시스템으로 나뉘며, 근본적으로 같은 원리에 의해 작동하지만 연료의 종류나 재질 등에 따라 고분자전해질형(PEMFC), 고체산화물형(SOFC), 용융탄산염형(MCFC) 등이 있다.

(3) 수소연료탱크

수소는 부피당 밀도가 낮아 보관하려면 매우 넓은 공간이 필요하게 되는데 좁은 공간에 더 많은 수소를 보관하기 위해서는 700bar(약 690기압) 수준의 고압으로 압축을 해야 한다. 이러한 고압 수소를 안전하게 보관하는 부품이 수소연료탱크이며, 수준 높은 안전이 요구되기에 인증 조건도 매우 엄격하게 진행된다.

(4) 구동모터

구동모터는 스택과 배터리에서 공급받은 전기에너지로 구동력을 발생시키며, 수소연료전지차는 전기차처럼 감속 시 운동에너지를 다시 전기에너지로 환원하는 회생제동 시스템도 갖추고 있다. 회생제동 시스템은 속도를 줄일 때 회수한 전기에너지를 고전압 배터리에 저장하는 역할을 하며, 이는 모터 작동에 다시 활용돼 연비 개선에 도움을 준다.

(5) 수소연료전지차의 안전성

수소연료전지차의 안전성을 확보하기 위해 국제기준(GTR; Global Technical Regulation)이 제정되어 있고 꾸준히 개정되고 있다. 또한 해당 국제기준을 기반으로 나라마다 안전 법규가 마련되고 있는데, 여기에는 전기 안전성, 수소 안전성 측면에서 만족해야 하는 여러 항목이 규정되어 있다.

(6) 수소연료전지차의 특징

① 장 점
  ㉠ 충전 속도가 빠르고, 주행거리가 길다(한번의 수소 충전으로 400~600km까지 운행 가능).
  ㉡ 저비용으로 충전이 가능하다.
  ㉢ 공해가 없고, 소음이 적다.
  ㉣ 엔진의 유지 보수가 간편하다.

② 단 점

㉠ 차제 제조비용이 높다.

㉡ 충전 인프라가 부족하다.

㉢ 기존 내연기관 자동차보다 큰 동력계 확보를 위해 내장의 넓이가 좁다.

㉣ 정비가 어렵고 전용시설이 필요하다.

10. 차선 이탈 경보장치(LDWS)

차선 이탈 경보 시스템(Lane Departure Warning System)은 전방의 카메라를 통하여 차선을 인식하고 일정속도 이상에서 차선을 밟거나 이탈할 경우 클러스터 및 경보음을 통하여 운전자에게 알려주는 주행 안전장치이다. 차량의 윈드쉴드에 내장된 카메라를 통하여 차선을 인식한 후, 차량이 차선에서 이탈할 때 경고 신호 및 경보음을 발생시키며 특정 속도 이상으로 주행 시 작동되는 구조이다. 차선 위에서 차량의 자세와 위치를 실시간으로 모니터링하여 운전자가 방향지시등 작동 없이 차선을 이탈할 경우 등 비정상적인 움직임을 보이면 경보 신호를 전달하여 운전자가 위험한 상황을 회피할 수 있도록 제어한다.

11. 주행 조향보조 시스템(LKAS; Lane Keeping Assist System)

차선 이탈 경보장치(LDWS)의 기능보다 더욱 성능이 향상된 장치로서 차선을 유지할 수 있도록 전자식 동력 조향장치와 연동되어 작동되며 스스로 차선을 유지할 수 있는 시스템이다. 즉 자율주행 시스템의 한 종류로서 차선을 이탈하면 단순히 경보만으로 끝나는 것(LDWS)이 아니라 전동식 동력조향장치(MDPS)를 제어하여 운전자가 차선을 유지할 수 있도록 보조해주는 편의 장치를 말한다. LKAS는 카메라 또는 근거리 레이더 등의 센서를 이용하여 차선을 확인하고 이에 따라 자동차의 방향과 위치를 결정한다. 차량 앞 유리에 장착된 카메라가 전방 차선을 인식하고 레이더를 이용하여 차간거리를 유지할 수 있는 스마트 크루즈 컨트롤 시스템의 융합 기술이라 할 수 있으며 차선 유지를 능동적으로 제어하는 첨단 안전 시스템이다.

12. 자동 긴급 제동장치(AEBS)

자동 긴급 제동 시스템(AEBS; Advanced Emergency Braking System)은 차량 전면에 탑재된 레이더를 통해 전방에 주행 중인 차량과의 거리를 측정하며, 일정 거리 이상 가까워져서 충돌의 위험을 인식하면 자동으로 제동을 걸어 차량 속도를 감속시키는 기능이다.

AEBS 기능을 통해서 운전자의 부주의, 졸음운전, 시야확보가 힘든 환경 등으로 인해 발생할 수 있는 앞 차량과의 충돌 사고를 최대한 예방하거나 피해를 경감시키는 역할을 할 수 있다.

자동 긴급제동 시스템 작동 과정은 앞 차량과의 거리 및 속도를 고려한 충돌 가능 위험성을 기준으로 크게 두 가지로 나눌 수 있다.

13. 선택적 환원 촉매장치(SCR)

디젤 자동차의 배기가스에 요소수(UREA) 등을 분사하여 선택적 환원 촉매장치에서 유해 배출가스 중 NOx를 정화하는 시스템을 말한다. 배기가스온도가 낮은 영역에서도 정화효율이 우수하고 질소산화물 정화능력이 60~80%에 이른다.

14. 입자상 물질 포집 필터(DPF)

디젤 엔진에서 발생되는 입자상 물질(PM) 등을 정화시키는 필터로서 탄소성분 및 입자상 물질을 정화하여 배출시키는 역할을 하고 일정거리 주행 후 PM의 발화 온도(550℃~650℃) 이상으로 배기가스 온도를 상승시켜 연소시키는 장치이다.

15. NOx 흡장촉매(LNT)

LNT(Lean NOx Traps, 희박 질소 촉매)는 디젤 엔진의 DOC와 유사하게, 백금 촉매를 쓰고 유해 배기가스인 CO(일산화탄소), HC(탄화수소) 등을 환원제로 이용하는 NOx 정화시스템이다. NOx(질소산화물) 물질을 질소(N2), 물(H2O)와 같은 무해한 상태로 환원시켜 NOx(질소산화물)을 정화한다. LNT의 특징은 유독물질을 바로 반응시키는 DOC와는 다르게 NOx(질소산화물)를 잠시 잡아두었다가 반응시키는 것이다. NOx(질소산화물)를 포집 후 반응시키는 이유는, NOx(질소산화물)를 N2(질소)로 반응시키기 위해서는 '연료 이론 공연비'와 같거나 Rich 상태일 때 배출되는 CO(일산화탄소)와 HC(탄화수소)가 필요하기 때문이다. 이러한 과정을 De-NOx라고 부르며, 적정한 온도는 300~450˚C, 20~30초에 걸쳐 이루어진다. 이 과정이 끝나면, 다시 NOx(질소산화물)를 필터에 포집하게 된다.

16. Dual-CVVT 시스템

CVVT는 가변밸브 타이밍 장치를 말하는데 이는 엔진의 흡기 또는 배기 밸브의 타이밍, 즉 밸브가 열리고 닫히는 시기를 운전조건에 맞도록 가변 제어한다는 말이다. 다시 말해 엔진회전수가 느릴 때에는 흡기밸브의 열림시기를 늦춰 밸브오버랩을 최소로 하고, 중속 구간에서는 흡기 밸브의 열림시기를 빠르게 하여 밸브오버랩을 크게 할 수 있도록 한다는 것이다. 타우 엔진의 CVVT 시스템은 흡·배기 밸브의 타이밍을 모두 가변제어할 수 있는 시스템이 적용되는데 이러한 방식을 'Dual-CVVT'라고 한다.

17. ETC 시스템

ETC 시스템을 통해 흡입공기량을 최적으로 제어한다는 것은 가솔린엔진에서 매우 큰 의미를 갖는다. 이는 공연비 뿐만 아니라, 배출가스, 연비, 공회전속도, VDC, SCC 등을 제어하는 데 있어서도 중요하게 사용되며, 또한 정교하게 스로틀 밸브를 제어해 운전성능을 최적화할 수 있다는 장점이 있어 케이블 타입의 스로틀 밸브와는 그 성능면에서 큰 차이를 나타내게 된다.

18. 발전전류 제한 시스템(SOC)

현재 고급형 차량에서 배터리의 장착위치는 트렁크로 옮겨지게 되었는데, 배터리가 트렁크로 옮겨짐에 따라 엔진 룸과 트렁크 내부의 온도차이로 인해 전압 불균형이 생길 수 있게 되었다. 이러한 배터리 전압의 불일치를 막기 위해 정확하게 배터리 상태를 확인할 수 있도록 배터리 센서가 장착되고 또한 ECM에서는 배터리의 충전 상태를 파악해 보다 더 효율적으로 충전을 실시하게 되었다. 배터리의 충전 상태가 양호해서 더 이상 충전할 필요가 없는 경우, 또는 가속 시와 같이 엔진의 동력을 최대한 발휘해야 하는 경우에는 충전을 하지 않는다. 이와는 반대로 배터리의 상태가 불량하거나, 감속 시와 같이 타력 주행이 가능할 때에는 충분한 충전을 통해 배터리의 상태를 양호하게 하는 등의 가변적인 제어를 하는데, 이것을 발전전류 제어 시스템이라고 부른다. 시스템 구성으로는 배터리와 배터리 센서, 그리고 ECM과 발전기로 구성되어 있다. 배터리 센서는 배터리 상태를 파악하기 위해서 배터리액의 온도(맵핑값을 이용), 전류, 전압을 검출하는 역할을 한다. 그리고 이 정보 LIN통신선(1개의 선으로 구성)을 이용해서 ECM으로 전달된다. ECM에서는 배터리 센서의 신호를 가지고 배터리 충전 상태인 SOC(State Of Charge)를 연산하게 되고, 또한 이렇게 연산된 값을 가지고 필요한 충전량을 C단자를 통해 PWM신호로 보내게 된다. 발전기 상태는 FR단자를 통해서 피드백받는다.

(1) 배터리 센서

배터리는 트렁크 내부에 장착되며, 배터리 센서는 배터리 (−)케이블 끝에 장착된다. 배터리 액의 온도와 전압, 전류를 내부 소자(실리콘 다이오드, 션트 저항)와 맵핑값을 이용해 검출하고 이것을 LIN 통신선을 이용해서 엔진 ECM으로 전송하는 역할을 한다.

(2) ECM

ECM에서는 배터리 센서로부터 받은 정보를 이용해 배터리 충전 상태인 SOC를 연산한다. 이후 발전기에 필요한 충전량을 C단자를 통해서 PWM 신호로 전송하고, 또다시 그 결과를 FR 단자를 통해 PWM 신호로 피드백받는다.

(3) SOC(State Of Charge)

SOC는 배터리의 충전상태를 나타내며, 충전상태에 따라 3가지 모드가 있는데, 먼저 Float Charge 모드는 100% 충전이므로 충전할 필요가 없는 상태를 말하며 ECM은 이 상태를 유지하도록 전류를 제어한다. 다음으로 Adsorption Charge 모드는 90% 이상의 충전 상태를 말하는 것으로 경우에 따라 충·방전을 하게 된다. Bulk Charge 모드는 SOC가 80% 이하의 상태로 연비보다는 배터리 충전을 위해 발전을 하는 모드이다.

19. SCC 시스템(Smart Cruise Control)

SCC 시스템은 차량 전방에(라디에이터 그릴 후방) 장착된 전파 레이더를 이용하여 선행 차량과의 거리 및 속도를 측정하여 선행 차량과 적절한 거리를 자동으로 유지하는 시스템이다.

SCC 센서와 콘트롤 유닛은 라디에이터 그릴 안쪽에 장착되어 전방 차량에 대한 정보를 인식하며 주요 제어를 실행하게 된다. ECM은 엔진 콘트롤 유닛으로 SCC 시스템에서 감속 또는 가속에 대한 정보를 보내게 되면 이를 ETC 시스템을 이용해 엔진 RPM과 토크를 제어하는 일을 하게 된다. VDC 시스템에서는 제동장치를 제어해 속도를 저감할 때 작동하고, 휠스피드 센서나 요레이트 센서, 그리고 스티어링 휠 센서 등은 차량의 상태와 운전자의 운전 의도를 파악하기 위해서 사용된다. 클러스터 모듈에서는 현재 SCC 시스템의 상태나 운전 정보 등을 운전자에게 알려주고 이러한 모든 정보들은 CAN 통신 라인을 통해 공유된다.

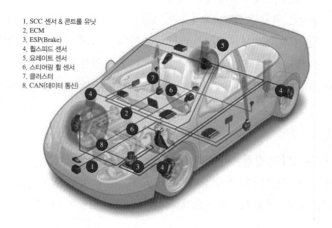

1. SCC 센서 & 콘트롤 유닛
2. ECM
3. ESP(Brake)
4. 휠스피드 센서
5. 요레이트 센서
6. 스티어링 휠 센서
7. 클러스터
8. CAN(데이터 통신)

(1) 제어순서

① 운전자가 스위치를 조작한다.
　　㉠ 목표 속도 조작
　　㉡ 목표 차간 거리

② SCC 센서&모듈에서 아래의 내용을 연산 후 EBS 모듈에 가·감속도 제어를 요청한다.
　　㉠ 선행 차량 인식(정지물체는 인식을 하나 제어는 하지 않음)
　　㉡ 목표 속도, 목표 차간 거리, 목표 가·감속도 계산

③ 클러스터에 제어 상황을 표시한다.
　　㉠ 설정 속도 표시
　　㉡ 차간 기리 단계 표시
　　㉢ 경보(부저를 울리게 하고, 부저는 클러스터에 장착됨)

④ EBS 모듈은 ECM에 필요한 토크 요청을 하고, 감속도 제어 시 브레이크 토크가 필요하면 토크를 압력으로 변환하여 브레이크 압력을 제어한다. 클러스터, SCC, VDC, ECM은 CAN 통신을 하며, 서로의 정보를 주고받는다. 자동변속기 제어는 하지 않고 TCU에 맵이 반영되어 있다.

(2) 작동원리

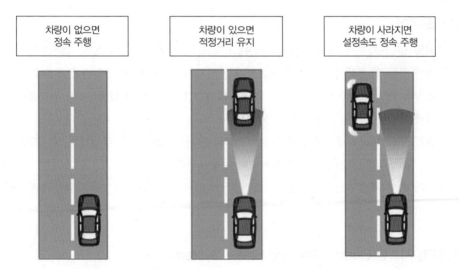

| 차량이 없으면 정속 주행 | 차량이 있으면 적정거리 유지 | 차량이 사라지면 설정속도 정속 주행 |

20. EHPS(Electronic Hydraulic Power Steering)

EHPS는 엔진의 동력을 이용하지 않고 배터리의 전원을 공급 받아서 전기 모터를 작동시킨다. 모터의 회전에 의해 유압펌프가 작동되고 펌프에서 발생되는 유압을 조향 기어박스에 전달하여 운전자의 조타력을 보조하도록 되어 있다. 따라서 엔진과 연동되는 소음과 진동이 근본적으로 개선되고 조타 시만 에너지가 소모되기 때문에 연비가 향상되는 장점이 있다.

(1) 시스템의 비교

구 분	HPS (Hydraulic Power Steering)	EHPS (Electronic Hydraulic Power Steering)
형 상	P/S PUMP	MPU (Motor Pump Unit)

개 요	• 엔진 크랭크 샤프트와 연결 • 동력원 : 엔진(P/S펌프)	• 엔진과 분리 → STRG 독립적 시스템 • 동력원 : 전기(Battery) → 전기모터가 유압 펌프 구동
장 · 단점	• 연비 우수(조타 시에만 에너지 소모) • 엔진과 연동된 소음 · 진동 근본적 개선	• 차속별 EFFORT 제어 가능(기존 유압식의 EPS기능) • 상대적 고가

(2) 각종 제어

① **시동 및 정지조건** : EHPS는 IGN ON 신호가 ECU에 입력되면 소프트웨어가 초기화되고 자기 진단 후 결함이 없을 경우 시스템은 운전자의 요구에 따른 조향력을 제공한다.

② **조향력 제어** : 차량 속도, 조향각 속도에 따라 ECU가 모터의 회전속도를 컨트롤하여 조향력을 경감하고 적절한 조향감을 제공한다.

③ **슬립 모드 제어** : 정차나 주행 시 조향 휠의 움직임이 없을 경우 불필요한 에너지 소모를 막기 위해 모터의 회전수를 특정 회전수로 하향시킨다.

④ **모터 전류 제한** : 모터 전류는 설정된 온도에 따라 최대 허용 전류를 제한하여 시스템을 보호한다.

21. EPB 시스템(Electric Parking Brake System)

현재 대부분의 주차 브레이크 시스템은 운전자에 의해 주차 브레이크 페달을 밟거나 레버를 당김으로써 차량을 안정화시키는 역할이 주요 기능이었으나 EPB 시스템은 간단한 스위치 조작으로 주차 제동을 할 수가 있으며 VDC, 엔진 ECU, TCU 등과 연계하여 자동으로 주차 브레이크를 작동시키거나 해제하고 긴급한 상황에서는 제동 안정성을 확보할 수 있도록 구성된 진보된 주차 브레이크 시스템이다. EPB 시스템을 활용하면 주차 케이블의 장력이 항상 일정하게 유지되어 케이블의 장력 조정 등이 불필요하게 되며 시스템에 고장이 발생되었을 때에는 비상 해제레버를 조작함으로써 주행이 가능하도록 되어 있다.

22. TPMS(Tire Pressure Monitoring System)

타이어 공기압 경고 시스템인 TPMS는 안전운전에 영향을 줄 수 있는 타이어의 압력변화를 경고하기 위하여 타이어 압력이 정해진 압력 이하로 저하 시 운전자에게 경고해주는 시스템이다.

(1) 간접 방식

이 방식은 휠 스피드 센서의 신호를 받아 그 변화를 논리적으로 계산하여 타이어의 압력 상태를 간접적으로 계측하는 방법이다. 따라서 실제 타이어의 압력과 차이가 발생하며 계산치 또한 아래 '직접 방식' 대비 정확하지 않은 단점이 있어 현재는 거의 사용하지 않고 있다.

(2) 직접 방식

이 방식은 타이어에 장착된 압력 센서로부터 타이어 압력을 직접 계측하고 이를 바탕으로 운전자에게 경고하는 방식이다. '간접 방식'에 비하여 고가이나 계측값이 정확하고 시스템이 안정적이어서 현재 널리 쓰이고 있는 방식이다.

(3) 주요 구성품

① 리시버(Receiver) : 리시버는 이니시에이터와 시리얼 데이터 통신을 하며 TPMS 시스템의 주된 구성품이다.

② 이니시에이터(Initiator) : 리시버로부터 신호를 받아 타이어 압력 센서를 제어하는 기능을 한다.

③ 압력 센서(Sensor) : 타이어 안쪽에 설치되어 타이어 압력과 온도를 측정하고 리시버모듈에 데이터를 전송시킨다.

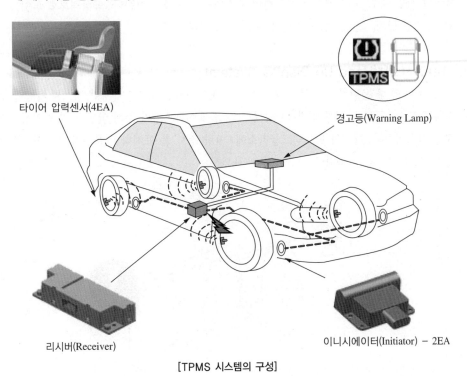

타이어 압력센서(4EA)

경고등(Warning Lamp)

리시버(Receiver)

이니시에이터(Initiator) - 2EA

[TPMS 시스템의 구성]

23. PGS(Parking Guide System)

PGS는 주차의 편의성을 향상시키기 위하여 적용되었으며, 다음과 같은 기능을 수행한다.

- 차속 10km/h 이하에서 주행 방향에 따라 전방 또는 후방 카메라 영상을 AV 화면을 통하여 보여준다.
- 후진 주차 시 평행 주차 및 직각 주차에 대하여 보조한다.
- 후진 주차 시 단계별로 주차 보조선 및 조향각에 따라 차량진입이 예상되는 코스를 후방 영상에 표시하여 주차 지원 기능을 수행한다.

24. 파워 도어 래치(Power Door Latch)

도어의 크기가 커지면 닫을 때 많은 힘이 필요하다. 특히 노약자나 어린이, 여성 승객은 더욱 많은 힘이 필요하며, 때로는 도어가 살짝 닫힌 상태로 주행하는 차량을 볼 수 있다. 파워 도어 래치는 이러한 문제점을 해결하기 위하여 네 개의 도어에 적용되었으며, 작은 힘으로 도어를 닫기만 하면 파워 도어 래치가 동작하여 완전하게 도어를 닫아준다. 통상적으로 도어를 살짝 닫으면 1단 닫힘, 도어를 완전히 닫으면 2단 닫힘이라 칭한다.

25. HUD 시스템(Head Up Display System)

HUD는 주행 중 운전자가 시선 이동을 최소화(0.5 → 0.2 sec)하여 차량 정보를 확인할 수 있도록 윈드쉴드글라스 전방에 각종 정보를 디스플레이함으로써 주행 안전성 및 편의성을 제공하는 시스템이다. 차량의 윈드쉴드글라스에 '차량 정보'를 표시하여 운전자의 시선 이동시간을 약 40% 경감할 수 있다(약 0.5초 → 약 0.2초).

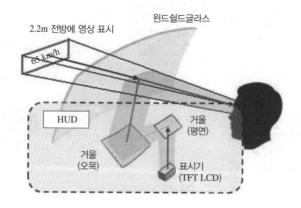

26. BSD & LCA(Blind Spot Detection & Lane Change Assist)

차선 변경 보조 시스템(BSD & LCA, Blind Spot Detection & Lane Change Assistant System)은 차량 후방 좌/우측의 사각지대에 대상차량의 존재 여부를 감지하여 경보하는 기능 (BSD) 및 차량의 후방 좌/우측에서 접근하는 대상 차량에 대해 경보하는 기능(LCA)을 수행한다. 차량 후미의 좌/우측에 각각 장착된 2개의 전파 레이더를 이용하여 후행 차량과의 거리 및 속도를 측정하여 경고기능을 구현한다. 운전자에게 BSD, LCA 경보 정보를 제공하여 운전자의 차선변경의 편의성을 증대하는 편의 장치이다.

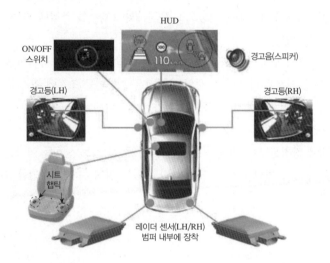

27. AVM(Around View Monitoring)

(1) 개 요

차량 전 주위 영상 모니터링 시스템(Around View Monitoring System, 이하 AVM)은 차량의 전방, 양 측면, 후방에 각 1개씩(총 4개)의 초 광각 카메라로부터 입력된 영상을 왜곡 보정,

시점변환 및 영상 합성기술을 기반으로 차량 주변의 360° 조감도를 위에서 아래로 내려다 본 영상 및 다양한 뷰모드를 제공하는 시스템이다. AVM 시스템은 주차 및 저속 운행 시 차량 주변 영상을 운전자에게 제공하여 차량 운행의 안전성과 편의성을 향상시키는 것을 목적으로 한다.

(2) AVM 주요 기능

① 차량 주변 영상 표시 기능

차량 주변 영상 표시 기능은 차량이 저속 전진 혹은 후진 시 4개의 카메라로부터 입력된 영상을 차량 주변 360° 조감 영상으로 합성하여 Head Unit을 통해 운전자에게 제공한다. AVM 시스템은 차량 운행 조건 및 운전자 선택에 따라 총 8개의 차량 주변영상을 제공한다.

② 가이드라인 조향 연동 표시 기능

가이드라인 조향 연동 표시 기능은 차량 후진 시 보여지는 후방 영상 화면에 차량의 예상 주차 가이드라인을 표시하는 기능으로 운전자의 조향핸들 조작에 연동하여 차량의 예상 진행 궤적이 움직인다.

가이드라인 조향 연동 궤적과 함께 표시되는 중립 궤적선은 조향각이 중립 상태일 때 차량의 예상 진행 궤적을 나타낸다. 중립 궤적선은 조향핸들 조작에 관계없이 표시되는 고정선이며, 차량의 적용지역에 따라 표시 여부가 결정된다.

③ 전후방 근접 경고 표시 기능

후방/전방에 장착된 PAS 또는 SPAS센서의 장애물 경보 신호를 어라운드 뷰 영상 내에 표시하여 주차 시 모니터를 보고 경보가 되고 있는 실제 위치를 확인할 수 있도록 하는 기능을 제공한다.

28. AFLS(Adaptive Front Lighting System)

AFLS는 야간 주행 시 발생되는 여러 가지 운전 상황(도로상태, 주행 상태, 승차인원 및 화물 적재량) 변화에 대해 최적의 헤드램프 조명 상태를 제공하기 위한 지능형 전조등 시스템이다. 또한 AFLS 시스템은 기존 차량에서 헤드램프의 상/하 각도만 조정하는 방식에서 벗어나 오토 레벨링 기능을 보다 다이내믹하게 제어하고, 라이트를 점등시킨 상태에서 곡선 도로 주행 시 조향각 및 차량 속도에 따라 헤드램프 로우 빔의 좌/우 조사 각도를 실시간으로 제어해 줌으로써 운전자에게 야간 주행 중 최적의 시계를 확보시켜주는 최첨단 라이팅 시스템이다.

기 능	Dynamic Bending (좌/우 제어)	Auto Leveling (상/하 제어)
입 력	• 차량 속도 • 조향 핸들 각도 • 변속 레버 위치	• 차량 속도(가/감속) • 차량 적재 부하
출 력	AFLS 적용 장애물　　장애물 일반 헤드램프	조정 전 조정 후 조정 전 BRAKE 조정 후 조정 전
	주행 시 회전 조건에 따른 좌/우 구동	로우빔(하향등) 상/하 제어

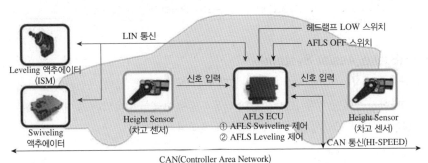

CAN(Controller Area Network)
– 조향 각도, 조향각 속도, 변속레버위치(PRND), 엔진 회전수, 가속페달 개도, 요-레이트, 브레이크 신호, 차고센서

(1) AFLS 주요 제어 기능

항 목	주요 기능 및 세부내용
Dynamic Bending (Swiveling)	• 곡선 도로에서 차량 진행방향에 보다 강화된 빛을 제공 • 곡선 도로 주행 시인성 향상 • 프로젝션 유닛(헤드램프 로우 빔) 좌/우 구동
Class 변환	• 주행 조건에 따른 최적의 빔 패턴 제공 • 저속, 중속, 고속에 따른 빔 패턴 제공 • 우천, 우적 시 대향차 눈부심 방지를 위한 빔 패턴 제공
Auto-Leveling (Dinamic 타입)	• 차량 기울기 조건에 대한 헤드램프 로우 빔의 보상 • 차량 정적 조건에 따른 보상(승차인원, 화물 적재량) • 차량 동적 조건에 따른 보상(급제동, 급가속, 노면 요철) • 프로젝션 유닛(헤드램프 로우 빔) 좌/우 구동
Fail-Safe (안전 법규 만족)	시스템 고장 및 오동작 감지 시(센서, 통신 등) 안전모드 동작

(2) AFLS 적용 장점

항 목	주요 기능 및 세부내용
주행 안정성 향상	• 차량 운행 중 곡선 도로의 운전자 시인성 확보 → Safety Driving • 차량 속도에 따라 헤드램프 모드, 스위벨링(좌/우) 구동 속도 및 각도가 자동 제어되어 최적 운행 조건 만족 • 대향 차량에 대한 눈부심을 고려한 Fail-Safe 기능 적용 → 시스템 고장 발생 시 초기 원점 위치로 자동 복귀
사용 편의성 향상	• 운전자의 선택에 따라 시스템 ON/OFF 가능(오토라이트 스위치) • 기존 차량 헤드램프와의 차이로 운전자의 만족감 증대
기 타	• 자가진단 기능으로 DTC 정보 및 센서 입/출력 확인 가능 • CAN&LIN 통신 적용으로 모듈별 배선 수 접속점 감소

29. BAS(Brake Assist System)

브레이크 페달 작동속도를 감지하여 차량의 긴급 상황을 파악하여 운전자가 충분한 브레이크 유압을 가하지 못했을 경우 BAS 기능이 작동하면서 브레이크 유압을 증대시켜 충분한 감속도를 구현한다. 긴급 상황에서 제동거리 감소에 효과가 있다.

30. CBC 시스템(Cornering Brake Control System)

(1) 개 요

선회 제동 시 좌/우륜의 제동력을 제어하여 차량 안정성을 확보하고 차량의 Spin을 방지한다.

(2) 주요 특징

① ESC 제어 시점에 앞서 조기 유압 감압 제어를 통해 과도한 ESC 제어를 부드럽게 수행함
② 유압 증대 모드 없이 제어하므로 소음 및 진동 저감
③ 차량 상황(Under–Steer 또는 Over–Steer)에 따라 최적화된 제어를 통해 안전성 극대화
④ 내장된 Pressure Sensor와 Upgrade된 컨트롤 로직을 통해 최적 제어 수행

31. AHV(Auto Hold System)

(1) 개 요

차량 주행 중 신호 대기, 정차 시 자동 정차 유지, 출발 시 자동 해제 기능으로 편의성과 안전성을 높인다.

(2) 주요 특징

① 신호 대기 등 정차 시 자동 작동, 출발 시 차량 밀림 방지
② 주행 중 EPB(파킹) 스위치로 비상 제동 시 ESC 제어로직으로 안정적인 정차 가능
③ 경사로 정차 후 출발 시 차량 밀림 방지

제 **4** 절 적중예상문제

●● 정답 및 해설 p.008

01 다음 중 하이브리드 전기자동차의 특징으로 옳지 않은 것은?

① 에너지 손실 저감
② 모터의 기관 보조
③ 저효율 제어
④ 회생제동

02 차선 위에서 차량의 자세와 위치를 실시간으로 모니터링하여 운전자가 방향지시등 작동 없이 차선을 이탈할 경우 등 비정상적인 움직임을 보이면 경보 신호를 전달하여 운전자 가 위험한 상황을 회피할 수 있도록 제어하는 장치는?

① LDWS
② LKAS
③ AEB
④ AVM

03 다음 중 가스연료 엔진의 장점으로 옳지 않은 것은?

① 엔진 소음이 저감된다.
② 디젤기관과 비교 시 매연이 90% 감소한다.
③ 저온 시동성이 우수하고 옥탄가가 130으로 가솔린보다 높다.
④ 가솔린엔진에 비해 이산화탄소는 20~30%, 일산화탄소는 30~50% 감소한다.

04 다음 장치 중 디젤 자동차의 배기가스에 요소수(UREA) 등을 분사하여 유해 배출가스를 정화하는 장치는?

① ECS 장치

② 4WD 장치

③ ABS 장치

④ SCR 장치

05 다음 발전전류 제한 시스템에 대한 설명으로 옳지 않은 것은?

① SOC는 배터리 충전상태를 나타내며 충전상태에 따라 4가지 모드가 있다.

② 배터리와 배터리 센서, ECM, 발전기로 구성되어 있다.

③ 배터리 센서로부터 받은 정보를 이용해 배터리 충전상태인 SOC를 연산한다.

④ 배터리는 트렁크 내부에 장착되며, 배터리 센서는 배터리(-)케이블 끝에 장착된다.

06 다음 중 지능형 전조등 시스템의 장점이 아닌 것은?

① 차량 운행 중 곡선 도로의 운전자 시인성 확보

② 대향 차량에 대한 눈부심을 고려한 Fail-Safe 기능 적용

③ 기존 차량 헤드램프와의 차이로 운전자의 만족감 증대

④ 전후방 근접 경고 표시 기능

07 다음 ㉠~㉣ 중에서 전기자동차 모터 개발 시 고려해야 할 조건을 모두 고른 것은?

> ㉠ 시동 시의 토크가 작아야 한다.
> ㉡ 속도제어가 용이해야 한다.
> ㉢ 취급 및 보수가 간편하고 위험성이 없어야 한다.
> ㉣ 차체에 안정감을 주려면 무거워야 한다.

① ㉠, ㉣
② ㉠, ㉡
③ ㉡, ㉢
④ ㉢, ㉣

08 다음 SCC 시스템의 제어 순서로 적절한 것은?

> ㉠ 클러스터에서 제어상황을 표시한다.
> ㉡ 운전자가 스위치를 조작한다.
> ㉢ EBS 모듈은 ECM에 필요한 토크 요청을 하고 브레이크 압력을 제어한다.
> ㉣ SCC 센서&모듈에서 연산 후 EBS 모듈에 가·감속도 제어를 요청한다.

① ㉡ – ㉣ – ㉢ – ㉠
② ㉡ – ㉣ – ㉠ – ㉢
③ ㉠ – ㉡ – ㉣ – ㉢
④ ㉠ – ㉣ – ㉡ – ㉢

제 1 절 기계의 이해

1. 우리 생활과 기계

(1) 기계의 뜻

① 기계 : 외부로부터 에너지를 받아 일정한 운동을 함으로써 유용한 일을 하는 장치

② 기계의 조건

    ㉠ 몇 개의 부품들로 구성되어 있다.

    ㉡ 외부에서 가해진 힘에 견딜 수 있는 충분한 강도를 가져야 한다.

    ㉢ 부품들이 일정한 상호 운동을 한다.

    ㉣ 에너지를 공급받아 일정한 일을 한다.

(2) 기계의 구성

① 외부로부터 동력을 받아들이는 부분

② 받아들인 동력을 전달하는 부분

③ 전달받은 동력을 이용하여 일을 하는 부분

④ 이들을 고정하거나 받쳐주는 부분

(3) 기계의 기본 원리

① 빗면의 이용 : 기울어진 면을 이용하여 일을 함

② 지렛대의 이용 : 힘과 거리와의 비를 이용하여 적은 힘으로 큰 힘을 냄

    ㉠ 받침점 : 지레를 괸 고정된 점

    ㉡ 작용점 : 물체에 힘이 작용하는 점

    ㉢ 힘점 : 지레에서 힘을 주는 점

③ 도르래의 이용 : 바퀴를 이용하여 힘의 방향을 바꾸어 적은 힘으로 무거운 물체를 들어 올림

④ 나사의 원리 이용 : 축의 둘레에 매우 긴 경사면에 단면을 깎아 이용

⑤ 바퀴의 이용 : 바닥과의 마찰을 줄여 물건을 쉽게 옮김

2. 기계의 발달 과정

(1) 금속 활자의 발명

13세기 초(1234년) 고려 시대에 세계 최초의 금속 활자를 만들어 책(상정고금예문)을 인쇄하였다.

(2) 측우기의 발명

세종 때에 세계에서 최초로 측우기를 만들어 강우량을 측정함으로써 농사에 도움이 되도록 하였다.

(3) 공작 기계의 발명

18세기경에 기계를 만드는 공작 기계를 발명하였다.

※ 공작 기계 : 기계를 만드는 기계로서 선반, 셰이퍼, 드릴링 머신, 밀링 머신, 프레스, 연삭기, 보링 머신 등이 있다.

(4) 방적기와 방직기의 발명

18세기경에 수력을 이용하는 방적기와 방직기를 발명하였다.

(5) 증기 기관의 발명

18세기 후반 영국의 제임스 와트(James Watt)가 발명하였다. 증기 기관이 동력으로 이용되면서 대량 생산이 가능해졌으며, 산업 혁명의 직접적인 계기가 되었다.

(6) 내연 기관의 발명

19세기 후반에는 가솔린 기관, 디젤 기관 등의 내연 기관이 발명되어 교통수단이 눈부시게 발전하는 계기가 되었다.

(7) 로봇의 발명

현대에는 자동차와 항공기 등의 다양한 기계들이 사용되며, 인간 대신 여러 가지 일을 수행하는 로봇이 널리 이용되고 있다. 미래에는 지능형 로봇, 무인 항공기, 하늘을 나는 자동차 등이 일반화될 전망이다.

3. 기계의 분류

(1) 기계의 종류

① **가정용 기계** : 전기 선풍기, 전기 냉장고, 전기 세탁기, 믹서기, 전기 재봉틀 등

② **수송용 기계** : 자전거, 자동차, 기차, 비행기, 선박 등

③ **농업용 기계** : 경운기, 이앙기, 트랙터 등

④ **사무용 기계** : 전화, 팩시밀리, 복사기, 컴퓨터 등

⑤ **그 밖의 기계** : 의료용 기계, 건설 기계, 제조용 기계 등

(2) 기계의 발달과 생활

① **기계 발달의 혜택** : 편안한 가정생활, 편리한 여행, 신속한 제품 운송, 노동 생산성 향상, 풍요로운 생활, 사무 처리의 효율화, 공장 작업의 자동화, 시간적·공간적 거리 단축, 신속·정확한 정보 입수가 가능해졌다.

② **기계와 미래 생활** : 우리의 생활을 더욱 편리하고 윤택하게 하는 데 이용될 것이다.

제 1 절 **적중예상문제**

●● 정답 및 해설 p.009

01 다음 중 가장 먼저 기계 발달의 계기가 된 사건은?

① 내연 기관의 발명
② 전기 발견
③ 증기 기관의 발명
④ 수레바퀴의 발명

02 우리의 생활과 기계에 대한 설명으로 옳은 것은?

① 오늘날 기계는 일상생활이나 산업 분야에 전혀 사용되지 않는다.
② 기계를 이용하여 매우 복잡한 작업을 할 수 있다.
③ 기계를 통해 작업 시간이 늘어났다.
④ 정밀 작업은 기계보다 수작업이 더 빠르다.

03 다음 중 기계의 발달에 대한 설명으로 옳은 것은?

① 현대에는 지능형 로봇이 일반화되었다.
② 고대에는 증기 기관으로 방직기를 이용하였다.
③ 중세에는 바람과 물의 힘을 동력원으로 이용했다.
④ 근대에는 인간 대신 복잡한 기계가 사용되었다.

04 시기와 발달 기계의 연결이 잘못된 것은?

① 13세기 : 금속 활자
② 15세기 : 화약 발명
③ 17세기 : 보링 기계
④ 18세기 : 증기 기관

05 기계의 발달이 우리에게 가져다주는 혜택과 거리가 먼 것은?

① 가사 노동이 증가한다.
② 서류 작성이 손쉬워진다.
③ 농업 생산성이 향상된다.
④ 제품을 신속하게 운송할 수 있다.

06 다음과 같은 효과를 가져다주는 기계는?

> 개인이나 지역, 국가 간의 시간적 · 공간적 거리를 단축시킨다.

① 건설용 기계　　　　　② 가정용 기계
③ 수송용 기계　　　　　④ 사무용 기계

07 다음 중 사무용 기계에 해당되는 것은?

① 컴퓨터　　　　　② 경운기
③ 방적기　　　　　④ 심전도계

08　다음 중 18세기에 발명된 동력 발생 장치는?

　① 2차 전지
　② 화력발전
　③ 내연 기관
　④ 증기 기관

09　다음 중 생산 기계에 해당하지 않는 것은?

　① 가공 기계
　② 굴착기
　③ 컨베이어 벨트
　④ 작업용 로봇

10　다음 중 기계를 구성하는 4가지 요소가 아닌 것은?

　① 외부로부터 동력을 받아들이는 부분
　② 부품을 고정하고 하중을 받쳐주는 부분
　③ 전달받은 농력을 이용하여 일을 하는 부분
　④ 기계요소를 통합하는 부분

제 2 절 기계요소

1. 결합용 기계요소

(1) 기계요소의 뜻

① 기계와 기계요소 : 우리가 사용하고 있는 기계들은 나사, 볼트, 너트, 축, 기어, 스프링 등의 여러 가지 부품으로 되어 있다.

② 기계요소의 뜻 : 여러 가지 기계에 기본적이며 공통으로 사용되는 기계 부품을 기계요소 (Machine Element)라 한다.

(2) 기계요소의 구분(사용 목적에 따라)

구 분	사용 부분	기계 요소
결합용 기계요소	두 개의 부품을 결합시키는 데 사용	나사, 볼트, 너트, 핀, 키, 리벳 등
축용 기계요소	측부분에 사용	축, 베어링, 클러치 등
전동용 기계요소	운동이나 동력을 전달하는 데 사용	마찰차, 기어, 캠, 링크, 로프, 풀리, 체인 등
관용 기계요소	기체 및 액체 등의 유체수송에 사용	파이프, 파이프 이음, 밸브, 콕 등
기 타	기타 완충용, 제동용에 사용	스프링, 브레이크 등

(3) 나 사

① 나사의 원리 : 그림과 같이 쇠막대에 직각 삼각형의 종이를 감으면 종이의 빗변이 쇠막대의 둘레에 곡선을 만드는데, 이 곡선을 나사선(Screw Heliex)이라 한다.

② 나사에 관한 용어

㉠ 나사산 : 나사에서 볼록 나온 부분을 나사산(Screw Thread)이라 한다.

㉡ 나사골 : 나사에서 오목 들어간 낮은 홈 부분을 나사골(Screw Root)이라 한다.

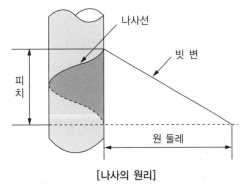

[나사의 원리]

㉢ 피치(Pitch) : 주어진 나사산에서 바로 그 다음 나사산까지의 거리를 말한다.

㉣ 리드(Lead) : 나사가 한 바퀴 돌 때 축 방향으로 움직인 거리를 말한다.

ⓜ 바깥지름 : 나사의 산마루에 접하는 가상의 지름을 말한다.

ⓗ 안지름 : 암나사의 산마루에 접하는 가상의 지름을 말한다.

ⓢ 골지름 : 수나사 및 암사나의 골에 접하는 가상의 지름을 말한다. 골지름은 수나사에서는 최소 지름이고, 암나사에서는 최대 지름에 해당한다.

③ **나사의 크기** : 수나사의 바깥지름으로 나타내며, 이것을 호칭 치수라 한다.

④ **나사의 규격화** : 나사를 생산하고 활용하는 데 편리하도록 나사산의 모양, 지름, 피치 등을 한국 산업 규격(KS)으로 정해 놓고 있으며, 나라 사이에도 국제 규격으로 표준화하고 있다.

⑤ **나사의 종류**

ㄱ 나사 위치에 따라 : 수나사, 암나사
- 수나사 : 원통의 표면에 홈을 판 나사
- 암나사 : 원통의 내면에 홈을 판 나사

ㄴ 감긴 방법에 따라 : 오른나사, 왼나사
- 오른나사 : 오른쪽으로 돌릴 때 조여지는 나사
- 왼나사 : 왼쪽으로 돌릴 때 조여지는 나사

ㄷ 나사산 줄 수에 따라 : 1열 나사, 다열 나사

ㄹ 나사산 모양에 따라 : 삼각나사, 사각나사, 사다리꼴나사, 톱니나사, 둥근나사
- 삼각나사 : 결합용으로 2개 이상의 물체를 고정
- 사각나사 : 전동용으로 힘 전달
- 사다리꼴나사 : 전동용으로 힘 전달(운동 전달)
- 톱니나사 : 한쪽 방향으로 센 힘 전달
- 둥근나사 : 먼지가 들어가기 쉬운 곳

⑥ **볼트와 너트**

ㄱ 볼트(Bolt) : 머리 달린 둥근 강철 막대에 수나사를 깎아 놓은 것이다.

ㄴ 너트(Nut) : 두꺼운 강편에 암나사를 깎아 놓은 것이다.

ㄷ 볼트와 너트의 모양 : 스패너 등으로 죄기 편하도록 볼트의 머리 부분과 너트의 바깥 부분이 육각 또는 사각을 이루고 있다.

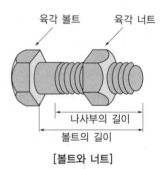

[볼트와 너트]

(4) 핀과 키

① **핀(Pin)** : 큰 힘이 걸리지 않는 부품을 고정하거나 풀림을 방지하는 데 사용하며 종류는 다음과 같다.

ㄱ 평행 핀 : 굵기가 일정한 둥근 막대로 된 핀 → 빠질 염려가 없는 곳에 사용

　　ⓛ 테이퍼 핀 : 끝이 점점 가늘어지는 원뿔 막대로 된 핀이다. → 벨트 풀리, 핸들 등을 고정
　　　할 때 사용

　　ⓒ 분할 핀 : 핀을 꽂은 다음 끝을 벌려서 빠지지 않게 하는 핀 → 볼트, 너트 등의 풀림 방
　　　지에 사용

〈핀의 종류〉

평행 핀	테이퍼 핀	분할 핀
부품의 결합에 쓰인다.	자전거의 크랭크 축과 크랭크를 결합한다.	너트의 풀림을 방지한다.

　　ⓔ 키(Key) : 회전력을 전달하기 위하여 축에 벨트 풀리, 기어 등을 고정시키는 데 사용한다.
　　　→ 용도나 모양에 따라 평행 키, 테이퍼 키, 비녀 키, 안장 키, 묻힘 키, 평키 등이 있다.

(5) 축(Shaft)

　① **축의 모양** : 일반적으로 원형 단면을 가지는 회전체의 중심 쇠막대 → 기어, 바퀴, 풀리 등
　　을 끼워 회전시킨다.

　② **축의 종류**

　　⊙ 차축 : 축은 고정되고 바퀴만 회전한다 → 철도 차량의 축, 앞바퀴 구동식 자동차의 뒷바
　　　퀴축 등

　　ⓛ 전동축 : 축과 바퀴가 고정되어 함께 회전하는 축 → 전동기의 축, 발전기의 축 등

　　ⓒ 크랭크축 : 왕복 운동을 회전 운동으로 바꾸어 주는 축이다.

　　ⓔ 휨축 : 축의 방향을 자유롭게 변화시킬 수 있는 축 → 주로 작은 동력의 전달에 사용

(6) 베어링(Bearing)

　① **베어링의 작용** : 회전축을 받쳐 주는 기계요소로서, 회전할 때 마찰을 적게 해 주는 역할을
　　한다.

　② **미끄럼 베어링** : 접촉 면적이 넓고 큰 힘을 지탱할 수 있어서 회전속도가 느리고 큰 힘을 받
　　는 축에 쓰인다.

　③ **구름 베어링** : 접촉 면적이 좁고 구름 운동을 하므로, 동력 손실이 적고 고속 회전에 적합
　　하다.

> • 볼 베어링 : 점 접촉에 의해 축을 받친다. 롤러 베어링보다 접촉면이 작아 마찰력이 적으므로 고속 회전용 축에 알맞다.
> • 롤러 베어링 : 선 접촉에 의해 축을 받친다. 볼 베어링보다 접촉 면적이 넓어 마찰이 크다.

2. 동력 전달용 기계요소

(1) 마찰차

마찰하는 원동차와 종동차의 2개의 바퀴를 접촉시켜, 그 접촉면에서 발생하는 마찰력을 이용하여 두 축 사이에 동력을 전달한다.

① **마찰차의 전동의 특징**

ㄱ 2개의 바퀴가 구름 접촉을 하면서 회전하므로 약간의 미끄럼이 있어 확실한 회전 운동의 전동이나 큰 전동에는 부적합하다.

ㄴ 운전 중 접촉을 분리시키지 않고 마찰차를 이동시킬 수 있다.

② **마찰차의 종류**

ㄱ 평 마찰차 : 마찰면이 평면이며, 두 축이 평행할 때 사용한다.

ㄴ 원추 마찰차 : 마찰면이 원뿔 모양이며, 두 축이 교차할 때 사용한다.

ㄷ V홈 마찰차 : 마찰면이 V자 모양이며, 평 마찰차보다 마찰력이 커서 미끄럼이 적다.

(2) 기 어

기어는 마찰차의 접촉면에 이(Tooth)를 만들어 서로 물려 돌아갈 수 있도록 한 기계요소로서, 한 쌍의 기어 이가 서로 물려 동력을 전달한다.

① **기어 전동의 특징** : 기어의 잇수를 바꿈에 따라 회전수가 바뀌며, 두 축이 평행하지 않아도 회전을 확실하게 전달하고 내구성이 크다.

② **기어 전동의 용도** : 기어 전동은 정확한 속도비를 필요로 하는 전동 장치, 변속 장치 등에 널리 쓰인다.

③ **기어의 종류** : 회전 운동을 전달하는 두 축 사이의 위치, 이의 모양, 회전 방향, 속도비 등에 따라 여러 가지 종류로 구분할 수 있다.

ㄱ 두 축이 평행한 기어 : 평기어, 헬리컬 기어, 래크와 피니언

ㄴ 두 축이 교차된 기어 : 베벨 기어

ㄷ 두 축이 평행 또는 교차하지 않는 기어 : 웜과 웜 기어, 스크루 기어

〈여러 가지 기어의 모양과 용도〉

기어 명칭	모 양	특징 및 용도
평기어		• 잇줄이 축의 중심선에 나란하다. • 두 축이 평행할 때 쓰인다. • 시계, 선반, 내연 기관 등에 쓰인다.
헬리컬 기어		• 이의 물림이 원활하고 진동과 소음이 적다. • 두 축이 평행할 때 쓰인다. • 시계, 공작 기계, 내연 기관 등에 쓰인다.
래크와 피니언	피니언 / 래크	• 회전 운동을 직선 운동으로 바꾸거나 그 반대로 바꾼다. • 선반, 탁상 드릴링 머신, 사진기, 공작 기계의 이송 장치 등에 쓰인다.
베벨 기어		• 회전 방향을 직각으로 바꾼다. • 두 축이 교차하는 곳에 쓰인다. • 핸드 드릴, 자동차의 구동 장치 등에 쓰인다.
웜과 웜 기어	웜 / 웜 기어	• 큰 감속비를 얻을 수 있다. • 두 축이 평행하지도 교차하지도 않는 곳에 쓰인다. • 멍키 스패너, 감속 장치 등에 쓰인다.
스크루 기어		• 나사선에 따라 이를 만들었다. • 두 축이 평행하지도 교차하지도 않는 곳에 쓰인다. • 큰 감속비를 얻을 수 있다. • 감속 장치 등에 쓰인다.

(3) 캠 전동

원동절의 회전 운동을 종동절의 직선 운동이나 왕복 운동으로 바꾸는 전동 기구로, 둥근 모양이나 홈을 가지는 판 또는 원통, 구 모양이다.

① **캠의 종류** : 평면 캠과 입체 캠이 있다.

   ⊙ 평면 캠(Plane Cam) : 접촉 부분이 평면 운동을 하는 것으로 판 캠, 직동 캠 등이 있다.

   ⓒ 입체 캠(Soild Cam) : 접촉 부분이 입체적인 운동을 하는 것으로 원통 캠, 구면 캠, 단면 캠 등이 있다.

② **캠의 용도** : 재봉틀, 내연 기관, 방직기 등에 널리 쓰인다.

〈캠의 종류〉

판 캠	직동 캠	원통 캠	구면 캠	단면 캠

(4) 링크 장치(Link Work)

몇 개의 가늘고 긴 막대를 핀으로 결합시켜 원동절의 일정한 운동을 받아 종동절로 하여금 여러 가지 다른 운동을 하도록 꾸며진 운동 전달 장치이다.

① **탁상 재봉틀** : 발판의 흔들이 운동으로 벨트 바퀴가 회전 운동을 한다.

② **자동차의 엔진** : 피스톤의 직선 왕복 운동으로 크랭크축이 회전 운동을 한다.

③ **자전거** : 다리의 상하 운동으로 큰 스프로킷이 회전 운동을 한다.

(5) 체인 전동

체인을 스프로킷(체인 기어)의 이에 하나씩 물리게 하여 동력을 전달하는 장치이다.

① **체인 전동의 용도** : 축 간 거리가 멀어서 기어 전동을 하수 없는 곳이나, 확실한 전동이 필요한 곳에 사용한다.

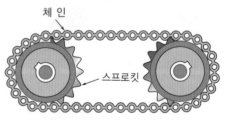

[자전거의 체인과 스프로킷]

② **체인 전동의 장 · 단점**

   ⊙ 상섬 : 미끄럼 없이 큰 동력을 확실하고 효율적으로 전달할 수 있나.

   ⓒ 단점 : 소음과 진동을 일으키기 쉬워 고속 회전에는 부적합하다.

③ 체인의 종류 : 롤러 체인과 소리가 나지 않는 사일런트 체인이 많이 사용된다.

④ 체인 전동의 이용 : 자전거, 오토바이, 농업 기계 등에 쓰인다.

(6) 벨트 전동

① 벨트 전동 장치 : 벨트와 벨트 풀리 사이의 마찰력에 의하여 힘과 운동을 전달하는 장치이다.

② 벨트 전동의 특징 : 벨트와 벨트 풀리 사이의 마찰력을 이용하여 동력을 전달하므로 정확한 회전비나 큰 동력의 전달에는 부적합하다.

③ 벨트 전동의 용도

㉠ 기어 전동, 마찰차 전동처럼 직접 동력을 전달할 수 없는 곳에 쓰인다.

㉡ 동력을 전달하는 두 축 사이의 거리가 비교적 먼 곳에 쓰인다.

④ 벨트를 거는 방법

㉠ 바로 걸기 : 원동차와 종동차가 같은 방향으로 회전한다.

㉡ 엇걸기 : 원동차와 종동차가 서로 반대 방향으로 회전하도록 거는 방법

⑤ 벨트의 종류 : 벨트 단면의 모양에 따라 평벨트와 V벨트 등이 있으며, 그에 따라 벨트 풀리의 모양도 다르다.

⑥ 벨트의 재질 : 가죽, 고무, 직물 등으로 만들고, 재봉틀의 전동, 탁상 드릴링 머신의 전동, 자동차의 냉각 팬 전동 등에 이용된다.

(7) 로프 전동

풀리의 링에 홈을 파고 여기에 로프를 걸어감아 힘과 운동을 전달한다.

① 로프 전동의 특징 : 평벨트보다 미끄럼이 적어 두 축 사이가 멀 때 사용되며, 큰 동력을 전달하는 곳과 고속 회전에 적합하다.

② 로프의 재질과 이용 : 와이어, 가죽, 섬유 등으로 만들며, 케이블카, 엘리베이터, 크레인 등에 이용된다.

3. 관용 기계요소

(1) 관(Pipe)

자전거의 프레임과 같이 구조물의 부재로도 쓰이나 주로 가스, 물, 기름, 증기 등의 유체를 수송하는 통로로 쓰인다.

① 관의 종류

㉠ 금속관 : 강관, 주철관, 구리관, 황동관 등

㉡ 비금속관 : PVC관, 고무관, 콘크리트관 등

② 관이음쇠 : 관을 잇거나 방향을 바꾸는 경우에 쓰이는 부속품으로 엘보, 티, 크로스, 유니언 등이 있다.

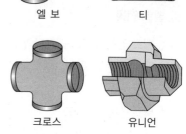

엘 보　　　　티

크로스　　　유니언

[여러 가지 관이음 재료]

(2) 밸브(Valve)

물, 가스, 기름 등의 유체의 흐르는 양과 압력을 조절하거나 흐르는 방향을 바꾸어 준다.

① 글로브 밸브 : 유체의 입구와 출구가 일직선상에 있어, 유체의 흐름 방향이 바뀌지 않는다.

② 앵글 밸브 : 유체의 입구와 출구가 직각으로 되어 있어, 유체의 흐름 방향이 90°로 바뀐다.

③ 스톱 밸브 : 일반적으로 많이 쓰이는 밸브로, 유체의 양을 조절하거나 막는 데 쓰인다. 스톱 밸브에는 글로브 밸브와 앵글 밸브가 있다.

④ 단속 밸브 : 유체의 흐름에 대하여 직각으로 여닫는 구조로 되어 있어서 밸브가 완전히 열려 있을 때에는 유체의 흐름에 대한 저항이 작으나, 반쯤 열렸을 때에는 뒷면에 맴돌이 현상을 일으키는 단점이 있다.

⑤ 체크 밸브 : 유체를 한쪽 방향으로만 흐르게 하고 반대 방향으로는 흐르지 못하게 한다. → 펌프, 보일러 등에 쓰인다.

⑥ 콕 : 손잡이를 90°로 돌려서 여닫는 구조로, 빠르게 여닫을 수 있는 장점이 있으나, 지름이 큰 파이프나 압력이 큰 곳에는 적합하지 못하다. → 가스 콕, 연료 콕, 샤워 콕 등에 많이 쓰인다.

4. 그 밖의 기계요소

(1) 스프링(Spring)

물체의 탄성을 이용하여 외부의 충격이나 진동을 줄여 주고 에너지를 축적하여 다른 물체를 움직이는 데 쓰이며 종류는 다음과 같다.

① 코일 스프링 : 자전거의 안장과 받침대, 의자, 침대, 볼펜, 철도 차량 등에 쓰인다.

② 판 스프링 : 자동차의 현가 장치 등에 쓰인다.

③ 스파이어럴 스프링 : 시계나 완구 등의 동력원으로 쓰인다.

(2) 브레이크(Brake)

기계의 운동 에너지를 마찰력에 의하여 그 속도를 줄이거나 정지시키는 기계요소로 그 종류는 다음과 같다.

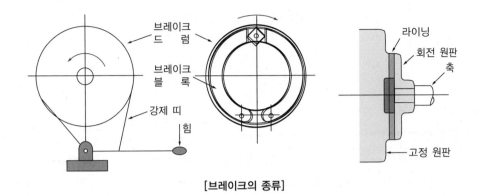

[브레이크의 종류]

① **블록 브레이크** : 회전축에 고정된 브레이크 드럼에 브레이크 블록을 접촉시킬 때 생기는 마찰력으로 제동한다. → 자전거의 앞바퀴, 기차 바퀴 등에 쓰인다.

② **띠 브레이크** : 브레이크 드럼 둘레에 띠를 감아 잡아당겨 브레이크 드럼과 띠 표면의 마찰력에 의하여 제동한다. → 자전거의 뒷바퀴, 자동차의 핸드 브레이크 등에 쓰인다.

③ **원판 브레이크** : 축과 함께 회전하는 원판을 고정 원판에 접촉시켜, 접촉면 사이의 마찰력에 의하여 제동한다. → 오토바이나 자동차 등에 쓰인다.

※ **전자식 브레이크** : 운동 에너지를 전기 에너지로 바꾸어서 제동한다. 일반 기계나 공작 기계에 주로 사용되며, 최근에는 자동차에도 널리 사용되고 있다.

5. 자전거

(1) 자전거의 발달

① **자전거의 시초** : 1790년 프랑스의 시브라크가 2개의 바퀴를 나무토막으로 연결시켜 만들었다.

② **자전거의 개량** : 오늘날과 같은 구조의 자전거는 1885년에 만들어졌으며, 그 후 계속적으로 개량되어 왔다.

(2) 자전거의 구조

① **차체 부분** : 몸체를 구성하는 부분 → 허브, 행어, 흙받이, 안장 등에 쓰인다.

② **힘 및 운동을 전달하는 부분** : 페달을 밟으면 힘과 운동을 이어받아 뒤허브축을 돌려 뒷바퀴를 회전시키는 부분 → 페달, 크랭크축, 크랭크, 큰 스프로킷, 체인 등에 쓰인다.

③ **제동 부분** : 바퀴의 회전 운동을 제동시켜 멈추게 하는 부분 → 브레이크, 브레이크 레버, 와이어 등에 쓰인다.

④ **조향 부분** : 자전거의 진행 방향을 조정하는 부분 → 핸들, 핸들 바, 손잡이 등에 쓰인다.

⑤ **차륜 부분** : 바퀴를 구성하는 부분으로 림, 스포크, 타이어 등으로 구성되어 있다.

⑥ **기타 부분** : 그 밖의 자전거 구성 부분으로는 안장 코일 스프링, 짐받이, 스탠드, 체인 케이스 등으로 구성되어 있다.

(3) 구동력의 전달

① 동력 전달 과정

페달 → 크랭크 → 크랭크축 → 큰 스프로킷 → 체인 → 작은 스프로킷 → 뒤허브축 → 뒷바퀴

※ 크랭크축의 작용 : 페달의 왕복 운동을 회전 운동으로 바꾸어 큰 스프로킷을 회전시킨다.

② 제동 과정

브레이크 레버 → 와이어(쇠봉) → 앞·뒤 브레이크 → 앞·뒤바퀴

제 2 절 적중예상문제

●● 정답 및 해설 p. 010

01 마찰력을 이용한 전동 장치만으로 짝지어진 것은?

① 체인, 링크　　　　　　　　　② 벨트, 기어

③ 벨트, 마찰차　　　　　　　　④ 로프, 체인

02 다음 중 탄성을 이용한 기계요소는?

① 나사　　　　　　　　　　　　② 기어

③ 스프링　　　　　　　　　　　④ 브레이크

03 다음 내용은 어떤 기계요소에 해당하는가?

> 파이프, 파이프 이음, 밸브

① 축용　　　　　　　　　　　　② 전동용

③ 관용　　　　　　　　　　　　④ 결합용

04 축용 기계요소에 속하는 것은?

① 키　　　　　　　　　　　　　② 풀리

③ 베어링　　　　　　　　　　　④ 기어

05 다음 중 베어링에 대한 설명으로 옳지 않은 것은?

① 볼 베어링과 롤러 베어링은 미끄럼 베어링이다.

② 축을 받쳐 주는 기계요소이다.

③ 구름 베어링은 접촉 면접이 적어 마찰이 작으므로 회전 속도가 빠르고 작은 힘을 받는 축에 사용된다.

④ 기계의 축이 회전할 때 마찰 저항을 적게 하여 원활하게 회전할 수 있도록 한다.

06 자전거의 차체 부분에 속하는 것은?

① 크랭크축   ② 타이어

③ 행어   ④ 브레이크

07 전동용 기계요소로 짝지어진 것은?

① 스프링－브레이크

② 축－베어링

③ 나사－핀

④ 마찰차－기어

08 결합용 기계요소로만 짝지어진 것은?

① 기어－너트   ② 볼트－키

③ 링크－리벳   ④ 축－나사

09　다음 중 종동축에 회전 운동을 전달하는 장치가 아닌 것은?

① 캠 전동

② 기어 전동

③ 로프 전동

④ 벨트 전동

10　다음 중 나사의 종류에 대한 설명으로 옳은 것은?

① 나사를 오른쪽으로 돌렸을 때 조여지는 나사를 왼나사라고 한다.

② 나사를 한 바퀴 돌렸을 때 한 줄이 조여지는 나사를 두줄나사라고 한다.

③ 나사 위치에 따라 삼각나사, 둥근나사, 톱니나사 등으로 구분된다.

④ 작은나사는 지름이 8mm 이하이며, 드라이버로 조이거나 풀어야 한다.

11　나사를 수나사와 암나사로 분류하는 기준은?

① 나사의 위치

② 나사의 크기

③ 나사의 죔 방법

④ 나사산 줄 수

12　한 방향으로 센 힘을 전달할 때 쓰이는 나사는?

① 삼각나사　　　　　　　　　② 사각나사

③ 톱니나사　　　　　　　　　④ 사다리꼴나사

13 다음 중 나사의 피치를 바르게 설명한 것은?

① 나사의 원둘레 길이
② 나사가 한 바퀴 회전할 때 움직인 거리
③ 나사산에서 다음 골까지의 거리
④ 나사산에서 다음 나사산까지의 거리

14 다음 중 공정표에 나타나는 사항이 아닌 것은?

① 세부 공정
② 재료의 크기
③ 예상 소요 시간
④ 작업 순서

15 고온의 연소 가스를 기관 밖으로 분출시킬 때 발생하는 반동력으로 동력을 얻는 기관은?

① 증기 기관
② 디젤 기관
③ 터빈 기관
④ 제트 기관

16 두 축이 평행하지도 교차하지도 않는 축에 쓰이는 기어는?

① 평기어
② 베벨 기어
③ 헬리컬 기어
④ 웜과 웜 기어

17 다음 내용의 특징을 가진 전동 장치는?

> • 원동차와 종동차의 거리가 멀다.
> • 직접 동력을 전달할 수 없을 때 쓰인다.
> • 정확한 회전비나 큰 동력의 전달에는 부적합하다.

① 체인 전동   ② 로프 전동
③ 기어 전동   ④ 벨트 전동

18 다음 중 체인 전동에 대한 설명으로 옳지 않은 것은?

① 축간 거리가 멀어서 기어 전동을 할 수 없는 곳이나, 확실한 전동이 필요한 곳에 사용한다.
② 롤러 체인과 소리가 나지 않는 사일런트 체인이 많이 사용된다.
③ 미끄럼 없이 큰 동력을 확실하고 효율적으로 전달할 수 있다.
④ 소음과 진동을 일으키기 쉬워 고속 회전에 적합하다.

19 운동 중 접촉을 유지한 상태로 이동시킬 수 있어, 주로 변속 장치 등에 이용되는 동력 전달 장치는?

① 체인   ② 기어
③ 벨트   ④ 마찰차

20 4행정 사이클 기관의 작동 순서가 바른 것은?

① 압축 → 흡입 → 배기 → 폭발
② 배기 → 흡입 → 폭발 → 압축
③ 흡입 → 압축 → 폭발 → 배기
④ 폭발 → 배기 → 압축 → 흡입

21 4행정 사이클 기관에서 크랭크축이 10회전할 때, 캠축은 몇 회전하는가?

① 10회전
② 5회전
③ 1회전
④ 20회전

22 연료를 기관의 외부에서 태워 발생된 에너지를 이용하여 동력을 얻는 것은?

① 디젤 기관
② 제트 기관
③ 증기 기관
④ 가솔린 기관

23 연료와 공기를 섞어서 혼합기로 만드는 것은?

① 공기 청정기
② 기화기
③ 연료 여과기
④ 초크 밸브

24 공기와 연료의 혼합 가스에 전기 불꽃을 일으켜 점화·연소시키는 기관은?

① 증기 기관
② 증기 터빈
③ 니젤 기관
④ 가솔린 기관

25 회전 운동을 왕복 운동으로 바꾸어 주는 전동 기구는?

① 키

② 축

③ 캠

④ 베어링

26 기어의 잇수를 변경시켜 바꿀 수 있는 것은?

① 회전 속도

② 회전 방향

③ 연속 전달

④ 축의 위치

27 2행정 사이클 기관에서 상승 행정만으로 묶인 것은?

① 압축, 폭발

② 폭발, 배기와 소기

③ 압축, 흡입과 점화

④ 흡입과 점화, 폭발

28 크랭크축의 회전이 원활하게 지속되도록 하는 것은?

① 캠 축

② 크랭크실

③ 플라이 휠

④ 커넥팅 로드

29 알루미늄 합금으로 만드는 것이 아닌 것은?

① 실린더
② 크랭크실
③ 피스톤
④ 크랭크축

30 연료 공급 장치에 속하는 것은?

① 단속기
② 기화기
③ 소음기
④ 냉각핀

31 자동차의 배기가스 성분 중 유독성 물질이 아닌 것은?

① 탄화수소
② 일산화탄소
③ 이산화탄소
④ 아황산가스

32 가솔린 기관에서 혼합기가 불완전 연소되어 배기가스 중에서 일산화탄소가 많아졌다.
그 이유로 바른 것은?

① 연료 여과기가 불량이다.
② 초크 밸브가 닫혀 있다.
③ 스로틀 밸브가 너무 많이 열렸다.
④ 점화 플러그의 전기 불꽃이 약하다.

33 가솔린 기관에서 단속기가 단속하는 것은?

① 콘덴서의 전극
② 실린더의 혼합기
③ 1차 코일 회로
④ 플라이 휠의 회전

34 다음 내용과 같은 역할을 하는 기관의 장치는?

• 기관의 수명을 연장한다.
• 기관의 동력 손실을 줄인다.

① 윤활 장치
② 냉각 장치
③ 배기 장치
④ 밸브 장치

35 다음 중 핸드 드릴이나 자동차의 구동 장치에 사용되며, 두 축이 직각으로 만나는 기어는?

① 베벨 기어
② 헬리컬 기어
③ 래크와 피니언
④ 웜과 웜 기어

36 브레이크 띠를 화살표와 같이 작동하려면 크랭크는 어느 방향으로 작동하는가?

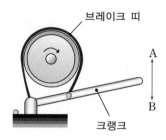

① A
② B
③ 움직이지 않는다.

37 다음의 나사를 시계 반대 방향으로 돌리면 나사는 어느 쪽으로 진행하는가?

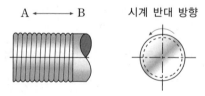

① A
② B
③ 알 수 없다.

38 다음의 작은 기어를 시계 방향으로 돌리면 큰 기어는 어느 쪽으로 회전하는가?

① A
② B
③ 알 수 없다.

39 다음의 작은 기어를 시계 방향으로 돌리면 큰 기어는 어느 쪽으로 회전하는가?

① A
② B
③ 알 수 없다.

40 다음의 웜을 시계 반대 방향으로 돌리면 웜 기어는 어느 쪽으로 회전하는가?

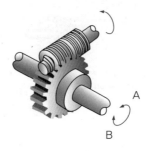

① A
② B
③ 알 수 없다.

41 그림에서 오른쪽 마찰차가 화살표와 같이 회전하면 왼쪽 마찰차는 어느 방향으로 회전하는가?

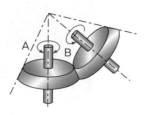

① A
② B
③ 움직이지 않는다.

42 다음 그림에서 볼트를 너트에 끼우려면 너트를 어느 쪽으로 돌려야 하는가?

① A
② B
③ 알 수 없다.

43 다음의 4절 링크에서 A가 그림과 같이 회전 운동을 하면 왕복 운동을 하는 것은?

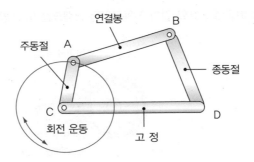

① A
② B
③ C
④ 왕복 운동을 하는 부분이 없다.

44   다음 중 회전 운동을 상하 직선 운동으로 바꾸는 것은?

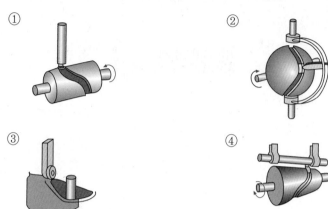

45   브레이크 띠를 화살표와 같이 작동하려면 크랭크는 어느 방향으로 작동해야 하는가?

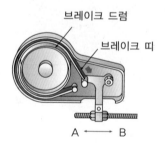

① A

② B

③ 움직이지 않는다.

46 다음의 4절 링크에서 **B**가 그림과 같이 왕복 운동을 하면 회전 운동을 하는 것은?

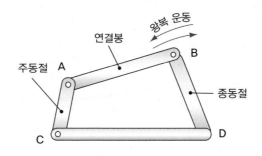

① A
② B
③ C
④ 회전 운동을 하는 부분이 없다.

47 다음의 작은 기어를 시계 방향으로 돌리면 큰 기어는 어느 쪽으로 회전하는가?

① A
② B
③ 알 수 없다.

48 (가) 기어의 회전 방향은 어느 쪽인가?

① A
② B
③ 움직이지 않는다.

49 (다) 기어의 회전 방향은 어느 쪽인가?

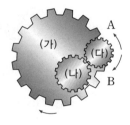

① A
② B
③ 알 수 없다.

50   (가) 기어의 회전 방향은 어느 쪽인가?

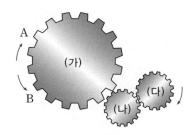

① A
② B
③ 움직이지 않는다.

51   (라) 기어의 회전 방향은 어느 쪽인가?

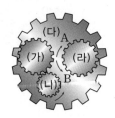

① A
② B
③ 움직이지 않는다.

52   (가) 기어의 회전 방향은 어느 쪽인가?

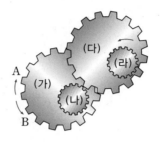

① A
② B
③ 움직이지 않는다.

53   다음 중 회전 방향이 나머지와 다른 것은?

① (가)
② (나)
③ (다)
④ (라)
⑤ 모두 같다.

54 (나) 기어의 회전 방향은 어느 쪽인가?

① A
② B
③ 움직이지 않는다.

55 (가) 기어의 회전 방향은 어느 쪽인가?

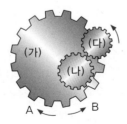

① A
② B
③ 움직이지 않는다.
④ 알 수 없다.

※ 다음 중 회전 방향이 나머지와 다른 것을 고르시오. [56~58]

56

① (가) ② (나) ③ (다)
④ (라) ⑤ 모두 같다.

57

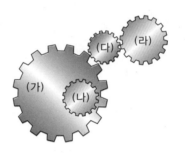

① (가) ② (나) ③ (다)
④ (라) ⑤ 모두 같다.

58

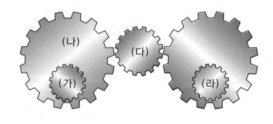

① (가) ② (나) ③ (다)
④ (라) ⑤ 모두 같다.

59 (가) 기어의 회전 방향은 어느 쪽인가?

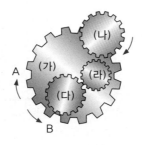

① A
② B
③ 움직이지 않는다.

60 (나) 기어의 회전 방향은 어느 쪽인가?

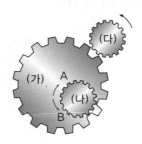

① A
② B
③ 움직이지 않는다.

61 다음 중 회전 방향이 나머지와 다른 것은?

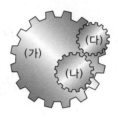

① (가)
② (나)
③ (다)
④ 모두 같다.

62 (라) 기어의 회전 방향은 어느 쪽인가?

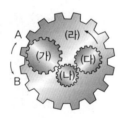

① A
② B
③ 움직이지 않는다.

63 (라) 기어의 회전 방향은 어느 쪽인가?

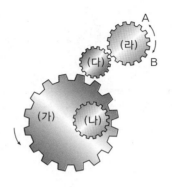

① A
② B
③ 움직이지 않는다.

64 (나) 기어의 회전 방향은 어느 쪽인가?

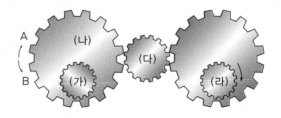

① A
② B
③ 움직이지 않는다.

65 다음 중 회전 방향이 나머지와 다른 것은?

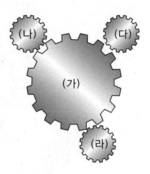

① (가)
② (나)
③ (다)
④ (라)

제 2 편

상식능력

많이 보고
많이 겪고
많이 공부하는 것은
배움의 세 기둥이다.

벤자민 디즈라엘리

제 1 장 회사상식

●● 정답 및 해설 p. 013

01 다음은 현대자동차의 2022년 공급망 탄소감축 추진계획이다. 목표와 방법이 잘못 연결된 것은?

① 협력사 대상 교육 및 인식 제고 – 임직원을 대상으로 한 ESG 기본/심화 온라인 교육과정 운영(글로벌상생협력센터)

② 협력사 탄소중립 협의체 운영 – 현대자동차 탄소중립 전략에 대한 의견수렴, 주요 이슈에 관한 의견 교환

③ 협력사 온실가스 배출량 및 에너지 사용량 조사 – 원소재 협력사 등 대상 온실가스 배출량 및 에너지 사용량 조사

④ 협력사 감축목표 검토 및 지원 프로그램 개발 – 협력사 탄소중립 추진을 위해 준수해야 할 이행 가이드 제시

02 현대자동차의 인재채용 전략으로 옳지 않은 것은?

① 미래 전략기술 분야 우수인재 발굴을 위한 파이프라인 구축 및 적시 확보

② 국내외 우수인재 발굴을 위한 H-Experience 등 다양한 인턴십 운영

③ 경력채용 시 직원 사회관계 활용한 채용 대상자 추천 제도 시행

④ 채용 관련 업무 및 비용 효율화를 위해 대면 방식 채용 프로세스 확대

03 다음은 현대자동차에서 실시하고 있는 평가 제도이다. 잘못 연결된 것은?

① 대상 – 리더와 팀원 전원

② 활용방법 – 업무성과 공유 및 피드백은 인사평가에 활용

③ 팀원 – 업무성과뿐만 아니라 팀원의 노력, 업무 수행과정 등 종합적 판단

④ 리더 – 업무 진행 시, 적시 피드백하여 추가 지원사항 확인하고 팀원을 인정하고 독려

04 차별 및 괴롭힘 관리 프로세스의 순서로 적절한 것은?

> ㉠ 신고 접수 : 온/오프라인 신고채널
> ㉡ 조사실시 : 각 사업장 HR 담당부서
> ㉢ (확인 시) 인사 조치 : HR 관련 위원회

① ㉠ – ㉡ – ㉢   ② ㉡ – ㉢ – ㉠
③ ㉢ – ㉠ – ㉡   ④ ㉢ – ㉡ – ㉠

05 현대자동차는 품질 5스타 제도를 운영하고 있다. 다음 중 품질 5스타의 평가 항목에 해당하는 것은?

① A/S 부품 납입율
② 클레임비용 변제율
③ CKD 부품 납입율
④ 생산라인 정지: 건수, 시간, 변제금액, 변제비율

06 다음 중 분쟁광물(책임광물) 관리 프로세스로 적절한 것은?

> ㉠ 리스크 개선 활동
> ㉡ 협력사 현황 조사 및 리스크 확인
> ㉢ 관리정책 수립
> ㉣ 협력사 인식제고

① ㉠ → ㉡ → ㉢ → ㉣   ② ㉢ → ㉣ → ㉡ → ㉠
③ ㉡ → ㉢ → ㉠ → ㉣   ④ ㉠ → ㉣ → ㉡ → ㉢

07 현대자동차의 첨단 운전자 보조 시스템 주요 기능이 아닌 것은?

① 복합충돌 에어백 시스템(Multi-Collision airbag System)
② 차로 이탈방지 보조(Lane Keeping Assist)
③ 후측방 충돌방지 보조(Blind Spot Collision-Avoidance Assist)
④ 전방 충돌방지 보조(Forward Collision-Avoidance Assist)

08 현대자동차의 주요 정보보안/사이버보안 활동이 아닌 것은?

① 비즈니스연속성계획(BCP)에 따른 사고대응 절차를 '보안사고 예방 및 대응지침' 내 명시하고 반기에 1회 점검
② 분기별 임직원 보이스 피싱 및 문자 스미싱 등 전자금융사기 대응 훈련
③ 월 1회 전 임직원 대상 보안 뉴스레터 배부 및 행동강령 캠페인 진행
④ 연 1회 임직원 및 조직장 대상 온라인 보안교육 진행, 랜섬웨어 대응교육 상시 진행

09 현대자동차의 이사회 내 위원회가 아닌 것은?

① 감사위원회
② 사외이사후보추천위원회
③ 사내이사후보추천위원회
④ 지속가능경영위원회

10 현대자동차가 관리하는 리스크와 관리사항이 잘못 연결된 것은?

① 신용위험 – 재무 상태, 거래 경험, 그리고 기타 요소를 평가하여 일정 수준 이상의 거래저 선정
② 유동성 위험 – 단기 및 중장기 자금관리계획 수립과 예측, 실제현금흐름 분석
③ 유해가스 위험 – 수자원 사용 요금 증대에 따른 운영비 및 원가 상승 리스크 방지를 위한수자원 사용 효율화 및 주기적인 누수시설 점검
④ 자원 위험 – 자동차 주요 부품에 재활용 소재 적용 및 폐차 단계의 재활용을 고려한 설계

11 　다음은 현대자동차의 이해관계자 그룹이다. 그룹의 정의가 적절하지 않은 것은?

① 고객 · 딜러 – 딜러는 고객에게 현대자동차의 제품과 서비스를 전달하고, 고객은 전달된 제품과 서비스에 대한정보를 바탕으로 구매 의사를 결정한다.

② 임직원 – 제품을 개발 · 생산 · 판매하는 활동은 물론 이를 지원하는 모든 활동의 주체가 되는 이해관계자로, 이들의 역량이 곧 당사의 역량이다.

③ 정부 – 자동차 산업과 관련된 법규를 제정하거나, 기업운영에 관한 규제 수준을 결정함으로써 당사의 사업활동에 영향을 미칠 수 있는 이해관계자이다.

④ 주주 · 투자자 – 사업장 인근 지역 주민은 물론, 당사의 활동에 영향을 받는 모든 글로벌 시민을 의미하며, 당사는 이들의 지속 가능한 발전을 위해 노력한다.

12 　현대자동차의 이해관계자 그룹과 그 그룹의 관심 이슈로 연결된 것이 아닌 것은?

① 임직원 – 조직문화 및 평가보상

② 협력사 – 제품 내 친환경 소재 & 기술 적용

③ 정부 – 고용 창출 및 유지

④ 주주 · 투자자 – 경제적 성과 향상

13 　다음은 현대자동차의 전동화 전환 로드맵이다. 옳지 않은 것은?

① 2030년 제네시스 차량 100% 전동화

② 2035년 유럽시장 100% 전동화

③ 2040년 아시아시장 100% 전동화

④ 2045년 신흥시장 전동화 가속화(탄소중립 달성)

14 현대자동차의 '휠세어' 사업에 대한 설명으로 옳은 것은?

① 장애인과 그 가족들이 자유롭게 여행을 떠날 수 있도록 주요 교통시설 거점과 서울·부산시 전역, 국내 3대 공항인 김포/김해/제주공항에서 수동휠체어 전동화 키트를 단기무료 대여하는 프로그램

② 문화 소외 지역을 찾아 이동식 스크린을 설치하고 영화를 상영하는 캠페인

③ 특수학교를 대상으로 친환경 통학차량을 지원하는 사업

④ 운전에 대한 두려움을 극복하고 자신감을 향상시키는 가상현실 운전체험 사회공헌 프로그램

15 현대자동차에서 운영하는 '현대드림센터'에 대한 설명으로 옳은 것은?

① 차량 전동화, 자율주행 등 미래 기술에 대한이해 확산과 인재 육성을 위한 프로그램

② 국내 최대 규모의 어린이교통안전체험관

③ 현대자동차 호주판매법인과 딜러들이 차량 판매 기여를 통해 호주의 어린이들과 가족에게 도움을 주는 활동

④ 개발도상국 청년들을 대상으로 전문적인 자동차 정비 기술을 교육하고, 역량 개발을 위한 인턴십 등 다양한 활동을 지원하여 이들의 자립을 돕는 프로그램

16 현대자동차의 '지속가능경영위원회'에 대한 설명으로 옳지 않은 것은?

① 2021년에 투명경영위원회를 확대 개편하여 지속가능경영위원회로 발족하였다.

② 전문성을 확보하기 위해 최소 1명은 회계/재무 전문가가 선임되어야 한다.

③ 사외이사 6명과 사내이사1명을 포함하여 총 7명의 위원으로 구성되어 있다.

④ 2021년 이전에는 4명의 인원으로 구성되었다.

17 현대자동차 '아이오닉 5'에 대한 설명으로 옳지 않은 것은?

① 아이오닉(IONIQ)은 전기의 힘으로 에너지를 만들어내는 '이온(Ion)'과 현대
자동차의 독창성을 뜻하는 '유니크(Unique)'를 조합한 것이다.

② V2G(Vehicle-to-Grid) 기술을 탑재하였고 머지않아 V2L(Vehicle-to-
Load) 기술도 실현될 것으로 기대된다.

③ 재활용 페트병, 사탕수수, 아마기름 등 친환경 소재들을 사용하였다.

④ 도브 그레이, 다크 틸 그린, 머드 그레이 등의 색깔은 자연에서 영감을 받은
것이다.

18 현대자동차의 로봇기술인 '로보틱스'에 대한 설명으로 옳지 않은 것은?

① 얼굴 인식, 자연어 대화, 자율이동 기술을 탑재한 DAL-e는 머리 부분에 장착
된 2개의 카메라로 사람의 얼굴을 정확히 인식하며, 고객의 행동에 반응하여
교감한다.

② 공장 안전 서비스 로봇은 3D LiDAR, 열화상 카메라, 전면 카메라 등 다양한
센서와 딥러닝 기반 실시간 데이터 처리를 통해 출입구 개폐 여부, 고온 위험
및 외부인 침입 감지 등의 산업현장 모니터링 역할을 담당한다.

③ 조끼형(VEX), 의자형(CEX), 지게형(HFrame) 세 가지 타입의 웨어러블 로봇
을 선보이며 국내 최초로 농업용 웨어러블 로봇 상용화를 눈앞에 두고 있다.

④ 웨어러블 로봇 기술은 인간의 신체에 직접 적용되는 것이 특징으로, 이러한
기술이 보편화되면 산업현장에서의 업무 효율과 생산성은 증대되며, 작업자의
상해 가능성 및 피로도는 생산성에 비례하여 높아지게 된다.

19 다음 중 현대자동차가 제시하는 핵심가치가 아닌 것은?

① 고객 최우선   ② 도전적 실행
③ 인재 존중   ④ 소통과 배려

20 현대자동차의 중점영역 중 Mobility의 추진 방향이 아닌 것은?

① 이동약자/소외지역 이동 지원

② 교통안전기술 지원

③ 미래 모빌리티 연계 활동

④ 자율주행 서비스 지원

21 현대자동차의 출고 프로세스를 바르게 나열한 것은?

> ㉠ 출고처리(임시운행증발급)
> ㉡ 차량취급 설명 후 차량 인도
> ㉢ 외관 점검 및 지급품 확인
> ㉣ 신분증 지참하여 출고센터 방문
> ㉤ 세차 및 인도 전 점검
> ㉥ 신분증 확인 및 출고 안내
> ㉦ 고객 호명 후 인도장 이동

① ㉠-㉡-㉢-㉣-㉤-㉥-㉦

② ㉣-㉥-㉠-㉤-㉦-㉢-㉡

③ ㉤-㉦-㉢-㉡-㉣-㉥-㉠

④ ㉦-㉢-㉡-㉣-㉤-㉥-㉠

22 현대자동차의 주요 연혁에 대한 설명으로 옳지 않은 것은?

① 1967년 현대자동차주식회사를 설립했다.

② 1976년 최초의 한국형 승용차 현대 '포니'를 시판했다.

③ 2010년 국내 최초로 수소전기 자동차를 개발하였다.

④ 2022년 미국에서 '최고의 고객가치상' 최다 수상 브랜드로 선정되었다.

23 탄소중립 전략 중 수소사업 시너지 창출 사업 이행 현황에 해당하지 않는 것은?

① 온실가스 배출량 조사 및 주요업체 감축계획 점검
② H2Pro사와 고효율 수소 생산 기술개발 협업
③ NextHydrogen사와 그린수소 수전해시스템 개발 협업
④ 글로벌 수소전기차 시장 53.5% 점유율 달성

24 다음은 현대자동차의 RE100 로드맵이다. 이 중 옳지 않은 것은?

① 2021년 7월 RE100 기업 선언
② 2022년 4월 RE100 가입 승인
③ 2030년 재생에너지(전기) 50% 전환
④ 2050년 재생에너지(전기) 100% 전환

25 현대자동차그룹 5대 윤리경영 헌장으로 옳지 않은 것은?

① 우리는 명확하고 투명한 기준을 갖고 업무를 수행하며, 성실과 최선으로 주어진 책임을 다한다.
② 우리는 시장에서 정정당당하게 경쟁하며 계약관계에 있는 상대방과 공정하게 거래한다.
③ 우리는 고객가치 실현을 위해 안전한 제품과 최상의 서비스, 올바른 정보를 제공하고 개인정보를 철저히 보호한다.
④ 우리는 글로벌 기업시민으로서 사회적 책임 이행보다는 다양한 이해관계자가 함께 번영할 수 있는 지속가능한 발전을 구현하는데 기여한다.

26 다음 중 2021년 말 기준 글로벌 판매 상위 차종이 아닌 것은?

① 그랜저   ② 싼타페
③ 엑센트   ④ 투싼

27 주요 이슈와 현대자동차의 대응 방향이 잘못 연결된 것은?

① 투자자 및 이해관계자의 기후변화대응 요구 강화 – 투명한 정보 공시
② 태풍/홍수/폭설 등 이상 기후 현상 증가 – 에코디자인 시행
③ 전기차 시장 확대로 인한 EV/FCEV 판매 증가 – EV 브랜드 론칭 및 전용 라인업 구축
④ 평균 기온 및 강수량 변화 – 개도국 대상 취약계층 식수 공급 지원

28 현대자동차의 탄소중립 달성을 위한 5대 핵심 분야가 아닌 것은?

① 전동화 전환
② 공급망 탄소중립 유도 및 지원
③ ESG 관련 사내교육 실시
④ 수소사업 시너지 창출

29 현대자동차의 주요 서비스가 아닌 것은?

① 찾아가는 비포 서비스 : 고객이 원하는 장소에 방문하여 차량점검 및 정비상담 서비스 제공
② 홈투홈 서비스 : 고객이 원하는 시간·장소에서 차량을 인수, 수리 후 원하는 장소로 차량을 인도
③ 대여차 서비스 : 보증수리 내 발생한 하자에 대하여 운행불가 기간 동안 차량 대여
④ 에어포트 서비스 : 김포공항 이용 고객 대상 무상 발렛 서비스 및 여행 중 소모품 교환 서비스 제공

30 현대자동차에서 시행하는 미래세대를 위한 국내·외 CSV활동이 아닌 것은?

① 미래자동차학교
② 비전드라이브
③ 롱기스트런
④ 로보카폴리 교통안전 노래이야기

제 2 장 일반상식

●● 정답 및 해설 p. 017

01 정치 · 법률

01 다음 중 파이브 아이즈(Five Eyes)와 오커스(OAKUS)에 공통으로 가입한 국가는?

① 호주, 영국　　　　　　　　② 영국, 캐나다
③ 미국, 뉴질랜드　　　　　　④ 캐나다, 뉴질랜드

02 다음 중 미국의 신임 대통령이 4년마다 대선이 끝나는 시기에 맞춰 임명할 수 있는 공직 리스트를 밝히는 인사 지침서를 뜻하는 용어는 무엇인가?

① 블랙백　　　　　　　　　② 베이지북
③ 플럼북　　　　　　　　　④ 레드 테이프

03 정치 문화와 관련한 다음 용어의 풀이 중에서 옳지 않은 것은?

① 콜베르티슴(Colbertisme) : 프랑스에서 17세기 절대 왕정 시대에 정치가 콜베르가 시행한 중앙집권적 · 국가주도적 중상주의 정책
② 컨틴전시 플랜(Contingency Plan) : 예측하기 힘들며 불확실한 미래의 위기에 대응하기 위해 사전에 장기적으로 설계하는 비상 계획
③ 멘셰비즘(Menshevism) : 프랑스의 드골 대통령이 주창한 정치 사상으로서, 군비 강화와 강력한 대통령 중심제, 민족주의 외교 정책 등이 주요 내용임
④ 룸펜 프롤레타리아트(Lumpen Proletariat) : 자본주의 경제에서 질병이나 실업 때문에 노동자 계급에서 탈락된 극빈층으로 반동 정치에 이용되기도 함

04 미국의 독립 선언서를 기초한 인물이자 제3대 대통령인 토머스 제퍼슨은 '이것' 없는 사회의 위험성을 경고하려는 뜻에서 "나는 '이것' 없는 정부보다 정부 없는 '이것'을 택하겠다"고 말했다. '이것'과 가장 관련이 깊은 것은 무엇인가?

① 세금 　　　　　　　　　　② 군대
③ 언론 　　　　　　　　　　④ 입법부

05 예비후보자 등록제에 대한 내용으로 옳지 않은 것은?

① 선거관리위원회에 예비후보자로 등록하면 공식적인 선거운동을 할 수 있다.
② 예비후보자는 선거사무소를 열고 선거사무원을 선임할 수 있다.
③ 예비후보자는 모든 유권자에게 선거운동 내용이 담긴 e−메일을 보낼 수 있다.
④ 예비후보자로 등록하려면 모든 공직에서 사직해야 한다.

06 주민소환제에 대한 설명으로 옳지 않은 것은?

① 청구하기 위해서는 시 · 도지사는 투표권자 총수의 15%, 시장 · 군수 · 구청장은 투표권자 총수의 10%가 연대 서명해야 한다.
② 주민소환투표안이 공고된 직후부터 투표 결과가 공표될 때까지 해당 공직자의 권한은 모두 정지된다.
③ 투표권자의 3분의 1 이상이 투표하고 유효투표의 과반수가 찬성하면 소환이 확정된다.
④ 소환이 확정되면 그 즉시 해당 단체장과 지방의원은 물러나게 된다.

07 적극적으로 현실 정치에 뛰어들어 자신의 학문적 성취를 정책으로 연결하거나 그런 활동을 통해 정관계 고위직을 얻으려는 교수를 일컫는 용어는?

① 테크노크라트 　　　　　　② 폴리페서
③ 폴리테이너 　　　　　　　④ 포퓰리스트

08 선거에서 약세 후보가 유권자들의 동정을 받아 지지도가 올라가는 경향을 무엇이라 하는가?

① 밴드왜건 효과　　　　　　　② 언더독 효과
③ 스케이프고트 현상　　　　　④ 레임덕 현상

09 정당의 대통령 후보를 뽑는 본 경선에 앞서 일정 순위 밖의 열세 후보를 걸러내는 예비 경선을 무엇이라 하는가?

① 게리맨더링　　　　　　　　② 매니페스토
③ 오픈프라이머리　　　　　　④ 컷오프

10 정권 말기에 발생하는 권력누수현상을 일컫는 말은?

① 키친 캐비닛　　　　　　　　② 스케이프고트
③ 레임덕　　　　　　　　　　　④ 로그롤링

11 출처를 위장하거나 밝히지 않은 의도적인 흑색선전을 무엇이라 하는가?

① 마타도어(Matador)　　　　　② 발롱데세(Ballon D'essai)
③ 데마고그(Demagogue)　　　　④ 매니페스토(Manifesto)

12 우리나라 대통령·국회의원·지방선거 투표율이 매년 떨어지고 있어 투표용지 복권화를 비롯, 도서상품권이나 문화상품권 제공, 공무원 채용시 가산점 등 인센티브 부여 방안을 논의하고 있다. 과거 영국 노동자들이 주체가 되어 벌인 선거권 요구 운동을 무엇이라 하는가?

① 엔클로저운동　　　　　　　② 러다이트운동
③ 브나로드운동　　　　　　　④ 차티스트운동

13 '홍콩 행정장관 완전 직선제'를 요구한 대규모 민주화 시위를 뜻하는 용어와 가장 관련이 깊은 것은?

① 우산   ② 벨벳

③ 재스민   ④ 레드 셔츠

14 국제 정치·외교와 관련한 다음 설명 중 옳지 않은 것은?

① 체코슬로바키아에서 '프라하의 봄'이 시작된 시기는 독일의 베를린 장벽이 생겨난 시기보다 앞선다.

② 이산화탄소 등의 온실가스 배출 총량을 규제하는 국제협약인 교토의정서의 기준 연도는 1990년이다.

③ 국제부흥개발은행(IBRD)이 발족된 시기는 미국이 세계 최초의 원자력 잠수함을 진수한 시기보다 앞선다.

④ 현재의 남극조약 체제에서는 모든 인류는 남극에서 활동할 수 있고, 남극에서는 속인주의 관할권이 적용된다.

15 선거에서 승리한 정당이 지지자들을 관직에 임명하거나 그들에게 다른 혜택을 주는 관행을 무엇이라 하는가?

① 성실주의   ② 다면평가제

③ 직위분류제   ④ 엽관제

16 다음은 대통령선거에 관한 설명으로 옳지 않은 것은?

① 후보자는 국회의원의 피선거권이 있고, 선거일 현재 40세에 달해야 한다.

② 후보자 등록기간은 선거일 24일 전부터 2일간이다.

③ 후보자의 난립과 선거과열을 방지하기 위해 2억 원의 기탁금을 납부해야 한다.

④ 의석보유정당은 다수의석순, 무의석 정당은 정당 명칭의 가나다순, 무소속은 후보자 성명의 가나다순으로 기호를 표시한다.

17 '최소한의 정부가 최선의 정부'를 바탕으로 하는 국가관은?

① 전체주의 국가관

② 권위주의 국가관

③ 다원주의 국가관

④ 공산주의 국가관

18 (A)와 (B)에 들어갈 단어를 알맞게 짝지은 것은?

- (A)란 선거 전 여론조사에서 지지율이 앞섰던 비백인 후보가 실제 선거에서는 백인 후보에게 뒤지는 현상이다. 전문가들은 여론조사 과정에서 백인들이 인종편견을 숨기기 위해 비백인 후보를 지지하거나 지지 후보를 정하지 못했다고 답한 뒤, 투표장에서는 백인 후보를 찍기 때문이라고 분석한다.
- (B)는 미국에서 농·축산업이 주요 산업을 차지하는 지역을 일컫는 말이다. 몬태나-노스다코타-사우스다코타-네브래스카-아이오와-캔자스-미주리-오클라호마-텍사스 등 중부지역을 세로로 잇는 주들과 캘리포니아를 포함하여 카길, 타이슨푸드 등 초국적 농·축산 기업들이 경제를 주도하고 있다.

	(A)	(B)
①	스톡홀롬 효과	선벨트
②	서브리미널 효과	비프벨트
③	도플러 효과	선벨트
④	브래들리 효과	선벨트

19 부자에게서 세금을 거둬 저소득층을 지원하거나, 부유한 지역의 재정을 가난한 지역에 나눠주는 정책을 무엇이라 하는가?

① 로빈후드세

② 퍼플오션

③ 테뉴어 제도

④ 출자총액제한제도

20 다음 중 재선거와 보궐 선거에 대한 설명으로 옳지 않은 것은?

① 재선거는 임기 개시 전에 당선 무효가 된 경우에 실시한다.

② 보궐 선거는 궐위를 메우기 위해 실시된다.

③ 지역구 국회의원의 결원 시에는 보궐 선거를 실시한다.

④ 전국구 국회의원의 결원 시에는 중앙선거관리위원회가 결원 통지를 받은 후 15일 이내에 결원된 국회의원의 의석을 승계할 자를 결정하여야 한다.

21 국정조사권과 국정감사권의 본질적인 차이는 무엇인가?

① 국정조사권은 내각책임제의 산물이고, 국정감사권은 대통령제의 산물이다.

② 국정조사권은 탄핵에 연결될 수 있으나, 국정감사권은 그렇지 않다.

③ 국정조사권은 특정사안에 대해서만 할 수 있으나, 국정감사권은 전반적으로 국정에 관여할 수 있다.

④ 국정조사권은 절대군주정의 산물이고, 국정감사권은 민주주의의 산물이다.

22 노래, 슬로건, 제복 등을 통해 정치권력을 신성하고 아름답게 느끼는 현상을 무엇이라 하는가?

① 플레비사이트   ② 옴부즈맨

③ 크레덴다   ④ 미란다

23 중국, 일본을 비롯하여 세계 각국이 자국 문화를 확산시켜 소프트파워를 키우고 있다. 다음 중 우리나라가 한글의 우수성을 세계에 알리고 한국 문화들 선파하기 위해 중국 · 몽골 등에 개설하려고 하는 기구의 명칭은 무엇인가?

① 한류학당   ② 훈민학당

③ 주시경학당   ④ 세종학당

24 외교상의 의전과 관련한 다음 설명 중 옳지 않은 것은?

① 국빈을 접대하는 의전 행사에서는 일반적으로 오른쪽이 상석이다.

② 외국의 행정수반인 총리가 우리나라를 '실무 방문'할 경우에는 원칙적으로 현충탑 헌화 행사를 생략한다.

③ 해외 국가원수가 우리나라를 사적으로 방문할 경우에는 원칙적으로 경의와 환영의 의미로 발사하는 예포를 실시하지 않는다.

④ 한국에 주재한 외국 대사관의 대사들을 초청해 공식 행사를 개최할 경우에 대사 사이의 서열은 해당 국가들의 UN 가입 시기 순서를 따른다.

25 원칙적으로 농산물을 포함해 모든 상품의 관세를 완전히 철폐하는 높은 단계의 자유무역협정(FTA)인 '환태평양파트너십'을 가리키는 용어는?

① APEC ② AFTA

③ TPP ④ ATT

26 다음 중 외교사절을 파견할 때 기피인물인지 아닌지 알아보는 절차를 무엇이라고 하는가?

① 페르소나 논 그라타

② 아그레망

③ 모두스 비벤디

④ 농르풀망

27 남북 간 무력 충돌을 방지하는 차원에서 남북 해·공군의 정찰 활동을 제한하려고 서해상에 설정한 북방한계선을 무엇이라 하는가?

① NPT ② MDL

③ DMZ ④ NLL

28 불특정 다수의 인물들을 살해하거나 별다른 의미 없는 대량 살상도 서슴지 않고 실행하는 테러는?

① 메가 테러리즘
② 테크노 테러리즘
③ 슈퍼 테러리즘
④ 백색 테러리즘

29 정치·행정과 관련한 다음 설명 중 옳지 않은 것은?

① '리바이어던(Leviathan)'은 '전체주의 국가'를 뜻한다.
② '프로파간다(Propaganda)'는 영토의 변경 등 중대한 정치 문제를 결정할 때 행하는 국민 투표를 뜻한다.
③ 프랑스의 정치 철학자 몽테스키외는 저서 〈법의 정신〉을 통해 삼권을 분립하면 개인의 자유를 확보할 수 있다고 주장했다.
④ 'Shadow Voting'은 주주가 주주총회에 참석하지 않아도 투표한 것으로 간주, 다른 주주들의 투표 비율을 의안 결의에 그대로 적용하는 제도이다.

30 법률과 관련한 다음 설명 중 옳지 않은 것은?

① 촉법소년은 형벌 법령에 저촉되는 행위를 한 10세 이상~14세 미만의 사람으로, 보호처분의 대상이 된다.
② 농르풀망(Nonrefoulement)의 원칙은 박해를 피하여 망명한 사람을 다시 그 나라로 송환해서는 안 된다는 것이다.
③ 암수(暗數)범죄는 수사기관에서 인지하지 못한 범죄, 또는 용의자 신원 파악 등이 해결되지 않아 범죄 통계에 집계되지 않은 범죄를 뜻한다.
④ 국회 원내 교섭단체 구성에 필요한 최소 의원의 수에 정부 수립 이후 헌법 개정 횟수를 더한 수치는 대통령 피선거권 연령에서 국회의원 피선거권 연령을 뺀 수치보다 적다.

02 경제 · 경영

01 이용객이 많이 몰려 집객 효과가 뛰어난 핵심 점포를 뜻하는 경제 용어는?

① 플래그 숍(Flag Shop)
② 키 테넌트(Key Tenant)
③ 크로스 도킹(Cross Docking)
④ 오프쇼어 센터(Offshore Center)

02 다음 중 경제 용어에 대한 뜻풀이로 옳은 것을 모두 고르면?

> ㉠ 팹리스(Fabless) : 제조 공장 없이 반도체 설계와 개발을 전문화한 회사
> ㉡ 페이스 리프트(Face Lift) : 혼란 속에 처해 있는 자동차 산업을 지칭하는 말
> ㉢ 카마겟돈(Carmageddon) : 자동차 모델을 변경할 때 앞과 뒷부분을 거의 신차에 가깝게 바꾸는 것
> ㉣ 네이비즘(Navyism) : 실시간으로 초 단위의 정확한 표준시간을 확인하려는 사람들이 이용하는 서비스
> ㉤ 백오더(Back Order) : 재고 부족으로 이월된 제품의 수량, 즉 수요가 발생했으나 충족되지 못한 수요의 총량
> ㉥ 스테이크홀더(Stakeholder) : 주주, 고객, 노동자, 하청업자처럼 기업 등의 조직에 영향력을 행사하는 이해관계자
> ㉦ 가격 인덱세이션(lindexation) : 임금, 금리 따위를 일정한 방식에 따라 물가의 변동에 알맞게 조절하는 물가 연동제
> ㉧ 캡스톤 디자인(Capstone Design) : 지적 재산권의 일종인 산업디자인을 모방한 상품의 수입을 금지하거나 벌금을 물림으로써 수입을 저지하려는 움직임

① ㉠, ㉡, ㉤, ㉥, ㉧
② ㉠, ㉣, ㉤, ㉥, ㉦
③ ㉡, ㉢, ㉤, ㉥, ㉧
④ ㉡, ㉣, ㉤, ㉦, ㉧

03 에너지가 다음 단계로 급격히 진입하는 현상을 나타내며, 경제학에서 어떤 일이 연속적
    으로 조금씩 진척되는 것이 아니라 빠른 속도로 다음 단계로 올라가는 것을 의미하는
    것은?

    ① 샤프 파워(Sharp Power)
    ② 슈퍼 사이클(Super Cycle)
    ③ 어닝 쇼크(Earning Shock)
    ④ 퀀텀 점프(Quantum Jump)

04 다음 중 막강한 경쟁자의 존재가 다른 경쟁자의 잠재력을 끌어올리는 효과로 옳은 것은?

    ① 메기 효과(Catfish Effect)
    ② 바넘 효과(Barnum Effect)
    ③ 분수 효과(Trickle-up Effect)
    ② 낙수 효과(Trickle-down Effect)

05 대기업과 중소기업이 긴밀하게 협력해 한국의 산업을 발전시키는 경제를 뜻하는 용어
    와 가장 관련이 깊은 동물은?

    ① 당나귀   ② 달팽이
    ③ 펠리컨   ④ 무당벌레

06 국내 시장에서 외국 기업들이 활개를 치고 다니는 반면, 자국 기업들은 부진을 면하지
    못하는 현상을 무엇이라 하는가?

    ① 윔블던 효과
    ② 롱테일 법칙
    ③ 서킷 브레이커
    ④ 스핀 오프

07 환율제도에 대한 설명 중 틀린 것은?

① 고정환율제 : 외환시세의 변동을 전혀 인정하지 않고 고정시켜 놓은 환율제도
② 시장평균환율제 : 외환시장의 수요와 공급에 따라 결정되는 환율제도
③ 복수통화바스켓 : 자국과 교역비중이 큰 복수국가 통화들의 가중치에 따라 반영하는 환율제도
④ 공동변동환율제 : 역내에서는 변동환율제를 채택하고, 역외에 대해서는 제한환율제를 택하는 환율제도

08 다음 중 소득이 증가할 때 소비가 늘어나는 정도를 표현한 경제용어는 무엇인가?

① 유효수요
② 잉여가치
③ 한계저축성향
④ 한계소비성향

09 다음 중 경상수지에 속하지 않는 것은?

① 무역수지
② 이전수지
③ 자본수지
④ 무역외수지

10 농산물 가격 상승이 일반 물가를 자극해 덩달아 오르는 현상을 무엇이라 하는가?

① 스톡플레이션
② 리플레이션
③ 애그플레이션
④ 스태그플레이션

11 가격 대비 최고의 가치를 안겨주는 상품을 구입하려고 끊임없이 정보를 탐색하려는 소
    비자를 무엇이라 하는가?

① 넥소블리안   ② 트윈슈머
③ 크리슈머   ④ 트레저 헌터

12 수출국이 수출품에 장려금이나 보조금을 지급하는 경우 수입국이 이에 대한 경쟁력을
    상쇄시키기 위하여 부과하는 관세를 무엇이라고 하는가?

① 조정관세   ② 할당관세
③ 상계관세   ④ 반덤핑관세

13 3개월마다 한 번씩 파생금융상품 만기가 겹쳐지는 날로, 이날 주가가 급등락한다고 해
    서 붙여진 이름은?

① 롤오버   ② 디커플링
③ 더블 위칭데이   ④ 트리플 위칭데이

14 다음 대화의 빈칸에 공통으로 들어갈 용어로 가장 옳은 것은?

> K이사 : 이번에 우리 회사에서도 (   ) 시스템을 도입하려고 합니다. (   )는 기업 전
>   체의 의사결정권자와 사용자 모두가 실시간으로 정보를 공유할 수 있게 합니
>   다. 또한 제조, 판매, 유통, 인사관리, 회계 등 기업의 전반적인 운영 프로세스
>   를 통합해 자동화할 수 있지요.
> P이사 : 맞습니다. (   ) 시스템을 통하여 기업의 자원 관리를 보다 효율적으로 할 수
>   있겠지요. 조직 전체의 의사결정도 보다 신속하게 할 수 있을 것입니다.

① JIT   ② MRP
③ ERP   ④ APP

15 다음 중 기업의 얄팍한 상술에 속았지만 귀찮아서 그냥 넘어가는 소비자들을 노린 마케팅을 뜻하는 용어는?

① 세렌디피티(Serendipity)
② 다크 넛지(Dark Nudge)
③ 앵커링(Anchoring) 효과
④ 리모트워크(Remote Work)

16 다음의 내용과 관계가 깊은 것은?

> 환율이 1달러당 1,250원일 때 맥도날드 빅맥버거가 미국에서는 2.5달러에 판매되고, 한국에서는 2,500원에 판매된다.

① 원화의 평가절하로 우리나라의 햄버거 구매력 지수가 미국보다 상대적으로 낮다.
② 원화의 평가절상으로 우리나라의 햄버거 구매력 지수가 미국보다 상대적으로 높다.
③ 미국의 2.5달러를 기준으로 한국에서 판매할 경우 최소한 3천 원에 팔아야 한다.
④ 위 조건이라면 한국보다 미국은 대일(對日) 수입이 유리하다.

17 다음 중 통화량의 증가를 초래하는 경우는 어느 때인가?

① 중앙은행이 공개시장에서 국채를 매각하였다.
② 재할인율이 인상되었다.
③ 법정지급준비율이 인상되었다.
④ 중앙은행의 매각외환이 매입외환보다 적게 되었다.

18 다음 중 인플레이션으로 가장 피해를 많이 보는 사람은?

① 제조업자   ② 채권자
③ 채무자   ④ 물가연동 임금자

19 가격이 비싸지더라도 허영심으로 인해 소비가 증가하는 현상을 무엇이라 하는가?

① 베블런 효과
② 밴드왜건 효과
③ 속물 효과
④ 전시 효과

20 돈을 풀고 금리를 낮춰도 투자와 소비가 늘지 않는 현상을 무엇이라고 하는가?

① 유동성 함정
② 스태그플레이션
③ 디멘드풀인플레이션
④ 애그플레이션

21 제품의 가격이 인하하면 수요가 줄어들고, 오히려 가격이 비싼 제품의 수요가 늘어나는 것을 무엇이라고 하는가?

① 세이의 법칙
② 파레토 최적의 법칙
③ 쿠즈의 U자 가설
④ 기펜의 역설

22 미군이 베트남전에서 전쟁을 종료하고 희생을 최소화하면서 빠져나오기 위해 사용했던 전략에서 유래된 말로 금리인상, 흑자예산 등 경기회복 시점에서 사용하는 경제정책은?

① 후퇴전략
② 출구전략
③ 회복전략
④ 기만전략

23 이미 지출되었기 때문에 현재 다시 쓸 수 없는 비용이라는 뜻으로 합리적인 선택을 할 때 고려되어서는 안 되는 비용을 무엇이라고 하는가?

① 기회비용　　　　　　　　　　② 망각비용
③ 생산비용　　　　　　　　　　④ 매몰비용

24 다음 설명에 적합한 경제용어는?

> • 아프리카 유목민들은 척박한 땅에 너무 많은 가축을 풀어놓아 그 땅이 모두 사막으로 변해버렸다.
> • 북대서양 대구어장의 경우 주변국 어선들의 경쟁적인 남획으로 결국 어장이 폐쇄되었다.

① 공유의 종말　　　　　　　　　② 소유의 비극
③ 공유지의 비극　　　　　　　　④ 승자의 저주

25 다음 중 분식결산을 옳게 나타낸 것은?

① 대규모 기업집단의 계열사의 영업실적을 합쳐 결산한 것
② 기업들이 자기회사의 영업실적을 부풀려 결산한 것
③ 기업들이 자기회사의 영업실적을 줄여 결산한 것
④ 기업들이 자기회사의 영업실적을 부풀리거나 줄여서 결산한 것

26 경제통합의 심화 정도가 북미 자유무역협정(NAFTA) 정도의 자유무역협정(FTA)일 때, 다음 설명 중 가장 옳은 것은?

① 회원국 간 관세를 포함하여 각종 무역 제한 조치 철폐
② 회원국 간 노동, 자본 등 생산 요소의 자유로운 이동 가능
③ 회원국 간 역내 무역 자유화 및 역외국에 대한 공동 관세율을 적용
④ 회원국들이 독립된 경제정책을 철회하고, 단일한 경제체제 아래에서 모든 경제정책을 통합·운영

27 금융기관이 아닌 이불 밑바닥이나 장롱 등 집안 구석에 비밀스럽게 보관하는 여유자금을 이르는 말이 아닌 것은?

① 장롱머니　　　　　　　　② 볼머니
③ 매트리스머니　　　　　　④ 스마트머니

28 정부 자산을 운영하고 정부에 의해 직접 소유되며 주식, 채권, 재산과 다른 금융 상품으로 구성되는 펀드는 무엇인가?

① 벌처펀드　　　　　　　　② 국부펀드
③ 역외펀드　　　　　　　　④ 인덱스펀드

29 유산으로 집 한 채를 물려받은 형제자매가 있다. 그중에는 집을 임대하고 싶은 사람도 있을 것이고, 팔아서 자기 몫을 챙기고 싶은 사람도 있을 것이다. 그들이 합의하지 못하면, 결국 집은 텅 빈 채 덩그러니 남아 있을 것이다. 이제 소유자가 200명 정도 된다고 상상해보자. 이처럼 지나치게 많은 소유권은 경제활동을 방해할 수 있음을 의미하는 용어는?

① 그리드패리티(Gridparity)
② 골디락스(Goldilocks)
③ 코드골드(Code Gold)
④ 그리드락(Gridlock)

30 적대적 M&A 방어책 중, 예를 들어 동시 2인 이상의 이사 해임을 결의하는 경우 출석한 주주 의결권의 90% 이상으로 해서 경영권을 방어하는 방법은?

① 황금 낙하산　　　　　　② 백기사 전략
③ 독약 처방　　　　　　　④ 초다수 의결제

01 2023년 시간당 최저임금은 얼마인가?

① 8,350원

② 8,720원

③ 9,160원

④ 9,620원

02 상황을 조작해 타인의 마음에 스스로에 대한 의심을 갖게 해 현실감과 판단력을 잃게 만드는 것을 뜻하는 것은?

① 가스라이팅(Gaslighting)

② 원 라이팅(One Writing)

③ 언더라이팅(Underwriting)

④ 브레인 라이팅(Brain Writing)

03 노동과 관련한 다음 설명 중 옳지 않은 것은?

① '잠재경제활동인구'는 '비경제활동인구'에 해당된다.

② 국제노동기구(ILO)에서는 1주일에 8시간 이상 일해야 '취업자'로 정의한다.

③ 핑크 칼라(Pink Collar)는 과거에는 생계를 위해 일터에 뛰어든 저임금의 여성 노동자를 뜻했다.

④ 사보타주(Sabotage)는 겉으로는 일을 하자만 의도적으로 게을리 함으로써 사용자에게 손해를 주는 노동 쟁의 방법을 뜻한다.

04 사회 일반과 관련한 다음 설명 중 옳지 않은 것은?

① '살찐 고양이(Fat Cat)'는 글로벌 금융위기 속에서도 막대한 연봉과 보너스를 챙긴 경영진을 비꼬는 용어이다.

② '입구 전략'은 사회 일반적으로는 대개 좋지 못한 상황에서 피해를 최소화하며 벗어나는 수단을 뜻하는 용어로 쓰인다.

③ '마태효과'는 자본주의 사회에서 부(富)가 한쪽으로 쏠리는 현상, 즉 '부익부(富益富) 빈익빈(貧益貧)' 현상을 가리키는 말이다.

④ '서프러제트(Suffragette)'는 20세기 초 영국에서 일어난 여성 참정권 운동으로, 30세 이상 여성의 참정권을 인정하는 〈국민투표법〉 제정을 이끌었다.

05 사회관계망 서비스(SNS) 등 미디어와 관련한 다음 설명 중 옳지 않은 것은?

① '케빈 베이컨의 법칙'은 인맥은 6단계만 거치면 전 세계 거의 모든 사람이 연결된다는 것이다.

② '폴리시믹스(Policy Mix)'는 신문 라디오, 텔레비전 등 여러 광고 매체를 적절하게 혼용해 광고 효과를 극대화하는 전략을 뜻한다.

③ '오피니언 마이닝(Opinion Mining)'은 웹사이트와 소셜 미디어에 나타난 여론과 의견을 분석해 유용한 정보로 재가공하는 기술을 뜻한다.

④ '게이트 키퍼(Gate Keeper)'는 사회적 사건이 매체를 통해 대중에게 전달되기 전에 미디어 기업 내부에서 취사선택하고 검열하는 기능을 뜻한다.

06 국제앰네스티가 규정하는 사실상의 사형제 폐지국(Abolitionist in Practice)으로 분류되기 위해 필요한 사형 미집행 기간은?

① 5년 　　　　　　　　② 10년

③ 20년 　　　　　　　　④ 30년

07 노동과 관련한 다음 설명 중 옳지 않은 것은?

① 집단적 거부 운동을 뜻하는 영어 '보이콧(Boycott)'은 지명에서 유래했다.
② '노르마(Norma)'는 개인이나 공장에 할당된 노동이나 생산의 최저 기준량,
또는 개인에게 부과된 노동량을 뜻한다.
③ '살쾡이파업'은 중앙 노조의 통제를 벗어나 일부 단위사업장에서 노동자들이
벌이는 비공인의 산발적인 파업을 뜻한다.
④ '퍼플칼라(Purple Collar)'는 적은 시간 일하면 보수가 적지만, 정규직으로서
의 직업 안정성과 경력을 보장받는다는 점에서 비정규직과 다르다.

08 상대방에 대해 분석하고 자신의 이익을 최대화할 수 있는 최적의 방법을 찾는 미래예
측기법은?

① 게임이론　　　　　　　　② 선형계획
③ 시계열분석　　　　　　　④ 델파이기법

09 자동차 안에서 도로상황 등 교통정보를 실시간으로 주고받을 수 있는 차세대 고속도
로는?

① 스마트 그리드　　　　　　② 스마트 시티
③ 스마트 하이웨이　　　　　④ 스마트 머니

10 국제적 환경보호 단체인 그린피스의 선박 '레인보우 워리어' 호(號)를 1985년에 폭파한
나라는?

① 영국　　　　　　　　　　② 러시아
③ 프랑스　　　　　　　　　④ 이스라엘

11 정보의 확산을 막으려다가 오히려 더 광범위하게 알려지게 되는 인터넷 현상을 일컫는 말은?

① 베블런 효과   ② 스트라이샌드 효과

③ 헤일로 효과   ④ 맥거핀 효과

12 국적, 인종, 종교, 성 정체성, 정치적 견해, 사회적 위치, 외모 등에 대해 의도적으로 폄하하는 발언을 뜻하는 용어는 무엇인가?

① 캔슬 컬처(Cancel Culture)

② 헤이트 스피치(Hate Speech)

③ 딥 백그라운드(Deep Background)

④ 엘리베이터 스피치(Elevator Speech)

13 문화적 관례나 세상에 대한 믿음, 일을 처리하는 익숙한 방식, 사물을 바라보는 방식 등에 대해 특정하게 구조화되어 있는 심적 체계를 의미하며 또한 우리가 세상을 바라보는 방식을 형성하는 정신적 구조물을 의미한다는 이론은?

① 낙인이론   ② 프레임이론

③ 깨진 유리창이론   ④ 수렴이론

14 여성들의 영향력 있는 고위직 승진을 가로 막는 회사 내 보이지 않는 장벽을 의미하는 용어는 무엇인가?

① 고원 효과   ② 호손 효과

③ 후광 효과   ④ 유리천장 효과

15 다음 중 부부관계의 중요성과 가족의 의미를 되새기기 위해 지정된 부부의 날은 언제 인가?

① 2월 1일   ② 2월 14일

③ 4월 8일   ④ 5월 21일

16 다음 중 노동 3권에 해당하지 않는 것은?

① 단결권

② 단체행동권

③ 노동조합권

④ 단체교섭권

17 다음 중 잠재적 실업을 고르면?

① 노동에 대한 수요와 공급이 일시적으로 일치하지 못하는 데서 생기는 실업 형태

② 형식적·표면적으로는 취업하고 있으나, 실질적으로는 실업상태에 있는 실업 형태

③ 자본주의 경제구조와 내재적 모순에서 오는 만성적·고정적 실업 형태

④ 산업의 생산과정이 계절적 조건에 의해 제약되어 노동의 투입이 계절적으로 변동하는 경우에 생기는 실업 형태

18 다음 중 자연실업률에 관한 설명으로 옳은 것은?

① 노동능력과 의사는 있으나 취업하지 않은 실업률

② 물가가 안정적으로 유지될 수 있는 수준의 실업률

③ 취업은 되었으나 노동능력과 의사가 없는 상태의 실업률

④ 노동시장의 마찰과 경직성에 영향을 받는 실업률

19 직장에 출근은 했지만 비정상적인 컨디션으로 업무 능력이 현저히 떨어지는 현상을 무엇이라 하는가?

① 프리젠티즘(Presenteeism)

② 빌딩증후군(Building Syndrome)

③ 스프롤(Sprawl)

④ 밈(Meme)

20 노동자가 아닌 사용자 측이 할 수 있는 유일한 쟁의행위는?

① 준법투쟁
② 생산관리
③ 피케팅
④ 직장폐쇄

21 다음 중 비정규직 관련법이 규정하고 있는 비정규직 노동자에 해당하지 않는 것은?

① 기간제 근로자

② 단시간 근로자

③ 파견 근로자

④ 무기계약직 근로자

22 타임오프제도에 대한 설명으로 옳지 않은 것은?

① 근로시간 면제한도제라고도 한다.

② 회사업무가 아닌 노조와 관련된 일만 담당하는 노조 전임자에 대한 회사 측의 임금지급을 금지한다.

③ 노사공통의 이해가 걸린 활동에 종사한 시간도 근무시간으로 인정하지 않아 임금지급을 금지한다.

④ 노조전임자 급여지급 금지원칙의 대안으로 제시되었다.

23 다음 중 실업급여가 지급되는 기준은?

① 실직 전 마지막 월의 임금
② 실직 전 마지막 월 임금의 70%
③ 실직 전 3개월간 평균임금의 60%
④ 실직 전 3개월간 평균임금의 70%

24 다음 중 일자리 나누기와 관련이 없는 것은?

① 잡셰어링
② 임금피크제
③ 워크셰어링
④ 더블워크

25 다음 중 우리나라의 공공부조에 대한 설명으로 옳지 않은 것은?

① 국가 및 지방자치단체의 책임하에 생활유지 능력이 없거나 생활이 어려운 국민의 최저생활을 보장하고 자립을 지원하는 제도이다.
② 대표적으로 국민기초생활보장제도가 있다.
③ 사회보장제도의 주요수단으로서 근로자나 그 가족을 상해 · 질병 · 노령 · 실업 · 사망 등의 위협으로부터 보호하기 위해 실시한다.
④ 필요한 재원은 일반 조세수입으로 충당한다.

26 오락거리만 넘치는 뉴스 형태를 무엇이라 하는가?

① 팩 저널리즘
② 하이프 저널리즘
③ 파일럿 프로그램
④ 메라비언의 법칙

27 V-Chip에 관한 설명으로 옳은 것은?

① 언제 어디서나 멀티미디어를 즐길 수 있게 한다.

② 인터넷망을 이용해 컴퓨터로 TV를 볼 수 있게 한다.

③ 폭력적인 내용의 방송을 막아주는 기능을 한다.

④ MP3 플레이어로 라디오를 저장해 이용할 수 있게 한다.

28 TV 드라마를 편당 3분 30초~5분으로 축약해 만든 콘텐츠를 무엇이라 하는가?

① 뮤비라마   ② 무비라마

③ 쇼트라마   ④ 미니소드

29 국제연합 환경계획(UNEP)과 유네스코(UNESCO) 본부가 있는 도시를 연결한 것은?

① 취리히 – 파리   ② 나이로비 – 파리

③ 나이로비 – 제네바   ④ 암스테르담 – 뉴욕

30 다음 내용이 설명하고 있는 것은 무엇인가?

> 가상화폐로 거래할 때 발생할 수 있는 해킹을 막는 기술로서, 공공 거래 장부라고도 불린다. 이 기술은 온라인 가상 화폐 비트코인에 적용되어 있으며, 모든 비트코인 사용자는 P2P 네트워크에 접속해 똑같은 거래장부 사본을 나누어 보관한다. 즉, 기존의 금융 회사가 거래 기록을 중앙 집중형 서버에 보관하는 것과 달리 모든 사용자가 거래 장부를 함께 관리하는 것이다. 비트코인은 장부를 누구나 열람할 수 있게 하고, 여러 컴퓨터가 이 기록을 10분에 한 번씩 검증하게 하여 해킹을 방지하고 있다.

① 캄테크(Calm-tech)

② 블록체인(Blockchain)

③ 제로 레이팅(Zero-rating)

④ 그로스 해킹(Growth Hacking)

04 문화 · 예술 · 교육

01 2020년 미국 아카데미 영화제에서 작품상을 받은 「기생충」의 감독은 봉준호이다. 다음 중 그가 감독한 작품이 아닌 것은?

① 「옥자」(2017)
② 「마더」(2009)
③ 「오아시스」(2002)
④ 「지리멸렬」(1994)

02 현대자동차와 2018년부터 지속적으로 협업을 하였으며 2021년 아메리칸 뮤직 어워드(AMA)에서 '올해의 아티스트' 등 3개 부문에서 수상한 방탄소년단(BTS)의 팬클럽 이름은 무엇인가?

① 마이(MY)
② 아이비(IVY)
③ 아미(ARMY)
④ 블링크(BLINK)

03 장면에 대한 관객의 상황 인식을 극대화하기 위해 클로즈업 등의 방식을 활용한 컷을 장면 중간에 섞는 편집 기법을 무엇이라고 하는가?

① 틸트(Tilt)
② 텔롭(Telop)
③ 인서트(Insert)
④ 크로마키(Chroma-key)

04 다음 중 2022년 노벨 문학상 수상자를 배출한 국가의 수도는 어디인가?

① 루안다
② 파리
③ 나이로비
④ 아디스아바바

05 내용이나 교의를 알기 쉽게 상징적으로 표현하기 위해 불교 경전에 그려 넣은 삽화를 무엇이라 하는가?

① 만다라   ② 탱 화
③ 사경변상도   ④ 민 화

06 다음 중 '림보(Limbus)'라는 용어를 사용하는 종교는 무엇인가?

① 불교   ② 힌두교
③ 이슬람교   ④ 가톨릭교

07 르네상스 3대 발명품으로 바르게 묶인 것은?

① 나침반, 인쇄술, 종이   ② 나침반, 화약, 인쇄술
③ 종이, 화약, 도자기   ④ 비누, 종이, 인쇄술

08 2021년 발표되어 넷플릭스 역사상 최대 흥행을 이루며 전 세계적인 신드롬을 일으킨 「오징어 게임」의 감독은 누구인가?

① 연상호   ② 한준희
③ 조성희   ④ 황동혁

09 영국의 전설적인 록밴드 퀸(Queen)의 기타리스트로서 2022년 현재도 작품 활동을 하고 있는 인물은 누구인가?

① 제프 벡   ② 스티브 바이
③ 지미 페이지   ④ 브라이언 메이

10 다음 중 모차르트의 작품이 아닌 것은?

① 피가로의 결혼   ② 마 적

③ 트리스탄과 이졸데   ④ 코시 판 투테

11 19세기 낭만주의 시대에 전성기를 구사한 오페라가 처음 시작된 곳은?

① 독 일   ② 프랑스

③ 이탈리아   ④ 오스트리아

12 대규모 성악곡으로, 합창 · 중창 · 독창으로 구성된 종교음악의 형식은?

① 오라토리오   ② 칸타타

③ 콘체르토   ④ 랩소디

13 작곡가와 오페라 작품이 잘못 연결된 것은?

① 라보엠 – 푸치니

② 춘희 – 베버

③ 아이다 – 베르디

④ 니벨룽겐의 반지 – 바그너

14 다음 중 무용계의 아카데미상은 무엇인가?

① 레스커

② 스털링 프라이즈

③ 프리츠커

④ 브누아 드 라 당스

15 미국의 대중문화상 중 연극의 아카데미상이라고 불리는 상은?

① 오스카상   ② 토니상

③ 그래미상   ④ 퓰리처상

16 하이든이 〈놀람 교향곡〉을 작곡하면서 음악회에서 조는 부인들을 놀라게 하고 분위기 전환을 위해 사용한 악기의 이름은?

① 비브라폰(Vibraphone)

② 첼레스타(Celesta)

③ 심벌즈(Cymbals)

④ 팀파니(Timpani)

17 다음 민요 중 맑고 깨끗하여 감정의 표현이 경쾌하고, 단순한 가락에 부드러우면서도 유창하여 서정적인 특징이 있는 민요는?

① 강원도 민요(정선아리랑)

② 경기도 민요(오봉산타령)

③ 경상도 민요(밀양아리랑)

④ 전라도 민요(진도아리랑)

18 베토벤은 나폴레옹에게 헌정하기 위한 곡을 만들었지만, 황제 즉위 소식을 듣고는 배신 감에 악보를 던져 버렸다. 이 작품은 무엇인가?

① 피아노 협주곡 '황제'

② 피아노 소나타 '비창'

③ 교향곡 제5번 '운명'

④ 교향곡 제3번 '영웅'

19 다음 중 판소리에 대한 내용으로 틀린 것은?

① 서편제는 장단도 길게 빼지 않고 짧게 그리고 분명히 끊어지며, 리듬 또한 단조로우며 담백하다.

② 중고제는 서편제보다 동편제에 가깝다.

③ 섬진강을 중심으로 동쪽을 동편제, 서쪽을 서편제, 경기와 충청 지역을 중고제라고 부른다.

④ 판소리 유파에는 동편제, 서편제, 중고제가 있다.

20 음악의 빠르기 중 느린 것부터 빠른 것의 순서로 나열한 것은?

① 안단테 – 아다지오 – 모데라토 – 알레그로

② 아다지오 – 모데라토 – 알레그로 – 안단테

③ 안단테 – 모데라토 – 알레그로 – 아다지오

④ 아다지오 – 안단테 – 모데라토 – 알레그로

21 빨간 단추가 노란 옷보다 회색 옷 위에서 더욱 선명하게 보이는 현상은?

① 색상대비 　　　　　　　② 명도대비

③ 보색대비 　　　　　　　④ 채도대비

22 「미나리」라는 영화로 2021년 미국과 영국의 아카데미 시상식에서 여우 조연상을 받은 윤여정 배우가 맡은 캐릭터의 이름은 무엇인가?

① 영미 　　　　　　　　　② 경자

③ 순자 　　　　　　　　　④ 정희

23 영국의 영화 제작사인 'EON'과 함께 '007 시리즈'를 제작하는 미국의 영화 제작사는 어디인가?

① MGM
② 파라마운트
③ 워너 브라더스
④ 유니버설 스튜디오

24 다음 중 이슬람교 발생 초기의 제2대 정통 칼리프는 누구인가?

① 아부 바크르
② 우스만 이븐 아판
③ 알리 이븐 아비 탈립
④ 우마르 이븐 알 하탑

25 신인상주의미술을 대표하는 프랑스의 화가로, 색채학과 광학 이론을 회화에 접목한 인물은 누구인가?

① 조르주 쇠라
② 파블로 피카소
③ 에두아르 마네
④ 바실리 칸딘스키

26 최남선이 창간한 우리나라 최초의 월간지는?

① 「창조」
② 「청춘」
③ 「소년」
④ 「유심」

27 다음 중 부사성 의존명사가 포함된 글은?

① 네가 그 일을 할 수 있겠는가?
② 아는 체하지 말고 잠자코 있어라.
③ 세상살이가 점점 어려워질 뿐이구나.
④ 오징어는 스무 마리를 한 축이라고 한다.

28 다음 중 표준어가 아닌 표현이 포함된 것은?

① 팔꿈치를 괴고 서서 바깥을 내려다 보았다.

② 우습게 보여도, 꽤 수입이 짭짤하다.

③ 작년 몇 월이었든지 비가 내리는 아침이었다.

④ 모서리에서 넓적한 돌 두어 개를 들어냈다.

29 다음의 사회학 용어 중에서 뜻풀이가 바르지 않은 것은 무엇인가?

① 위나니미슴(Unanimisme) : 불리하거나 부끄러운 것을 드러나지 않게 의도적
으로 꾸미는 일

② 앙가주망(Engagement) : 학자나 예술가 등이 정치, 사회 문제에 관심을 갖고
그 계획에 참가해 간섭하는 일

③ 데가주망(Degagement) : 장래의 새롭고 자유로운 계획을 세울 때 이전에 있
었던 자기 구속에서 자기를 해방하려는 경향

④ 블랑키슴(Blanquisme) : 대중의 힘을 조직하지 않고 소수 정예의 폭력적인
직접 행동에 의해 정권을 탈취하려는 혁명 사상

30 다음 중 베이컨(F. Bacon)의 우상론에서 종족의 우상에 해당되는 것은?

① 꾀꼬리가 봄을 찬미하며 노래를 부른다.

② 내가 볼 때, 참나무가 제일 단단하다.

③ '인어' 라는 말이 있으니, 바다에는 인어가 살고 있다.

④ 물리학자가 '우주는 무한하다' 라고 말하니, 우주에는 끝이 없다.

05 과학 · 환경

01 블록체인상에서 유통되는 토큰으로서, 각 토큰마다 고유한 값이 있기 때문에 다른 토큰으로 교체할 수 없는 토큰을 'NFT'라고 한다. 이때 'F'는 어떤 로마자 알파벳의 이니셜인가?

① Firm   ② Fixed
③ Frame   ④ Fungible

02 배기가스를 정화할 때 촉매로 쓰이는 요소수(尿素水)가 주로 분해하는 물질은 무엇인가?

① 오존(O)   ② 탄화수소(HC)
③ 황화수소(HS)   ④ 질소산화물(NO)

03 우리나라가 2020년 3월 개발에 착수해 완성한 한국형 발사체(누리호)가 2021년 10월 발사되었다. 그렇다면 다음 중 구 소련이 인공위성 스푸트니크 2호에 태워 발사해 최초로 우주로 나간 동물과 그것의 이름은?

① 개 – 맥스(Max)
② 개 – 라이카(Laica)
③ 침팬지 – 요기(Yugi)
④ 침팬지 – 피도(Fido)

04 양자컴퓨터는 0이나 1의 값만 갖는 비트 대신 양자 정보의 기본 단위인 '이 단위'를 사용해 0과 1을 동시에 취할 수 있다. '이 단위'는 무엇인가?

① 큐비트(Qubit)   ② 존비트(Zone Bit)
③ 링크비트(Link Bit)   ④ 캐리비트(Carry Bit)

05 다음은 일정한 전기를 발전할 때 발생하는 이산화탄소의 배출량을 기준으로 나열한 것이다. 순서가 맞는 것은 어느 것인가?

① 천연가스 > 석유 > 석탄 > 수력 > 원자력
② 석유 > 천연가스 > 석탄 > 수력 > 원자력
③ 석탄 > 천연가스 > 석유 > 수력 > 원자력
④ 석탄 > 석유 > 천연가스 > 수력 > 원자력

06 다음 중 탄소나노튜브에 대한 설명이 바르지 못한 것은?

① 탄소 6개로 이뤄진 육각형들이 서로 연결되어 수~수십 나노미터의 관 모양을 이루고 있다.
② 전기 전도도는 구리와 비슷하고, 열전도율은 자연계에서 가장 뛰어난 다이아몬드와 같다.
③ 머리카락보다 훨씬 가늘면서도 다이아몬드보다 강한 특성(강철의 100배)을 가지고 있다.
④ 분자들의 끌어당기는 힘으로 인해 안정적인 다발형태로 존재하기 때문에 산업에 쉽게 응용할 수 있다.

07 다음 중 중금속과 같은 오염물질을 빨아들이는 물질로 나무의 뿌리에 붙어 있는 박테리아가 생성한다고 알려진 물질은 어느 것인가?

① 엔짐(Enzyme)
② 캐털리스트(Catalyst)
③ 산세비에리아(Sansevieria)
④ 스파티필룸(Spathiphyllum)

08 회전하는 물체가 유체 속에서 특정 방향으로 날아갈 때 경로가 휘어지는 현상은?

① 마그누스 효과
② 카르만의 소용돌이
③ 마태 효과
④ 도플러 효과

09 하나의 지진이 일어나서 생긴 영향이 멀리 떨어진 곳에 영향을 미쳐 파도처럼 전파되어 그곳에서 특정한 시기에 지진이 발생하게 된다는 학설은 무엇인가?

① 지진폭풍　　　　　　　　② 지진해일
③ 연쇄지진　　　　　　　　④ 파도지진

10 인도와 중국 등의 산업화가 가속되면서 대기오염의 영향으로 만들어지는 것으로, ABC 라고 부르는 이것은 무엇인가?

① 갈색구름　　　　　　　　② 적색구름
③ 스모그　　　　　　　　　④ 오존

11 일반적으로 태풍으로 구분하는 기준은?

① 반경 300km 이상인 열대성 저기압
② 반경 500km 이상인 열대성 저기압
③ 최대풍속 17m/s 이상인 열대성 저기압
④ 최대풍속 33m/s 이상인 열대성 저기압

12 가시광선 중에서 파장이 가장 긴 색은?

① 파란색　　　　　　　　　② 초록색
③ 빨간색　　　　　　　　　④ 보라색

13 **다음 중 IT와 관련한 다음 설명 중 옳은 것은?**

① 광통신은 신호가 변형될 우려가 없으며, 별도의 전환 과정도 필요하지 않다.

② 컴퓨터에 주변장치를 연결하기 위한 접선 규격 중 하나인 'USB'의 'S'는 'Serial'의 약자이다.

③ 샌드박스는 새로운 프로그램을 개발할 때 불특정 다수가 시범적으로 사용하도록 자유롭게 배포하는 것이다.

④ 버즈 워드는 검색 엔진을 이용해 정보를 찾을 때 가장 많은 사람들이 공통으로 검색하는 인기 키워드를 뜻한다.

14 **다음은 과학과 환경 뉴스에서 자주 등장하는 개념이나 용어들에 관한 설명이다. 잘못된 것은?**

① 열대야는 집 밖의 최저기온이 섭씨 25도를 넘는 한여름 밤의 무더위 현상을 말한다.

② 나노(Nano)는 마이크로(Micro)의 100분의 1이다.

③ LMO는 GMO에 견줘 더 작은 개념이다.

④ 태풍 이름은 아시아 지역 국가들이 미리 제출한 이름들을 순차적으로 붙여 정한다.

15 **장마철에는 갑자가 비가 쏟아지며 벼락이 치는 낙뢰 현상이 생길 수 있다. 벼락에 대한 설명 중 옳지 않은 것은?**

① 대기의 상·하층 온도 차가 커 대기가 불안정할 때 발생한다.

② 구름 속의 음전기를 띤 전자가 지상의 양전기와 격렬하게 합쳐지면서 발생한다.

③ 적란운에서 발생할 때 4~5만A의 전류가 흐른다.

④ 강한 열에너지와 전기에너지를 가지고 있지만 절연체를 들고 있으면 안전하다.

16 다음 중 탐사대상이 다른 우주 계획은?

① 매리너 계획　　　　　　　　　② 아폴로 계획

③ 제미니 계획　　　　　　　　　④ 소유즈 계획

17 다음은 달 탐사와 관련된 위성들과 업적을 연결한 것 중 바르지 못한 것은?

① 최초로 달 궤도 진입 – 파이어니어 1호(미국)

② 최초로 달에 착륙 – 루나 9호(소련)

③ 최초로 달에 착륙한 유인 우주선 – 아폴로 11호(미국)

④ 유럽 최초의 달탐사선 – 스마트 1(EU)

18 태양의 표면이 폭발할 때 단파(短波)를 사용하는 국제 통신에 일시적으로 장애가 발생하는 현상을 무엇이라고 하는가?

① 스프롤현상

② 태양간섭현상

③ 도넛현상

④ 델린저현상

19 물리학자들은 우주가 보통물질과 암흑물질, 암흑에너지로 구성돼 있다고 말한다. 이 가운데 암흑물질은 우주의 23%가량을 차지하면서도 그 정체가 밝혀지지 않고 있는데, 여러 현상을 통해 암흑물질의 존재를 간접 확인할 수는 있다. 다음 중 암흑물질의 존재를 간접 확인할 수 있는 현상과 관련이 적은 것은?

① 별빛의 휨

② 초신성 폭발

③ 중력렌즈 효과

④ 은하의 운동속도

20 다음 중 전자파의 존재를 증명한 사람은?

① 로렌츠   ② 패러데이

③ 헨 리   ④ 헤르츠

21 방사선 투과시험 등에서 산란 방사선의 양을 줄이기 위해 사용하는 물질은 무엇인가?

① 라듐   ② 바륨

③ 이리듐   ④ 알루미늄

22 다음 중 세대별 컴퓨터와 관련한 설명으로 옳지 않은 것은?

① 1세대 컴퓨터 : 매우 무겁고 대형이었으며, 전력 소모가 컸다.

② 2세대 컴퓨터 : 컴파일 방식을 적용하지 못했기 때문에 2진 코드의 기계어만을 이용했다.

③ 3세대 컴퓨터 : 운영체제(OS)가 본격적으로 등장했고, 다중 프로그래밍, 시분할 처리 등이 가능해졌다.

④ 4세대 컴퓨터 : 집적 기술의 고도화를 통해 중앙처리장치인 마이크로프로세서가 등장함에 따라 개인용 컴퓨터(PC)의 본격적인 개발이 가능해졌다.

23 정보통신과 관련한 다음 용어의 설명 중 옳지 않은 것은?

① 크롤링(Crawling) : 수많은 컴퓨터에 분산된 문서를 수집해 검색 대상의 색인으로 포함시키는 기술

② 레거시(Legacy) : 대체 가능하지만 쓸모가 있어 현재도 사용되고 있는 기존의 컴퓨터 시스템, 응용 프로그램, 하드웨어 등

③ 스테가노그래피(Steganography) : 이더넷에서 전달되는 모든 패킷(Packet)을 분석하여 사용자의 계정과 암호를 알아내는 것

④ 와이어 프레임(Wire-frame) : 수많은 선들을 연결해 객체의 형상을 나타냄으로써 3차원의 입체감을 표현하는 컴퓨터 그래픽 기법

24 다음 빈칸에 들어갈 용어로 알맞은 것은?

> 이것은 다른 사이트의 정보를 복사한 사이트라고 해서 (　　)라고 불린다. 사이트가 네트워크에서 트래픽이 빈번해지면 접속이 힘들고 속도가 떨어지는데, 이를 예방하려면 네트워크의 이용 효율을 향상시켜야 한다. 이것은 다른 사이트들에 원본과 동일한 정보를 복사하여 저장시켜 놓는 것을 뜻한다.

① 게더링 사이트 ② 레이더 사이트
③ 옐로 페이지 ④ 미러 사이트

25 다음 내용이 설명하고 있는 지질시대의 명칭은 무엇인가?

> '이 시기'에는 생명체의 종류가 폭발적으로 늘어났다고 할 수 있을 만큼, 척추동물을 제외한 다양한 생명체가 발생했다. 그중 삼엽충, 앵무조개 등이 가장 대표적이다.

① 백악기 ② 캄브리아기
③ 쥐라기 ④ 데본기

26 생태계에 평형이 유지되고 있는 상태에서 인간의 실수로 작은 변화가 일어나면 그 영향이 연쇄적으로 일어나 생태계 전체에 영향을 주는 현상은?

① 나비 효과 ② 연쇄 효과
③ 부메랑 효과 ④ 방아쇠 효과

27 하천오염 측정 시 사용되는 BOD는 무엇인가?

① 중금속 오염정도 ② 생화학적 산소요구량
③ 박테리아 분해능력 ④ 비금속 함유량

28 도심에 존재하는 인공적인 생물 서식 공간은?

① 에코톱   ② 비오톱
③ 체비지   ④ 썬큰가든

29 유엔 정부 간 기후변화위원회(IPCC)가 제안한 온실가스 감축 방안이 아닌 것은?

① 에너지 효율 향상
② 프레온가스 금지
③ 신재생에너지 확대
④ 효율적인 조명

30 다음 중 바이오연료인 에탄올을 뽑아낼 수 있는 식물이 아닌 것은?

① 쌀겨   ② 옥수수
③ 사탕수수   ④ 감자

06   스포츠 · 보건

01   다음 중 국제적 공중보건 비상사태(PHEIC)에 포함되었던 질병으로 옳지 않은 것은?

① 메르스

② 에볼라 바이러스

③ 신종플루(H1N1)

④ 코로나19

02   스포츠와 관련한 다음 설명 중 옳은 것은?

① 한국 여자 선수들이 최초로 올림픽에서 메달을 획득한 종목은 양궁이다.

② 올림픽 종목 중에서 성별 구분 없이 남녀가 함께 겨루는 경기는 승마이다.

③ 핸드볼에서 한 번 '2분 퇴장' 경고를 받았던 선수가 다시 반칙을 했을 경우 '실격' 외의 다른 경고는 받을 수 없다.

④ 인터리그는 프로야구 시즌이 끝난 겨울에 구단이 새 선수 영입, 연봉 협상, 동계훈련 등 다음 시즌을 준비하는 시기를 가리킨다.

03   보건, 건강 등과 관련한 다음 용어의 설명 중 옳지 않은 것은?

① 생백신 : 살아 있는 병원균의 병원성을 약하게 해서 만든 면역용 백신으로, 결핵 백신이나 홍역 백신 등이 이에 속함

② 사균백신 : 화학 약품을 쓰거나 가열 처리해 병원균을 비활성화시킨 백신으로, 일본뇌염은 사균백신만을 사용해 예방함

③ 기초체온 : 체온에 영향을 줄 만한 여러 조건을 피해 몸과 마음이 안정되었을 때 잰 체온으로, 보통 아침에 눈을 뜬 직후에 측정함

④ 아나필락시스(Anaphylaxis) : 심한 쇼크 증상처럼 과민하게 나타나는 항원-항체 반응으로, 알레르기가 국소성 반응인 것에 비해 전신성 반응을 일으킴

04 다음 중 인수 공통 감염병으로 구분되지 않는 것은?

① 결핵   ② 홍역
③ 탄저병   ④ 일본뇌염

05 미국과 유럽을 오가며 2년마다 개최되는 미국과 유럽의 남자 골프대회를 무엇이라 하는가?

① 데이비스컵   ② 라이더컵
③ 프레지던츠컵   ④ 스탠리컵

06 야구에서 다음 타자의 공격을 범타로 처리하여 더블 플레이를 시도하거나, 수비를 쉽게 하기 위하여 고의로 만루를 만드는 수비 작전을 무엇이라 하는가?

① 플래툰 시스템   ② 매티스 시스템
③ 에버스 시스템   ④ 히팅 시스템

07 야구에서 투수가 고의적으로 타자의 머리를 향해 던지는 공을 무엇이라고 하는가?

① 볼호크   ② 빈볼
③ 겟투   ④ 빙글

08 다음 중 선발투수의 승리투수 요건으로 옳지 않은 것은?

① 선발투수가 가장 먼저 기회를 갖는 셈이다.
② 3 대 1로 앞선 5회 도중 강판하면 승리투수가 될 수 없다.
③ 선발투수가 승리하려면 최소한 3이닝 이상 던져야 한다.
④ 동점인 상황에서 교체돼도 승리를 따낼 수 있다.

09 골프용어 중에서 파와 같은 수의 타수를 무엇이라 하는가?

① 오버파   ② 이븐파

③ 언더파   ④ 더블보기

10 바둑에서 초단을 일컫는 말은?

① 수졸(守拙)   ② 투력(鬪力)

③ 용지(用智)   ④ 입신(入神)

11 다음 중 테니스 경기에서 1포인트도 얻지 못한 게임, 즉 4포인트를 연속으로 상대방에게 내준 게임을 뜻하는 용어는?

① 러브 게임(Love Game)

② 타이 브레이크(Tie Break)

③ 폴트(Fault)

④ 라운드 로빈(Round Robin)

12 다음 중 핸드볼의 경기규칙으로 잘못된 것은?

① 성인팀의 경기시간은 전·후반 30분씩이며 휴식시간은 10분이다.

② 공을 가진 상태에서 드리블 없이 최대 3보까지는 이동이 가능하다.

③ 상대 선수가 공을 갖고 있지 않더라도 몸으로 막을 수 있다.

④ 공이 골라인에 조금이라도 걸리면 득점으로 인정된다.

13 다음이 설명하는 펜싱의 종목은 어느 것인가?

> 펜싱에서 몸통만을 공격 대상으로 하고 찌르기만 사용하는 종목으로, 남현희 선수가
> 2008년 베이징올림픽에서 이 부문에서 은메달을 수상했다.

① 플뢰레   ② 에페
③ 사브르   ④ 피스트

14 독감에 대한 설명 중 바르지 못한 것은?

① 인플루엔자 바이러스에 감염되었을 때 걸린다.
② 고열과 근육통, 인후통이 있은 지 1~2일 후 호흡기 증상이 생긴다.
③ 어른은 가볍게 앓지만 어릴수록 증상이 심하고 합병증도 잦다.
④ 항바이러스제인 타미플루를 복용하면 앓는 기간이 단축된다.

15 컴퓨터를 오래 다룰 경우, 두통이나 시각 장애 등의 증상이 생기기 쉬운 증후군은?

① Adam 증후군
② ADD(After Downsizing Desertfication) 증후군
③ VDT(Visual Display Terminal) 증후군
④ 거북목(Turtle Neck)증후군

16 다음 중 불포화 지방산 기름이 아닌 것은?

① 코코넛기름
② 올리브기름
③ 땅콩기름
④ 옥수수기름

17 축구와 관련한 다음의 설명 중 옳은 것을 모두 고르면?

> ㉠ 축구 경기에 한 팀이 7명 이하로 적어질 경우 실격패한다.
> ㉡ 축구 경기 전반전과 후반전 사이의 하프타임은 10분을 넘을 수 없다.
> ㉢ 축구에서 골키퍼는 필드 플레이어들과 같은 색의 유니폼을 입어도 된다.
> ㉣ 브라질이 FIFA 월드컵 통산 3회 우승을 가장 먼저 달성해 줄리메컵을 영구 소장한 대회는 1970년 제9회 멕시코 월드컵이다.

① ㉠, ㉢
② ㉠, ㉣
③ ㉡, ㉣
④ ㉡, ㉢, ㉣

18 공포증(Phobia)에 대한 설명이 잘못된 것은?

① 불안과 달리 특정한 상황에 접하면 비합리적인 심한 공포감에 지속적으로 시달린다.
② 자신이 느끼는 공포감이 비합리적임을 알지만 통제할 수 없다.
③ 일종의 강박관념이나 신경질환의 증세로서 나타나며, 때로는 신체장애를 가져오기도 한다.
④ 연령과 무관해 모든 연령층에서 고르게 발견된다.

19 기존 방사선 치료와 달리 움직이는 로봇팔로 신체 어느 부위라도 안전한 방사선 치료를 가능하게 하는 방사선 치료 시스템을 무엇이라 하는가?

① 사이버나이프
② 감마나이프
③ 양성자 치료기
④ 바이오피드백

20 생명을 위협하는 신체적·정신적 충격을 경험한 후 불면·과민반응 등의 정신장애와 함께 심한 경우 사회복귀가 어려운 질병을 무엇이라 하는가?

① 말로웨이즈 증후군

② 외상성 스트레스 증후군

③ 뮌하우젠 증후군

④ ADHD 증후군

21 세계보건기구(WHO)가 여행자가 반드시 맞아야 하는 예방백신으로 선정하지 않은 것은?

① 황열 백신

② 뎅기열 백신

③ 장티푸스 백신

④ 수막구균 백신

22 다음 중 우리나라에서 법으로 관리하는 감염병 중 제1급 감염병에 해당하는 것은 무엇인가?

① 수두

② 백일해

③ A형간염

④ SARS(중증급성호흡기증후군)

23 대다수 집단식중독의 원인으로 지목되며, 기온이 낮은 겨울철에도 자주 발생하는 바이러스는?

① 아데노바이러스　　　　　② 아레나바이러스

③ 코로나바이러스　　　　　④ 노로바이러스

24 에어컨 냉각기에 서식하며 호흡기를 통해 폐에 침투하는 대표적인 세균은?

① 레지오넬라균 　　　　　　② 살모넬라균
③ 비브리오균 　　　　　　　④ 미나마따균

25 세균과 바이러스의 차이점에 대한 설명 중 옳지 않은 것은?

① 바이러스는 자체증식 능력이 없어 숙주에 기생해서만 증식하므로 세균보다 진화론적으로 열등하다.
② 항생제는 세균성 질환에 탁월한 효과를 발휘하나 바이러스에는 속수무책이다.
③ 바이러스는 조건이 나쁜 환경에서 단백질 결정형태로 수백 년 이상 생존 가능하다.
④ 뇌염과 홍역은 세균성 질환이고, 페스트와 결핵은 바이러스성 질환이다.

26 질병관리본부는 조류인플루엔자의 차단을 위해 전국에 가금류와 관련된 사람, 차량, 물품 등에 일시적인 이동중지명령을 내릴 수 있는데, 이를 뜻하는 것은?

① 셉테드(CPTED)
② 세틀먼트(Settlement)
③ 애프터케어(Aftercare)
④ 스탠드 스틸(Stand Still)

27 전염병의 최고 경보 수준인 범유행을 가리키는 용어는?

① 에피데믹 　　　　　　　　② 판데믹
③ 엔데믹 　　　　　　　　　④ 신데믹

28 야구에서 10회 이상 경기의 무승부로, '승부치기'를 실시할 경우 선발 진루자를 어디에 위치시키는가?

① 3루
② 2루, 3루
③ 1루, 2루
④ 1루, 2루, 3루

29 프리온에 의해 감염되어 뇌에 스펀지처럼 구멍이 뚫려 신경세포가 파괴되어 죽음에 이르게 되는 질병은?

① 변형 크로이츠펠트-야콥병
② 대상포진
③ 버거씨병
④ 레이노 증후군

30 다음 중 간의 기능에 해당하지 않는 것은?

① 혈당 조정
② 해독 작용
③ 적혈구 생성
④ 소화효소 분비

07 한국사

01 한반도의 석기 시대와 관련한 설명 중 옳지 않은 것은?

① 빗살무늬 토기와 갈돌, 갈판, 조개류 장식 등의 유물을 남긴 시대에는 농경이 시작되어 정착 생활이 가능해졌다.

② 구석기인들은 채집과 사냥을 주로 했기 때문에 무리 지어 살면서 협동했고, 더 나은 생활환경을 끊임없이 이동하였다.

③ 아슐리안형 주먹도끼가 발굴된 경기도 연천군 전곡리 유적지가 조성되던 당시에는 반달돌칼을 사용해 곡식을 거두었다.

④ 경남 창녕군 비봉리 유적에서 출토된 배는 한반도에서 발견된 배 중 가장 오래된 것으로, 이 배가 만들어진 시대에는 빗살무늬 토기를 만들어졌다.

02 왕들과 그들이 사용한 독자적 연호(年號)의 연결이 바르지 않은 것은?

① 고구려의 광개토 대왕 - 영락(永樂)

② 발해의 무왕 - 태화(太和)

③ 고려의 태조 - 천수(天授)

④ 대한제국의 순종 - 융희(隆熙)

03 다음 중 고려의 특수부대인 삼별초에 대한 설명으로 옳지 않은 것은?

① 삼별초는 좌별초, 우별초, 신의군의 세 군대를 뜻한다.

② 삼별초 중에서 신의군은 몽골의 포로가 되었다가 탈출한 병사들로 구성됐다.

③ 삼별초는 무신정권 시기에 최우가 설치한 일종의 사병 조직인 야별초에서 비롯됐다.

④ 삼별초는 고려와 몽골의 화친 조약에 반대해 강화도에 근거지를 세우고 대몽 항쟁을 벌였다.

04 흥인지문이 최초로 건립된 시기에 재위한 왕과 관련한 설명으로 옳지 않은 것은?

① 위화도 회군을 계기로 실권을 장악한 후에 조선 왕조를 세웠다.

② 조선 개국의 기본 강령과 육전에 관한 사무를 규정한 『조선경국전』을 편찬했다.

③ 함경도에 있다가 서울로 돌아와 창덕궁에서 승하했고, 경기도 구리시에 있는 건원릉에 안장됐다.

④ 왕의 명령으로 고려의 역사를 자주적·객관적으로 서술한 『고려사절요』의 편찬 작업이 완료됐다.

05 한강 유역의 점령 순서가 바르게 된 것은?

① 백제 → 고구려 → 신라

② 신라 → 백제 → 고구려

③ 고구려 → 신라 → 백제

④ 백제 → 신라 → 고구려

06 일본에 한문학을 전파한 백제 학자는?

① 담징

② 박연

③ 왕인

④ 아직기

07 국내에 유일하게 남아 있는 고구려 석비는?

① 진흥왕 순수비

② 광개토대왕릉비

③ 중원고구려비

④ 북한산비

08 다음 중 고려의 대외관계가 시대적 사실 순으로 바르게 된 것은?

> ㉠ 거란의 침입에 대비하여 천리장성 축조
> ㉡ 금나라에 사대 외교
> ㉢ 몽골과의 거란족 토벌
> ㉣ 별무반을 조직하여 여진족 토벌

① ㉠ → ㉡ → ㉢ → ㉣
② ㉠ → ㉣ → ㉡ → ㉢
③ ㉡ → ㉠ → ㉣ → ㉢
④ ㉣ → ㉠ → ㉢ → ㉡

09 고려시대 각 기관과 하는 일이 바르게 연결된 것은?

① 도병마사 – 각 지방 병영의 통솔
② 춘추관 – 실록과 역사 편찬
③ 중추원 – 풍기 단속과 감찰
④ 삼사 – 사헌부 · 사간원 · 홍문관

10 다음 밑줄 친 '이 지역'에 해당하는 곳은?

> **황성 옛터**
>
> 황성 옛터에 밤이 되니 월색만 고요해
> 폐허에 서린 회포를 말하여 주노나.
> 아, 가엾다. 이내 몸은 그 무엇 찾으려고
> 끝없는 꿈의 거리를 헤매어 있노라.
>
> '황성 옛터'는 1928년에 어느 순회극단이 이 지역에서 공연을 하고 있을 때 작곡한 것으로, 폐허가 된 옛 궁터만월대를 찾았을 때에 받은 쓸쓸한 감회를 그린 노래이다.

① 경주   ② 부여
③ 개성   ④ 공주

11 다음 중 가장 오래된 교육기관은?

① 태학   ② 향학
③ 국자감   ④ 성균관

12 다음 내용과 관련이 깊은 역사적 사실은?

> • 태조 왕건은 고구려 계승을 내세워 국호를 고려라 하였다.
> • 이규보는 『동명왕편』에서 고구려의 전통을 노래하여 고구려의 계승 의식을 보여 주었다.

① 개경으로의 천도
② 묘청의 서경 천도 운동
③ 김부식의 대금 외교 정책
④ 한양 길지설에 따른 남경의 설치

13 항일 독립운동의 일환으로 일어난 다음의 역사적 사건 중에서 가장 나중에 발생한 것은 무엇인가?

① 이상재, 한규설 등이 조선민립대학 기성회를 조직하고 창립 총회를 열었다.
② 독립운동가 나석주가 동양척식주식회사와 식산은행에 폭탄을 던지고 자결하였다.
③ 박용만, 박종수 등이 독립군을 양성하려고 미국 하와이에서 대조선국민군단을 조직했다.
④ 일본에서 유학 중이던 한국의 학생들이 조직한 조선청년독립단이 도쿄에서 2 · 8 독립선언서를 발표했다.

14 조선시대의 과학 기술과 그 용도를 잘못 연결한 것은?

① 자격루와 앙부일구 – 시간 측정 기구

② 간의 · 인지의 – 토지 측량과 지도 제작에 쓰임

③『향약집성방』 – 국산 약재와 치료 방법을 정리한 의학 서적

④『천상열차분야지도』 – 고구려 천문도를 바탕으로 제작된 천문도

15 다음 중 조선시대 외교, 의례, 연회, 학교, 취재, 과거를 담당한 기관은?

① 공조

② 예조

③ 승정원

④ 삼사

16 다음 중 조선 3대 시가집이 아닌 것은?

① 가곡원류

② 두시언해

③ 청구영언

④ 해동가요

17 조선 성종에 대한 설명으로 옳지 않은 것은?

① 문물제도 완성

② 홍문관 설치

③ 경국대전 편찬 완성

④ 조선의 통치 체제 확립

18 다음 중 『국조인물고(國朝人物考)』의 내용이 아닌 것은?

① 18세기에 만든 일종의 인물사전이다.

② 영조~정조 시대에 편찬된 것으로 추정된다.

③ 원본은 모두 71권이다.

④ 제4권과 제7권은 소실됐다.

19 대한민국 제헌국회를 구성하기 위한 총선거와 관련한 설명으로 옳지 않은 것은 무엇인가?

① 북한과 제주도를 포함한 한반도 전역에서 국회의원을 선출했다.

② 대한민국에서 치러진 최초의 민주주의 선거로서, 미군정법령에 따라 실시됐다.

③ 선거권은 만 21세 이상에게, 피선거권은 만 25세 이상에게 주어졌고, 소선거구제를 채택했다.

④ 개표 결과 무소속 출신이 가장 많이 당선됐고, 그다음으로 대한독립촉성국민회가 많은 의석을 차지했다.

20 정약용의 저서 중 다음 내용을 담고 있는 것은?

> 조선시대의 형옥에 관한 법서로 살인 사건에 대한 처리가 매우 무성의하고 형식적으로 진행됨이 형을 다루는 사람들의 형률에 대한 무지 때문으로 파악하고, 이를 시정하기 위하여 경국대전과 중국의 대명률을 기본원리로 하여 조선과 중국의 사례를 들어 설명하였다.

① 『흠흠신서』   ② 『경세유표』

③ 『목민심서』   ④ 『여유당전서』

21 다음 중 충무공 이순신이 최초로 거북선을 투입한 해전은?

① 사천해전   ② 명량해전

③ 옥포해전   ④ 노량해전

22 조선 후기 사대부 출신의 대표적 화가인 '사인삼재(士人三齋)'를 바르게 나열한 것은?

① 강세황, 최북, 정선
② 심사정, 김홍도, 강세황
③ 심사정, 정선, 조영석
④ 심사정, 신윤복, 이광사

23 다음 중 지문의 내용보다 시기적으로 앞선 사건은 어느 것인가?

> 훈구파 중에 조광조 등 신진사류에 강한 불만을 가지고 있던 예조판서 남곤과 도총관 심정, 홍경주와 모의하여 대궐 후원의 나뭇잎에 과일즙으로 '주초위왕'이라는 글자를 써 벌레가 갉아 먹게 한 다음에 궁녀로 하여금 이것을 왕에게 바쳐서 의심을 조장시켰다. 또한 홍경주를 시켜 조광조 등이 붕당을 짓고, 사리를 취하며, 젊은 사람으로 하여금 나이 든 사람을 능멸하고, 낮은 이가 귀한 이를 업신여겨 국세를 기울게 하여 조정을 날로 그르친다고 탄핵하게 했다.

① 갑신정변
② 을사사화
③ 만적의 난
④ 행주대첩

24 다음 보기의 역사적 사실을 순서대로 바르게 나열한 것은?

> ㉠ 정미조약   ㉡ 정축조약
> ㉢ 강화도조약   ㉣ 한성조약
> ㉤ 톈진조약

① ㉠ – ㉡ – ㉢ – ㉣ – ㉤
② ㉡ – ㉠ – ㉢ – ㉣ – ㉤
③ ㉠ – ㉡ – ㉤ – ㉢ – ㉣
④ ㉠ – ㉢ – ㉣ – ㉤ – ㉡

25 다음 중 제주 4·3 사건이 발생하기 이전에 일어난 사건은 무엇인가?

① 제주도가 전라남도로부터 분리되어 도(道)로 승격됐다.
② 반민족행위특별조사위원회(반민특위)가 설치된 목적을 이루지 못하고 폐지됐다.
③ 주한미군 사령부에서 미군의 정훈 교육과 오락을 목적으로 주한미군방송을 시작했다.
④ 소련의 제창으로 공산권이 유럽경제협력기구에 대항하기 위해 코메콘(COMECON)이 창설됐다.

26 우리나라를 처음으로 유럽에 소개한 최초의 문헌은?

① 『왕오천축국전』　　　　　　② 『하멜표류기』
③ 『동방견문록』　　　　　　　④ 『동국정운』

27 다음 중 미국에서 작성한 '브라운 각서'를 받은 시기에 집권한 정부와 관련한 설명으로 옳은 것은?

① 한일 협정을 체결해 일본과의 국교를 정상화했다.
② 한국과 칠레 사이에서 자유무역협정(FTA)이 체결됐다.
③ 남한은 북한과 함께 국제연합에 가입한 이후 중국과 수교했다.
④ 한국 경제의 세계화를 위해 경제협력개발기구(OECD)에 가입했다.

28 다음 중 신미양요에 대한 설명으로 옳지 않은 것은?

① 미국 함대가 제너럴셔먼호 사건(1866년)을 구실로 침입하였다.
② 신미양요에서 승리한 뒤, 흥선 대원군은 척화비를 건립하였다.
③ 어재연 부대가 광성보에서 항전하였다.
④ 강화도의 외규장각에 보관 중이던 각종 서적과 문화재를 약탈당했다.

29 을사늑약(1905)과 헤이그 특사 파견(1907) 등 대한제국기 역사의 현장이었으며, 조선 궁궐 내 첫 서양식 건물이기도 한 것은?

① 덕수궁 석조전
② 창경궁 문정전
③ 창경궁 경춘전
④ 덕수궁 중명전

30 1960년대~1970년대 한국의 경제사와 관련한 설명으로 옳지 않은 것은?

① 제1차 경제 개발 5개년 계획을 추진하면서 노동집약적 산업을 육성해 수출을 늘리는 방향으로 정책을 전환했다.
② 제2차 경제 개발 5개년 계획을 추진하면서 경부고속국도 등 사회간접자본(SOC)을 확충하고 산업 구조 개편에 주력했다.
③ 제3차~제4차 경제 개발 5개년 계획을 추진하면서 중화학 공업 육성에 주력하여 포항 제철이 들어섰다.
④ 제3차~제4차 경제 개발 5개년 계획을 추진한 결과 농업 등 1차 산업의 비중이 확대되고, 1970년대 말에는 경공업의 비중이 중화학공업을 앞질렀다.

배우기만 하고 생각하지 않으면
얻는 것이 없고,
생각만 하고 배우지 않으면 위태롭다.

공자

제3편

기초영어

우리가 해야할 일은
끊임없이 호기심을 갖고
새로운 생각을 시험해보고
새로운 인상을 받는 것이다.

월터 페이터

01 인 사

(1) 만났을 때

A : Hi, Jane. [안녕, Jane.]

B : Hi, Inho. How are you doing? [안녕, 인호, 어떻게 지내니?]

A : Fine, thank you. Good to see you again.

[좋아, 고마워. 다시 만나게 되어 반갑다.]

(2) 헤어질 때

A : Good-bye, Inho. [잘 가, 인호.]

B : Good-bye, Jane. [잘 있어, Jane.]

02 소 개

(1) 타인 소개

A : Mr. Smith, this is my sister Sumi. Sumi, this is Mr. Smith.

[Smith 선생님, 애가 제 누이동생 수미예요. 수미야, 이 분이 Smith 선생님이셔.]

B : How do you do, Sumi? [안녕, 수미.]

A : How do you do, Mr. Smith? Glad to meet you(=Nice to meet you).

[안녕하세요, Smith 선생님. 만나 뵈어서 기쁩니다.]

B : Glad to meet you, too. [나도 만나서 기쁘구나.]

※ 남을 소개할 때에는 먼저 아랫사람을 윗사람에게, 남성을 여성에게 소개한다.

(2) 자기 소개

A : Let me introduce myself to you. My name is Inho.
[인사드리겠습니다. 제 이름은 인호입니다.]

B : How do you do? My name is Tim. Glad to meet you.
[안녕하세요? 제 이름은 Tim입니다. 만나서 기쁩니다.]

A : Glad to meet you, too. [나도 만나서 기쁩니다.]

03 감사 · 사과

(1) 감사의 말과 그 응답

A : May I use your pen? [펜 좀 써도 되겠습니까?]

B : Yes, of course. Here it is. [물론입니다. 여기 있습니다.]

A : Thank you very much. [고맙습니다.]

B : You're welcome. [천만에요.]=Not at all=Don't mention it.

(2) 사과의 말과 그 응답

A : I'm sorry, I can't help you. [도와 줄 수 없어서 미안해.]

B : That's all right. [괜찮아.]

04 위로 · 칭찬

(1) 위 로

① A : How's your sister? [동생은 잘 지내니?]

B : She has a bad cold. [독감에 걸렸어.]

A : That's too bad. Say hello to your sister. [그것 참 안 됐구나. 안부 인사 좀 전해줘.]

B : I certainly will. Thank you. [그럴게. 고마워.]

② A : I'm sad and unhappy. [나는 슬프고 우울해.]

   B : Cheer up! [기운내!]

(2) 칭 찬

① A : You have a nice garden. [정원이 참 멋있다.]

   B : Thank you. [고마워.] → 칭찬의 말에는 Thank you로 응답

② A : I got an A. [A 학점을 받았어.]

   B : Good for you. [참 잘했어.]

---

05   요청 · 권유 · 제안

(1) 요 청

① A : Can you help your mother? She's washing the dishes.

    [어머니를 도와드리겠니? 설거지를 하고 계셔.]

   B : Yes, I can. I'm going to help her now.

    [네, 할 수 있어요. 지금 도와드릴 거예요.]

② A : Would you mind helping me? [도와주시겠습니까?]

   B : No, not at all. [네, 물론입니다.]

Can you help~?
=Will you help~? = Please help~?

요청에 대한 승낙
Of course not. = All right. = I'd be glad to.

요청에 대한 거절
I'm sorry, but I can't.

---

(2) 권 유

　① A : Will you have some more bread? [빵을 더 드시겠습니까?]

　　B : No, thank you. I'm full. [아닙니다. 배가 부릅니다.]

　　A : Then, how about some cheese? [그럼, 치즈는 어때요?]

　　B : Okay. [좋습니다(=Yes, please).]

　② A : I don't know what to wear to school today.
　　　　[학교에 무엇을 입고 가야 할지 모르겠어.]

　　B : Why don't you wear your jeans? [청바지를 입는 게 어때?]

　　A : That's a good idea. [그게 좋겠다.]

(3) 제 안

　① A : Would you like to go to the movies? [영화 보러 가지 않을래?]

　　B : Sure, I'd like to. / OK. That's nice. [물론 같이 갈게.]

　② A : Let'go skating tomorrow. [내일 스케이트 타러 가자.]

　　B : I'm sorry, but I can't go. [미안하지만, 갈 수 없어.]

06　전화 대화

(1)　A : Hello. [여보세요.]

　　B : Hello. May I speak to John? [여보세요. John 좀 바꿔 주세요.]

　　A : Yes, this is he. Who's calling, please? [예. 전데요. 누구십니까?]

　　B : This is Minhee. [나 민희야.]

　　A : Oh, hi, Minhee. [안녕, 민희야.]

(2)　A : Hello. May I speak to Jane? [여보세요. Jane 좀 바꿔주세요.]

　　B : I'm sorry. You have the wrong number. [미안합니다. 전화 잘못거셨습니다.]

(3)　A : Hello. May I speak to Tim? [여보세요. Tim 좀 바꿔주세요.]

　　B : I'm sorry, he's out. Who's calling, please? [죄송하지만 외출했는데요. 누구세요?]

　　A : This is Minhee. When will he be back? [민희입니다. 언제 돌아오나요?]

B : He may be back late. May I take your message?
　　[늦게 돌아올 것 같은데. 메시지를 전해드릴까요?]

A : No. Just tell him that I called. [아닙니다. 제가 전화했다고만 전해 주세요.]

07　길 묻기와 길 안내

(1) A : How can I get to the bus stop? [버스정류장까지 어떻게 가나요?]
　　 B : Let me take you there. [제가 모셔다 드리죠.]

(2) A : Excuse me, but where is the post office? [실례지만 우체국이 어디에 있습니까?]
　　 B : Go straight ahead and then turn to the right.
　　　　 [이 길을 똑바로 가다가 오른쪽으로 돌아가십시오.]

08　상점에서

(1) A : Can I help you? [도와드릴까요?]
　　 B : Yes, I need a blouse. [네, 블라우스가 필요한데요.]
　　 A : What size do you wear? [어떤 치수를 입으세요?]
　　 B : I don't know my size. Can I just try some on?
　　　　 [제 치수를 모르는데요. 좀 입어봐도 될까요?]
　　 A : Oh, yes. Here you are. [아, 네. 여기 있습니다.]

(2) A : May I help you? [도와드릴까요?]
　　 B : No, thank you. I'm just looking (around). [아닙니다. 구경 좀 하려고 합니다.]

09　초대 · 방문

(1) A : Hi, John. Tomorrow is my birthday. Can you come to our house for dinner
　　　 tomorrow night?
　　　 [안녕, John. 내일이 내 생일인데, 내일 밤 저녁 식사하러 우리집에 올 수 있겠니?]
　　 B : Sure, I can. What time shall I come? [물론, 갈 수 있지. 몇 시에 갈까?]
　　 A : About six thirty. [6시 30분경에.]
　　 B : All right, fine. See you then. [좋아. 그때 만나자.]

> Sure, I can.
> = Of course, I can.
> = I'd like to.
> = Thank you. I'll be sure to come.

(2) A : Is Mr. Smith in the office now? [사무실에 지금 Smith씨 계십니까?]
　　 B : I think so. Why? [네, 계십니다. 무슨 일이시죠?]
　　 A : I want to see him if he is in the office. [사무실에 계시면 좀 만나고 싶은데요.]

(3) A : Please, excuse me. I must go now.(=I must be going now)
　　　 [미안하지만, 나 이제 가봐야겠어.]
　　 B : Do you really have to go? [정말 가야 하니?](=Are you leaving already?)
　　 A : Yes, I do. I have to be at the station at four. My mother is coming.
　　　 [그래, 가야 해. 4시에 역에 가야 해. 어머니가 오셔.]

(4) A : Thanks for the interesting evening, John. [John, 즐거운 저녁 고마워.]
　　 B : You're welcome. Take care and good night. [천만에, 조심해서 잘 가.]
　　 A : Good night, John. [잘 있어, John.]

10 기 타

(1) 시간 · 요일 · 날짜

① A : What time is it now? [지금 몇 시입니까?]

　B : It's ten thirty. [10시 30분입니다.]

② A : What day is it today? [오늘 무슨 요일입니까?]

　B : It's Monday. [월요일입니다.]

③ A : What's the date today? [오늘이 며칠입니까?]

　B : It's May 15. [5월 15일입니다.]

(2) 직업 · 날씨 · 취미

① What does your father do for a living?

　[너의 아버지는 무슨 일을 하시니?(직업이 무엇이니?)]

　＝How does your father make his living?

② How is the weather in Korea? [한국의 날씨는 어떻습니까?]

　＝What is the weather like in Korea?

③ What's your favorite hobby? [네 취미는 뭐니?]

●● 정답 및 해설 p. 048

※ 빈칸에 들어갈 가장 알맞은 말을 고르시오. [1~13]

01
> A : Let's go swimming. What do you say?
> B : _____.

① I'm glad you like it
② That sounds good
③ That's too bad
④ I don't mean it

02
> A : Let me ask you a question.
> B : Sure, _____.

① take care
② go ahead
③ forget it
④ so long

03

A : Hi, Bill. _____?

B : I've just returned from Jeju-do.

A : How was the trip?

B : It was delightful. And the weather was perfect.

① What size are you

② Why are you so angry

③ How's the weather

④ Where have you been

04

A : Good morning, sir. _____?

B : Yes, I'm looking for a small telescope for my son.

A : Here's one you'll like. It's of fine quality.

B : It looks okay. What's the price?

A : It's one sale for 20 dollars.

B : That sounds fair.

① What can I do for you

② May I take your order

③ May I try it on

④ Will you do me a favor

05

A : Do you think you can live without machines?

B : No, I don't think so. Machines are an important part of our modern life.

A : _____. Our lives are tied to machines.

① I agree with you
② I agree to you
③ That's too bad
④ I have an idea

06

A : How much is this CD?

B : $ 10.

A : OK, I'lll take it. Please, wrap it.

B : _____.

① Here I am   ② Here we are
③ Here you are   ④ Here they are

07

A : Would you mind my opening the window?

B : _____.

① It's shame   ② Of course, not
③ You are welcome   ④ Yes, go ahead

08

A : I'm very sorry to be late for school today.

B : _____. You're not late very often. I imagine you've got a good reason.

A : I missed my train and had to wait twenty minutes for the next one.

① You're right

② You're kidding

③ That's all right

④ That sounds good

09

A : Do I need a transfer?

B : No, it goes straight through.

A : _____ does it come by here?

B : Every ten minutes.

① How far   ② How often

③ How long   ④ How much

10

A : Here's a gift for you.

B : Thank you. May I open it now?

A : _____.

B : What a pretty doll!

① Of course   ② You can't

③ Excuse me   ④ I'm fine

11

> A : How are you these days?
> B : I'm fine. _____
> A : Pretty good. Thanks.
>   I've been thinking about my future.
> B : You mean next year?
> A : No, I mean about my life's work.

① How about you? ② Where are you?
③ What is it? ④ Never mind.

12

> A : May I help you?
> B : Yes, please. I want to send a few boxes.
> A : _____?
> B : One is for China, and the other two for Korea.

① Where are you from
② What country are they for
③ How much is it
④ How far is it

13

> A : _____? You don't look well.
> B : I have a bad cold.

① Is there anything good
② What's wrong
③ Can you see it
④ What does it look like

14 다음 대화에서 우리말을 영어로 옮길 때 알맞은 것은?

> A : He cannot solve the problem.
> B : 나도 마찬가지야.

① So do I.　　　　　　② Neither can I.
③ So can't I.　　　　　④ Neither I can.

15 다음은 전화 대화 내용이다. 빈칸에 적당하지 않은 것은?

> A : Hello, May I speak to Mary, please?
> B : _____.

① I'm sorry. She's not in
② Yes, this is she speaking
③ Yes, but the line is busy
④ You have the wrong number

※ 다음 대화에서 빈칸에 들어갈 적절한 말을 고르시오. [16~36]

16

> A : Do you think that you can fix the problem?
> B : _____. But I can help.

① Sure, I do　　　　　② Yes, of course
③ No, thanks　　　　　④ Of course not

17

A : Would you like to go to the movies with me?

B : _____ What time shall we meet?

A : At two thirty this afternoon.

① Why not?

② That's right.

③ Who knows?

④ That's all right.

18

A : How often does he visit his parents?

B : _____.

① In two days

② Every two months

③ Two days later

④ For three months

19

A : Hello, this is Mr. Kim speaking. May I speak to Jane?

B : _____. I'll see if she's in.

① Hold on, please

② The line is busy

③ Hang up, please

④ You're wanted to the phone.

20

A : Good evening. Can I help you?

B : Yes. _____ My name is John Smith. I have a reservation for three nights.

① How much is the charge?

② I'd like to check in, please.

③ I'd like to check out, please.

④ Can I deposit valuables here?

21

A : How do you like your steak?

B : _____.

① Well-done, please

② Sunny side up please

③ It sounds good

④ I'd like to eat steak

22

A : How's your mother?

B : She's fine, thanks.

A : _____ me to her.

① Remind

② Introduce

③ Take

④ Remember

23

> A : Can I help you?
> B : Yes, I'd like to see some ties.
> A : Here are the latest.
> B : _____
> A : Yes, sir. Please take your time.

① How about this one?

② I like bright colors.

③ Oh, it looks nice. I'll take it.

④ Let me look them over a while.

24

> A : _____?
> B : He is a plumber.

① What does you hope for

② What is your father favorite hobby

③ What does your brother do for a living

④ Where is your mother's hometown

25

> A : Excuse me, but can you tell me if this bus goes to Seoul Station?
> B : _____ I'm a stranger here myself.

① Why not?

② Sure I will.

③ I'm afraid I can't

④ Of course I can't

26

A : _____?
B : To the library.

① How do you go
② Who is going there
③ What are you doing
④ Where are you going

27

A : Would you like some cake with your tea?
B : No, thank you. And don't put any sugar in my tea, _____.

① I'm not very thirsty
② I'd rather have coffee
③ I'm on a diet
④ I don't feel like drinking tea now

28

A : _____ at Kimpo Airport.
B : Thank you very much. What's the fare?
A : Three thousand won.

① We arrived
② Here you are
③ We came at last
④ Here we are

29

> A : Is this table free, waiter?
> B : I'm sorry, sir, but those two tables have just been _____ by telephone.

① reserved
② occupied
③ sold
④ promised

30

> A : Excuse me, sir. _____.
> B : I'm sorry, but I'm also a stranger here.

① What is this?
② What place is this?
③ What is here?
④ Where am I?

31

> A : Oh, my stomach is growling.
> B : What do you mean by that?
> A : I mean "I'm very _____."

① tired
② full
③ hungry
④ painful

32

A : Excuse me, but I want to get to the post office.

　　Is this the way to the post office?

B : _____.

A : How far is it from here?

B : It's quite a distance from here. You'd better take a bus.

A : Thank you for your kindness.

B : You are welcome.

① With pleasure

② Yes, certainly

③ Yes, this is the right way

④ I'm a stranger around here

33

A : Oh, excuse me, sir. I didn't mean to push you.

B : _____.

① You're welcome　　　　② Not at all

③ That's all right　　　　④ Certainly not

34

A : May I help you?

B : I'd like to buy a dress shirt.

A : What size do you wear?

B : I don't know my size. _____?

A : Sure.

① How much is it　　　　② What shall I do

③ Can I try some on　　　④ How much do I owe you

35

A : May I help you?

B : No, thank you. _____

Maybe later I might need your help.

A : I hope you will. Take your time. We have a lot more upstairs.

① It is too expensive.

② I'm just looking around.

③ How much does it cost?

④ You are welcome.

36

A : I am getting anxious about the exam.

B : _____.

① Let's call it a day   ② Take it easy

③ I am broke, too   ④ I am all thumbs

37 다음 문장의 밑줄 친 말과 용법이 같은 것은?

Since he is rich, he will help the poor.

① I enjoy my work since it is exciting.

② Since I saw her last, many years have passed.

③ Nothing has changed since the war.

④ It is ten years since the man left.

제4편

인성검사

인생이란 결코 공평하지 않다.
이 사실에 익숙해져라.

빌 게이츠

제 1 장 인성검사의 개요

1. 인성검사의 의의

인성검사는 1943년 미국 미네소타 대학교의 정신과 및 심리학과 교수인 Hathaway Mckinley가 제작한 MMPI(Minnesota Multiphasic Personality Inventory)를 원형으로 한 다면적 인성검사를 말한다.

다면적이라 불리는 것은 여러 가지 정신적인 증상들을 동시에 측정할 수 있도록 고안되어 있기 때문이다. 풀이하자면, 개인이 가지고 있는 다면적인 성격을 많은 문항의 질문을 통해 수치로 나타내는 것을 성격검사라 한다.

그렇다면 성격이란 무엇인가? 성격은 일반적으로 개인 내부에 있는 특징적인 행동과 생각을 결정해 주는 정신적·신체적 체제의 역동적 조직이라고 말할 수 있으며, 환경에 적응하게 하는 개인적인 여러 가지 특징과 행동양식의 잣대라고 정의될 수 있다.

다시 말하면, 성격이란 한 개인이 환경적 변화에 적응하는 특징적인 행동 및 사고유형이라고 할 수 있으며, 인성검사란 그 개인의 행동 및 사고유형을 서면을 통해 수치적·언어적으로 기술하거나 예언해 주는 도구라 할 수 있다.

신규채용 또는 평가에 활용하는 인성검사는 MMPI를 원형 그대로 사용하는 기업도 있지만, 대부분의 기업에서는 MMPI 원형을 기준으로 각 기업에 맞도록 연구, 조사, 정보수집, 개정 등의 과정을 통해서 자체 개발한 유형을 사용하고 있다.

인성검사의 구성은 여러 가지 하위 척도로 구성되어 있는데, MMPI 다면적 인성검사의 척도를 살펴보면 기본 척도가 8개 문항으로 구성되고, 2개의 임상 척도와 4개의 타당성 척도를 포함, 총 14개 척도로 구성되어 있다.

캘리포니아 심리검사(CPI ; California Psychological Inventory)는 48개 문항, 18개의 척도로 구성되어 있다.

2. 인성검사의 해석단계

해석단계는 첫 번째, 각 타당성 및 임상 척도에 대한 피검사자의 점수를 검토하는 방법으로 각 척도마다 피검사자의 점수가 정해진 범위에 속하는지 여부를 검토하게 된다.

두 번째, 척도별로 연관성에 대한 분석으로 각 척도에서의 점수범위가 의미하는 것과 그것들이 나타낼 가설들을 종합하고, 어느 특정 척도의 점수를 근거로 하여 다른 척도들에 대한 예측을 시도하게 된다.

세 번째, 척도 간의 응집 또는 분산을 찾아보고 그에 따른 해석적 가설을 형성하는 과정으로 두 개 척도 간의 관계만을 가지고 해석하게 된다.

네 번째, 매우 낮은 임상 척도에 대한 검토로서, 일부 척도에서 낮은 점수가 특별히 의미 있는 경우가 있기 때문에 신중히 다뤄지게 된다.

다섯 번째, 타당성 및 임상 척도에 대한 형태적 분석으로서, 타당성 척도들을 형태와 임상 척도들 전체의 형태적 분석이다. 주로 척도들의 상승도와 기울기 및 굴곡을 해석해서 피검사자의 종합적이고 총체적인 추론적 해석을 하게 된다.

제 2 장 척도구성

1. MMPI 척도구성

(1) 타당성 척도

타당성 척도는 피검사자가 검사에 올바른 태도를 보였는지, 또 피검사자가 응답한 검사문항들의 결론이 신뢰할 수 있는 결론인가를 알아보는 라이 스케일이라 할 수 있다. 타당성 4개 척도들은 잘못된 검사태도를 탐지하게 할 뿐만 아니라, 임상 척도와 더불어 검사 이외의 행동에 대하여 유추할 수 있는 자료를 제공해 줌으로써, 의미 있는 인성요인을 밝혀주기도 한다.

〈타당성 4개 척도구성〉

무응답 척도 (?)	무응답 척도는 피검사자가 응답하지 않은 문항과 '그렇다'와 '아니다'에 모두 답한 문항들의 총합이다. 척도점수의 크기는 다른 척도점수에 영향을 미치게 되므로, 빠뜨린 문항의 수를 최소한 줄이는 것이 중요하다.
허구 척도 (L)	L척도는 원래 피검사자가 자신을 좋은 인상으로 나타내 보이려고 하는 고의적이고도 부정직하며 세련되지 못한 시도를 측정하려는 허구 척도이다. L척도의 문항들은 정직하지 못하거나 결점들을 고의적으로 감춰 자신을 좋게 보이려는 사람들의 장점마저도 부인하게 된다.
신뢰성 척도 (F)	F척도는 검사문항에 빗나간 방식의 답변을 응답하는 경향을 평가하기 위한 척도로 정상적인 집단의 10% 이하가 응답한 내용을 기준으로 일반 대중의 생각이나 경험과 다른 정도를 측정한다.
교정 척도 (K)	K척도는 분명한 정신적인 장애를 지니면서도 정상적인 프로파일을 보이는 사람들을 식별하기 위한 것이다. K척도는 L척도보다 은밀하게, 그리고 세련된 사람들에게서 측정된다.

(2) 임상 척도

임상 척도는 검사의 주된 내용으로써 비정상 행동의 종류를 측정하는 10가지 척도로 되어 있다. 임상 척도의 수치는 높은 것이 좋다고 해석하는 경우도 있지만, 개별 척도별로 해석을 참고하는 경우가 대부분이다.

건강염려증(Hs) Hypochondriasis	개인이 말하는 신체적 증상과 이러한 증상들이 다른 사람을 조정하는 데 사용되고 있는지 여부를 측정하는 척도로서, 측정내용은 신체의 기능에 대한 과도한 집착 및 이와 관련되는 질환이나 비정상적인 상태에 대한 불안감 등이다.
우울증(D) Depression	개인의 비관 및 슬픔의 정도를 나타내는 기분상태의 척도로서, 자신에 대한 태도와 타인과의 관계에 대한 태도, 절망감, 희망의 상실, 무력감 등으로 나타나는 활동에 대한 흥미의 결여, 불면증과 같은 신체적 증상 및 과도한 민감성 등을 표현한다.
히스테리(Hy) Hysteria	현실에 직면한 어려움이나 갈등을 회피하는 방법으로, 부인기제를 사용하는 경향 정도를 진단하려는 것으로서 특정한 신체적 증상을 나타내는 문항들과 아무런 심리적·정서적 장애도 가지고 있지 않다고 주장하는 것을 나타내는 문항들의 두 가지 다른 유형으로 구성되어 있다.
반사회성(Pd) Psychopathic Deviate	가정이나 일반에 대한 불만, 자신 및 사회와의 격리, 권태 등을 주로 측정하는 것으로서 반사회적 성격, 비도덕적인 성격경향 정도를 알아보기 위한 척도이다.
남성-여성특성(Mf) Masculinity-Femininity	직업에 관한 관심, 취미, 종교적 취향, 능동·수동성, 대인감수성 등의 내용을 담고 있으며, 흥미형태의 남성특성과 여성특성을 측정하고 진단하는 검사이다.
편집증(Pa) Paranoia	편집증을 평가하기 위한 것으로서 정신병적인 행동과 과대의심, 관계망상, 피해망상, 과대망상, 과민함, 비사교적 행동, 타인에 대한 불만감 같은 내용의 문항들로 구성되어 있다.
강박증(Pt) Psychasthenia	병적인 공포, 불안감, 과대근심, 강박관념, 자기 비판적 행동, 집중력 곤란, 죄책감 등을 검사하는 내용으로 구성되어 있으며, 주로 오랫동안 지속되어 온 만성적인 불안을 측정한다.
정신분열증(Sc) Schizophrenia	정신적 혼란을 측정하는 척도로서 가장 많은 문항을 내포하고 있다. 이 척도는 별난 사고방식이나 행동양식을 지닌 사람을 판별하는 것으로서 사회적 고립, 가족관계의 문제, 성적 관심, 충동억제불능, 두려움, 불만족 등의 내용으로 구성되어 있다.
경조증(Ma) Hypomania	정신적 에너지를 측정하는 것으로서, 사고의 다양성과 과장성, 행동영역의 불안정성, 흥분성, 민감성 등을 나타낸다. 이 척도가 높으면 무엇인가를 하지 않고는 못 견디는 정력적인 사람이다.
내향성(Si) Social Introversion	피검사자의 내향성과 외향성을 측정하기 위한 척도로서, 개인의 사회적 접촉 회피, 대인관계의 기피, 비사회성 등의 인성요인을 측정한다. 이 척도의 내향성과 외향성은 어느 하나가 좋고 나쁨을 나타내는 것이 아니라, 피검사자가 어떤 성향의 사람인가를 알아내는 것이다.

2. CPI 척도구성

〈18척도〉

지배성 척도 Do	강력하고 지배적이며, 리더십이 강하고 대인관계에서 주도권을 잡는 지배적인 사람을 변별하고자 하는 척도이다.
지위능력 척도 Cs	현재의 개인 자신의 지위를 측정하는 것이 아니라, 개인의 내부에 잠재되어 있어 어떤 지위에 도달하게끔 하는 자기 확신, 야심, 자신감 등을 평가하기 위한 척도이다.
사교성 척도 Sy	사교적이며 활달하고 참여기질이 좋은 사람과, 사회적으로 자신을 나타내기 싫어하며 참여기질이 좋지 않은 사람을 변별하고자 하는 척도이다.
사회적 태도 척도 Sp	사회생활에서의 안정감, 활력, 자발성, 자신감 등을 평가하기 위한 척도로서, 사교성과 밀접한 관계가 있으며, 고득점자는 타인 앞에 나서기를 좋아하고, 타인의 방어기제를 공격하여 즐거움을 얻고자 하는 성격을 가지고 있다.
자기수용 척도 Sa	개인적 가치감을 가지고 있어서 자신에 대한 믿음, 자신의 생각을 수용하는 자기확신감을 가지고 있는 사람을 변별하기 위한 척도이다.
행복감 척도 Wb	근본 목적은 행복감을 느끼는 사람과 그렇지 않은 사람을 변별해 내는 척도 검사이지만, 긍정적인 성격으로 가장하기 위해서 반응한 사람을 변별해 내는 타당성 척도로서의 목적도 가지고 있다.
책임감 척도 Re	법과 질서에 대해서 철저하고 양심적이며 책임감이 강해 신뢰할 수 있는 사람과 인생은 이성에 의해서 지배되어야 한다고 믿는 사람을 변별하기 위한 척도이다.
사회성 척도 So	사회생활에서 이탈된 행동이나 범죄의 가능성이 있는 사람을 변별하기 위한 척도로서 범죄자 유형의 사람은 정상인보다 매우 낮은 점수를 나타낸다.
자기통제 척도 Sc	자기통제의 유무, 충동과 자기중심에서 벗어날 수 있는 통제의 적절성, 규율과 규칙에 동의하는 정도를 측정하는 척도로서, 점수가 높은 사람은 지나치게 자신을 통제하려 하며, 낮은 사람은 자기 통제가 잘 안되므로 충동적이 된다.
관용성 척도 To	침묵을 지키고 어떤 사실에 대하여 판단하기를 꺼리는 등의 사회적 신념과 태도를 재려는 척도이다.
좋은 인상 척도 Gi	타인이 자신에 대해 어떻게 반응하는가, 타인에게 좋은 인상을 주었는가에 흥미를 느끼는 사람을 변별하고, 자신을 긍정적으로 보이기 위해 솔직하지 못한 반응을 하는 사람을 찾아내기 위한 타당성 척도이다.
추종성 척도 Cm	사회에 대한 보수적인 태도와 생각을 측정하는 척도검사이다. 아무렇게나 적당히 반응한 피검사자를 찾아내는 타당성 척도로서의 목적도 있다.
순응을 위한 성취 척도 Ac	강한 성취욕구를 측정하기 위한 척도로서 학업성취에 관련된 동기요인과 성격요인을 측정하기 위해서 만들어졌다.
독립성을 통한 성취 척도 Ai	독립적인 사고, 창조력, 자기실현을 위한 성취능력의 정도를 측정하는 척도이다.
지적 능률 척도 Ie	지적 능률성을 측정하기 위한 척도이며, 지능과 의미 있는 상관관계를 가지고 있는 성격특성을 나타내는 항목을 제공한다.

심리적 예민성 척도 Py	동기, 내적 욕구, 타인의 경험에 공명하고 흥미를 느끼는 정도를 재는 척도이다.
유연성 척도 Fx	개인의 사고와 사회적 행동에 대한 유연성, 순응성 정도를 나타내는 척도이다.
여향성 척도 Fe	흥미의 남향성과 여향성을 측정하기 위한 척도이다.

제3장 인성검사 수검요령

인성검사는 특별한 수검요령이 없다. 다시 말하면 모범답안이 없고, 정답이 없다는 이야기이다. 국어문제처럼 말의 뜻을 풀이하는 것도 아니다. 굳이 수검요령을 말하자면, 진실하고 솔직한 내 생각이 답변이라고 할 수 있을 것이다.

인성검사에서 가장 중요한 것은 첫째, 솔직한 답변이다. 내가 지금까지 경험을 통해서 축적되어온 내 생각과 행동을 허구 없이 솔직하게 기재를 하는 것이다. 예를 들어, "나는 타인의 물건을 훔치고 싶은 충동을 느껴본 적이 있다"란 질문에 피검사자들은 많은 생각을 하게 된다. 생각해보라. 유년기에 또는 성인이 되어서도 타인의 물건을 훔치는 일을 저지른 적은 없더라도, 훔치고 싶은 마음적인 충동은 누구나 조금이라도 다 느껴보았을 것이다. 그런데 이 질문에 고민을 하는 사람이 간혹 있다. 과연 이 질문에 "예"라고 대답하면 담당 검사관들이 나를 사회적으로 문제가 있는 사람으로 여기지는 않을까 하는 생각에 "아니오"라는 답을 기재하게 된다. 이런 솔직하지 않은 답변이 답변의 신뢰와 솔직함을 나타내는 타당성척도에 좋지 않은 점수를 주게 된다.

둘째, 일관성 있는 답변이다. 인성검사의 수많은 질문 문항 중에는 비슷한 뜻의 질문이 여러 개 숨어 있는 경우가 많이 있다. 그 질문들은 피검사자의 솔직한 답변과, 심리적인 상태를 알아보기 위해 내포되어 있는 문항들이다. 가령 "나는 유년시절 타인의 물건을 훔친 적이 있다"라는 질문에 "예"라고 대답했는데, "나는 유년시절 타인의 물건을 훔쳐보고 싶은 충동을 느껴본 적이 있다"라는 질문에는 "아니오"라는 답을 기재한다면 어떻겠는가. 일관성 없이 '대충 기재하자'라는 식의 심리적 무성의성 답변이 되거나, 정신적으로 문제가 있는 사람으로 보일 수 있다.

인성검사는 많은 문항수를 풀어나가기 때문에 피검사자들은 지루함과 따분함, 반복된 뜻의 질문에 의한 인내상실 등이 나타날 수 있다. 인내를 가지고 솔직하게 내 생각을 대답하는 것이 무엇보다 중요한 요령이 될 것이다.

인성검사 시 유의사항

(1) 충분한 휴식으로 불안을 없애고 정서적인 안정을 취한다. 심신이 안정되어야 자신의 마음을 표현할 수 있다.

(2) 생각나는 대로 솔직하게 응답한다. 자신을 너무 과대포장하지도, 너무 비하하지도 마라. 답변을 꾸며서 하면 앞뒤가 맞지 않게끔 구성돼 있어 불리한 평가를 받게 되므로 솔직하게 답하도록 한다.

(3) 검사문항에 대해 지나치게 골똘히 생각해서는 안 된다. 지나치게 몰두하면 엉뚱한 답변이 나올 수 있으므로 불필요한 생각은 삼간다.

(4) 검사시간에 너무 신경 쓸 필요는 없다. 인성검사는 시간제한이 없는 경우가 많으며 시간제한이 있다 해도 충분한 시간이다.

(5) 인성검사는 대개 문항 수가 많기에 자칫 건너뛰는 경우가 있는데, 가능한 한 모든 문항에 답해야 한다. 응답하지 않은 문항이 많을 경우 평가자가 정확한 평가를 내리지 못해 불리한 평가를 내릴 수 있기 때문이다.

제4장 인성검사 모의연습

1. 성격의 자기진단으로 자신의 장점과 단점을 파악한다.

인성검사는 정신의학에 의한 성격분석검사를 기초로 한 일종의 심리테스트로, 인성검사를 통해 지원자의 성격이나 흥미, 대인관계 등을 분석한다. 검사결과에는 지원자가 자각하고 있는 부분과 함께, 자각하지 못한 부분도 나타나기 때문에 자각하지 못하는 성격까지 면접담당자는 모두 파악하는 것이다.

인성검사의 질문항목은 특별히 정해진 것은 없다. 각 기업, 연구단체마다 자회사의 기준에 맞추어 개발해서 사용하고 있고, 문제가 유출되지 않도록 철저히 보안을 유지하고 있다. 문항 수는 적게는 70문항에서 많게는 400문항까지 각 기업마다 다르다. 다음 문항은 실제 출제되었던 기출문제를 분석하여 유사하게 복원한 것이므로 참고자료로 활용할 수 있도록 한다.

2. 1단계 검사

다음 질문내용을 읽고 '예', '아니오'에 ○표 하시오.

번 호	질 문	응 답	
1	조심스러운 성격이라고 생각한다.	예	아니오
2	사물을 신중하게 생각하는 편이라고 생각한다.	예	아니오
3	동작이 기민한 편이다.	예	아니오
4	포기하지 않고 노력하는 것이 중요하다.	예	아니오
5	일주일의 예정을 만드는 것을 좋아한다.	예	아니오
6	노력의 여하보다 결과가 중요하다.	예	아니오
7	자기주장이 강하다.	예	아니오
8	장래의 일을 생각하면 불안해질 때가 있다.	예	아니오
9	소외감을 느낄 때가 있다.	예	아니오
10	훌쩍 여행을 떠나고 싶을 때가 자주 있다.	예	아니오
11	대인관계가 귀찮다고 느낄 때가 있다.	예	아니오
12	자신의 권리를 주장하는 편이다.	예	아니오
13	낙천가라고 생각한다.	예	아니오
14	싸움을 한 적이 없다.	예	아니오

번 호	질 문	응 답	
15	자신의 의견을 상대에게 잘 주장하지 못한다.	예	아니오
16	좀처럼 결단하지 못하는 경우가 있다.	예	아니오
17	하나의 취미를 오래 지속하는 편이다.	예	아니오
18	한 번 시작한 일은 끝을 맺는다.	예	아니오
19	행동으로 옮기기까지 시간이 걸린다.	예	아니오
20	다른 사람들이 하지 못하는 일을 하고 싶다.	예	아니오
21	해야 할 일은 신속하게 처리한다.	예	아니오
22	병이 아닌지 걱정이 들 때가 있다.	예	아니오
23	다른 사람의 충고를 기분 좋게 듣는 편이다.	예	아니오
24	다른 사람에게 의존적이 될 때가 많다.	예	아니오
25	타인에게 간섭받는 것은 싫다.	예	아니오
26	자의식과잉이라는 생각이 들 때가 있다.	예	아니오
27	수다를 좋아한다.	예	아니오
28	잘못된 일을 한 적이 한 번도 없다.	예	아니오
29	모르는 사람과 이야기하는 것은 용기가 필요하다.	예	아니오
30	끙끙거리며 생각할 때가 있다.	예	아니오
31	다른 사람에게 항상 움직이고 있다는 말을 듣는다.	예	아니오
32	매사에 얽매인다.	예	아니오
33	잘하지 못하는 게임은 하지 않으려고 한다.	예	아니오
34	어떠한 일이 있어도 출세하고 싶다.	예	아니오
35	막무가내라는 말을 들을 때가 많다.	예	아니오
36	신경이 예민한 편이라고 생각한다.	예	아니오
37	쉽게 침울해진다.	예	아니오
38	쉽게 싫증을 내는 편이다.	예	아니오
39	옆에 사람이 있으면 싫다.	예	아니오
40	토론에서 이길 자신이 있다.	예	아니오
41	친구들과 남의 이야기를 하는 것을 좋아한다.	예	아니오
42	푸념을 한 적이 없다.	예	아니오
43	남과 친해지려면 용기가 필요하다.	예	아니오
44	통찰력이 있다고 생각한다.	예	아니오
45	집에서 가만히 있으면 기분이 우울해진다.	예	아니오
46	매사에 느긋하고 차분하게 매달린다.	예	아니오
47	좋은 생각이 떠올라도 실행하기 전에 여러모로 검토한다.	예	아니오
48	누구나 권력자를 동경하고 있다고 생각한다.	예	아니오
49	몸으로 부딪혀 도전하는 편이나.	예	아니오
50	당황하면 갑자기 땀이 나서 신경 쓰일 때가 있다.	예	아니오

번 호	질 문	응 답	
51	친구들이 진지한 사람으로 생각하고 있다.	예	아니오
52	감정적으로 될 때가 많다.	예	아니오
53	다른 사람의 일에 관심이 없다.	예	아니오
54	다른 사람으로부터 지적받는 것은 싫다.	예	아니오
55	지루하면 마구 떠들고 싶어진다.	예	아니오
56	부모에게 불평을 한 적이 한 번도 없다.	예	아니오
57	내성적이라고 생각한다.	예	아니오
58	돌다리도 두들기고 건너는 타입이라고 생각한다.	예	아니오
59	굳이 말하자면 시원시원하다.	예	아니오
60	나는 끈기가 강하다.	예	아니오
61	전망을 세우고 행동할 때가 많다.	예	아니오
62	일에는 결과가 중요하다고 생각한다.	예	아니오
63	활력이 있다.	예	아니오
64	항상 천재지변을 당하지 않을까 걱정하고 있다.	예	아니오
65	때로는 후회할 때도 있다.	예	아니오
66	다른 사람에게 위해를 가할 것 같은 기분이 든 때가 있다.	예	아니오
67	진정으로 마음을 허락할 수 있는 사람은 없다.	예	아니오
68	기다리는 것에 짜증내는 편이다.	예	아니오
69	친구들로부터 줏대 없는 사람이라는 말을 듣는다.	예	아니오
70	사물을 과장해서 말한 적은 없다.	예	아니오
71	인간관계가 폐쇄적이라는 말을 듣는다.	예	아니오
72	매사에 신중한 편이라고 생각한다.	예	아니오
73	눈을 뜨면 바로 일어난다.	예	아니오
74	난관에 봉착해도 포기하지 않고 열심히 해본다.	예	아니오
75	실행하기 전에 재확인할 때가 많다.	예	아니오
76	리더로서 인정을 받고 싶다.	예	아니오
77	어떤 일이 있어도 의욕을 가지고 열심히 하는 편이다.	예	아니오
78	다른 사람의 감정에 민감하다.	예	아니오
79	다른 사람들이 남을 배려하는 마음씨가 있다는 말을 한다.	예	아니오
80	사소한 일로 우는 일이 많다.	예	아니오
81	반대에 부딪혀도 자신의 의견을 바꾸는 일은 없다.	예	아니오
82	누구와도 편하게 이야기할 수 있다.	예	아니오
83	가만히 있지 못할 정도로 침착하지 못할 때가 있다.	예	아니오
84	다른 사람을 싫어한 적은 한 번도 없다.	예	아니오
85	그룹 내에서는 누군가의 주도하에 따라가는 경우가 많다.	예	아니오

번 호	질 문	응 답	
86	차분하다는 말을 듣는다.	예	아니오
87	스포츠 선수가 되고 싶다고 생각한 적이 있다.	예	아니오
88	모두가 싫증을 내는 일에도 혼자서 열심히 한다.	예	아니오
89	휴일은 세부적인 예정을 세우고 보낸다.	예	아니오
90	완성된 것보다 미완성인 것에 흥미가 있다.	예	아니오
91	잘하지 못하는 것이라도 자진해서 한다.	예	아니오
92	가만히 있지 못할 정도로 불안해질 때가 많다.	예	아니오
93	자주 깊은 생각에 잠긴다.	예	아니오
94	이유도 없이 다른 사람과 부딪힐 때가 있다.	예	아니오
95	타인의 일에는 별로 관여하고 싶지 않다고 생각한다.	예	아니오
96	무슨 일이든 자신을 가지고 행동한다.	예	아니오
97	유명인과 서로 아는 사람이 되고 싶다.	예	아니오
98	지금까지 후회를 한 적이 없다.	예	아니오
99	의견이 다른 사람과는 어울리지 않는다.	예	아니오
100	무슨 일이든 생각해 보지 않으면 만족하지 못한다.	예	아니오
101	다소 무리를 하더라도 피로해지지 않는다.	예	아니오
102	굳이 말하자면 장거리주자에 어울린다고 생각한다.	예	아니오
103	여행을 가기 전에는 세세한 계획을 세운다.	예	아니오
104	능력을 살릴 수 있는 일을 하고 싶다.	예	아니오
105	시원시원하다고 생각한다.	예	아니오
106	굳이 말하자면 자의식과잉이다.	예	아니오
107	자신을 쓸모없는 인간이라고 생각할 때가 있다.	예	아니오
108	주위의 영향을 받기 쉽다.	예	아니오
109	지인을 발견해도 만나고 싶지 않을 때가 많다.	예	아니오
110	다수의 반대가 있더라도 자신의 생각대로 행동한다.	예	아니오
111	번화한 곳에 외출하는 것을 좋아한다.	예	아니오
112	지금까지 다른 사람의 마음에 상처준 일이 없다.	예	아니오
113	다른 사람에게 자신이 소개되는 것을 좋아한다.	예	아니오
114	실행하기 전에 재고하는 경우가 많다.	예	아니오
115	몸을 움직이는 것을 좋아한다.	예	아니오
116	나는 완고한 편이라고 생각한다.	예	아니오
117	신중하게 생각하는 편이다.	예	아니오
118	커다란 일을 해보고 싶다.	예	아니오
119	계획을 생각하기보다 빨리 실행하고 싶어한다.	예	아니오
120	작은 소리도 신경 쓰인다.	예	아니오

번 호	질 문	응 답	
121	나는 자질구레한 걱정이 많다.	예	아니오
122	이유도 없이 화가 치밀 때가 있다.	예	아니오
123	융통성이 없는 편이다.	예	아니오
124	나는 다른 사람보다 기가 세다.	예	아니오
125	다른 사람보다 쉽게 우쭐해진다.	예	아니오
126	다른 사람을 의심한 적이 한 번도 없다.	예	아니오
127	어색해지면 입을 다무는 경우가 많다.	예	아니오
128	하루의 행동을 반성하는 경우가 많다.	예	아니오
129	격렬한 운동도 그다지 힘들어하지 않는다.	예	아니오
130	새로운 일에 처음 한 발을 좀처럼 떼지 못한다.	예	아니오
131	앞으로의 일을 생각하지 않으면 진정이 되지 않는다.	예	아니오
132	인생에서 중요한 것은 높은 목표를 갖는 것이다.	예	아니오
133	무슨 일이든 선수를 쳐야 이긴다고 생각한다.	예	아니오
134	다른 사람이 나를 어떻게 생각하는지 궁금할 때가 많다.	예	아니오
135	침울해지면서 아무 것도 손에 잡히지 않을 때가 있다.	예	아니오
136	어린 시절로 돌아가고 싶을 때가 있다.	예	아니오
137	아는 사람을 발견해도 피해버릴 때가 있다.	예	아니오
138	굳이 말하자면 기가 센 편이다.	예	아니오
139	성격이 밝다는 말을 듣는다.	예	아니오
140	다른 사람이 부럽다고 생각한 적이 한 번도 없다.	예	아니오

3. 2단계 검사

다음 질문내용을 읽고 A, B 중 해당되는 곳에 ○표 하시오.

번 호	질 문	응 답	
1	A 사람들 앞에서 잘 이야기하지 못한다.	A	B
	B 사람들 앞에서 이야기하는 것을 좋아한다.		
2	A 엉뚱한 생각을 잘한다.	A	B
	B 비현실적인 것을 싫어한다.		
3	A 친절한 사람이라는 말을 듣고 싶다.	A	B
	B 냉정한 사람이라는 말을 듣고 싶다.		
4	A 예정에 얽매이는 것을 싫어한다.	A	B
	B 예정이 없는 상태를 싫어한다.		

번 호	질 문	응 답	
5	A 혼자 생각하는 것을 좋아한다. B 다른 사람과 이야기하는 것을 좋아한다.	A	B
6	A 정해진 절차에 따르는 것을 싫어한다. B 정해진 절차가 바뀌는 것을 싫어한다.	A	B
7	A 친절한 사람 밑에서 일하고 싶다. B 이성적인 사람 밑에서 일하고 싶다.	A	B
8	A 그때그때의 기분으로 행동하는 경우가 많다. B 미리 행동을 정해두는 경우가 많다.	A	B
9	A 다른 사람과 만났을 때 화제로 고생한다. B 다른 사람과 만났을 때 화제에 부족함이 없다.	A	B
10	A 학구적이라는 인상을 주고 싶다. B 실무적이라는 인상을 주고 싶다.	A	B
11	A 친구가 돈을 빌려달라고 하면 거절하지 못한다. B 본인에게 도움이 되지 않는 차금은 거절한다.	A	B
12	A 조직 안에서는 독자적으로 움직이는 타입이라고 생각한다. B 조직 안에서는 우등생 타입이라고 생각한다.	A	B
13	A 문장을 쓰는 것을 좋아한다. B 이야기하는 것을 좋아한다.	A	B
14	A 직감으로 판단한다. B 경험으로 판단한다.	A	B
15	A 다른 사람이 어떻게 생각하는지 신경 쓰인다. B 다른 사람이 어떻게 생각하든 신경 쓰지 않는다.	A	B
16	A 틀에 박힌 일은 싫다. B 절차가 정해진 일을 좋아한다.	A	B
17	A 처음 사람을 만날 때는 노력이 필요하다. B 처음 사람을 만나는 것은 아무렇지도 않다.	A	B
18	A 꿈을 가진 사람에게 끌린다. B 현실적인 사람에게 끌린다.	A	B
19	A 어려움에 처한 사람을 보면 동정한다. B 어려움에 처한 사람을 보면 원인을 생각한다.	A	B
20	A 느긋한 편이다. B 시간에 정확한 편이다.	A	B
21	A 회합에서는 소개를 받는 편이다. B 회합에서는 소개를 하는 편이다.	A	B

번호	질문	응답	
22	A 굳이 말하자면 혁신적이라고 생각한다.	A	B
	B 굳이 말하자면 보수적이라고 생각한다.		
23	A 지나치게 합리적으로 결론짓는 것은 좋지 않다.	A	B
	B 지나치게 온정을 표시하는 것은 좋지 않다.		
24	A 융통성이 있다.	A	B
	B 자신의 페이스를 잃지 않는다.		
25	A 사람들 앞에 잘 나서지 못한다.	A	B
	B 사람들 앞에 나서는 데 어려움이 없다.		
26	A 상상력이 있다는 말을 듣는다.	A	B
	B 현실적이라는 이야기를 듣는다.		
27	A 다른 사람의 의견에 귀를 기울인다.	A	B
	B 자신의 의견을 밀어붙인다.		
28	A 틀에 박힌 일은 너무 딱딱해서 싫다.	A	B
	B 방법이 정해진 일은 안심할 수 있다.		
29	A 튀는 것을 싫어한다.	A	B
	B 튀는 것을 좋아한다.		
30	A 굳이 말하자면 이상주의자이다.	A	B
	B 굳이 말하자면 현실주의자이다.		
31	A 일을 선택할 때에는 인간관계를 중시하고 싶다.	A	B
	B 일을 선택할 때에는 일의 보람을 중시하고 싶다.		
32	A 임기응변에 능하다.	A	B
	B 계획적인 행동을 중요하게 여긴다.		
33	A 혼자 꾸준히 하는 것을 좋아한다.	A	B
	B 변화가 있는 것을 좋아한다.		
34	A 가능성에 눈을 돌린다.	A	B
	B 현실성에 눈을 돌린다.		
35	A 매사에 감정적으로 생각한다.	A	B
	B 매사에 이론적으로 생각한다.		
36	A 스케줄을 짜지 않고 행동하는 편이다.	A	B
	B 스케줄을 짜고 행동하는 편이다.		

4. 답안지

(1) 1단계 검사

1	15	29	43	57	71	85	99	113	127
예 아니오	예 아니오	예 아니오	예 아니오	예 아니오	예 아니오	예 아니오	예 아니오	예 아니오	예 아니오
2	16	30	44	58	72	86	100	114	128
예 아니오	예 아니오	예 아니오	예 아니오	예 아니오	예 아니오	예 아니오	예 아니오	예 아니오	예 아니오
3	17	31	45	59	73	87	101	115	129
예 아니오	예 아니오	예 아니오	예 아니오	예 아니오	예 아니오	예 아니오	예 아니오	예 아니오	예 아니오
4	18	32	46	60	74	88	102	116	130
예 아니오	예 아니오	예 아니오	예 아니오	예 아니오	예 아니오	예 아니오	예 아니오	예 아니오	예 아니오
5	19	33	47	61	75	89	103	117	131
예 아니오	예 아니오	예 아니오	예 아니오	예 아니오	예 아니오	예 아니오	예 아니오	예 아니오	예 아니오
6	20	34	48	62	76	90	104	118	132
예 아니오	예 아니오	예 아니오	예 아니오	예 아니오	예 아니오	예 아니오	예 아니오	예 아니오	예 아니오
7	21	35	49	63	77	91	105	119	133
예 아니오	예 아니오	예 아니오	예 아니오	예 아니오	예 아니오	예 아니오	예 아니오	예 아니오	예 아니오
8	22	36	50	64	78	92	106	120	134
예 아니오	예 아니오	예 아니오	예 아니오	예 아니오	예 아니오	예 아니오	예 아니오	예 아니오	예 아니오
9	23	37	51	65	79	93	107	121	135
예 아니오	예 아니오	예 아니오	예 아니오	예 아니오	예 아니오	예 아니오	예 아니오	예 아니오	예 아니오
10	24	38	52	66	80	94	108	122	136
예 아니오	예 아니오	예 아니오	예 아니오	예 아니오	예 아니오	예 아니오	예 아니오	예 아니오	예 아니오
11	25	39	53	67	81	95	109	123	137
예 아니오	예 아니오	예 아니오	예 아니오	예 아니오	예 아니오	예 아니오	예 아니오	예 아니오	예 아니오
12	26	40	54	68	82	96	110	124	138
예 아니오	예 아니오	예 아니오	예 아니오	예 아니오	예 아니오	예 아니오	예 아니오	예 아니오.	예 아니오
13	27	41	55	69	83	97	111	125	139
예 아니오	예 아니오	예 아니오	예 아니오	예 아니오	예 아니오	예 아니오	예 아니오	예 아니오	예 아니오
14	28	42	56	70	84	98	112	126	140
예 아니오	예 아니오	예 아니오	예 아니오	예 아니오	예 아니오	예 아니오	예 아니오	예 아니오	예 아니오

(2) 2단계 검사

1	5	9	13	17	21	25	29	33
A B	A B	A B	A B	A B	A B	A B	A B	A B
2	6	10	14	18	22	26	30	34
A B	A B	A B	A B	A B	A B	A B	A B	A B
3	7	11	15	19	23	27	31	35
A B	A B	A B	A B	A B	A B	A B	A B	A B
4	8	12	16	20	24	28	32	36
A B	A B	A B	A B	A B	A B	A B	A B	A B

5. 분석표

(1) 1단계 검사

합계 1
합계 2
합계 3
합계 4
합계 5
합계 6
합계 7
합계 8
합계 9
합계 10
합계 11
합계 12
합계 13
합계 14

	척 도	0	1	2	3	4	5	6	7	8	9	10
행동적 측면	사회적 내향성 (합계 1)											
	내성성 (합계 2)											
	신체활동성 (합계 3)											
	지속성 (합계 4)											
	신중성 (합계 5)											
의욕적 측면	달성의욕 (합계 6)											
	활동의욕 (합계 7)											
정서적 측면	민감성 (합계 8)											
	자책성 (합계 9)											
	기분성 (합계 10)											
	독자성 (합계 11)											
	자신감 (합계 12)											
	고양성 (합계 13)											
타당성	신뢰도 (합계 14)											

(2) 2단계 검사

합계	성격유형	척 도		0	1	2	3	4	5	6	7	8	9	
합계 15	성격유형	흥미관심 방향 (합계 15)	내향											외향
합계 16		사물에 대한 견해 (합계 16)	직관											감각
합계 17		판단의 방법 (합계 17)	감정											사고
합계 18		사회에 대한 접근방법 (합계 18)	지각											판단

6. 채점방식

(1) 1단계 검사

① 답안지에 '예', '아니오'를 체크한다.

② 답안지의 문제번호줄 1, 15, 29, 43, 57, 71, 85, 99 ,113, 127 중 '예'에 체크한 개수의 합계를 '합계 1' 란에 숫자로 기입한다.

③ 위와 같이 문제번호줄 2, 16, 30, 44, 58, 72, 86, 100, 114, 128 중 '예'에 체크한 개수의 합계를 '합계 2' 란에 기입한다.

④ 마찬가지로 문제번호줄 14까지 이렇게 '예'에 체크한 개수의 합계를 차례대로 '합계 14' 란까지 숫자로 기입한다.

⑤ 집계는 각각 10문제씩 한다.

⑥ 집계가 끝나면 집계결과를 분석표에 옮겨 적는다.

(2) 2단계 검사

① 답안지의 문제번호 1, 5, 9, 13, 17, 21, 25, 29, 33의 'B'에 ○표 체크한 개수의 합계를 '합계 15' 란에 숫자로 기입한다.

② 마찬가지로 문제번호줄 4까지 이렇게 'B'에 ○표 체크한 개수의 합계를 차례대로 '합계 18' 란까지 숫자로 기입한다.

③ 집계는 각각 옆으로 9문제씩 한다.

④ 집계가 끝나면 집계결과를 분석표에 옮겨 적는다.

7. 결과 분석

(1) 1단계 검사

① '합계 1'에서 '합계 5'는 성격 특성을 나타내는 어떠한 행동적 특징이 있는지를 나타낸다. 즉, 행동적 측면은 행동으로 나타내기 쉬운 경향을 나타내는 것이다. 행동적인 경향은 겉모습으로도 금방 알 수 있기 때문에 면접에서 다루어지기 쉬운 부분이다.

② '합계 6'과 '합계 7'은 의욕적인 측면을 나타낸다. 의욕적 측면은 의욕이나 활력을 나타내는 것이다. 인재를 채용하는 조직에게 있어 중요한 측면이라고 할 수 있다. 의욕적인 사람은 열심히 일할 가능성이 높기 때문에 의욕적인 측면도 중시된다.

③ '합계 8'에서 '합계 13'은 정서적인 측면을 나타내는데, 이는 사회에서의 적응력이나 감정의 안정도를 나타내고 있다. 조직 내에서의 업무나 인간관계에 원활하게 적응할 수 있는지 등을 측정하는 것이다.

④ '합계 14'는 라이 스케일, 즉 타당성 척도로서 허위성을 나타낸다. 업무상의 과실을 얼버무리거나 자신을 잘 보이게 하기 위해 거짓말을 하는 정도를 측정하는 것이다.

⑤ '합계 1'에서 '합계 13'까지는 평가치가 높을수록 측정된 특성 경향이 강하다는 것을 나타낸다. '합계 14'는 평가치가 높을수록 응답에 대한 신뢰성이 없고, 평가치가 낮을수록 응답에 대한 신뢰성이 좋다는 의미이다.

(2) 2단계 검사

① 2단계 검사는 성격유형에 관한 부분으로, 사람의 성격의 지향을 분류하기 위한 요소이다. 성격유형이 채용 여부에 직접 영향을 주는 일은 다소 적지만, 장래에 있어 이동이나 승진시의 자료로 이용될 가능성이 있는 항목이다.

② 평가치는 높고 낮음을 나타내는 것이 아니라, 피검사자의 성향이 어느 방면에 치우쳐 있는가를 판단하는 것이다. 예를 들어, '흥미관심'의 평가치가 9인 경우 외향적인 경향이 강하고, 2인 경우에는 내향적인 경향이 강하다고 할 수 있다. 평가치가 4 또는 5일 경우에는 어느 한 성향으로 치우쳐 있지 않고 중립적인 성향을 가지고 있다고 볼 수 있다.

제5장 인성검사 결과로 알아보는 예상 면접 질문

인성검사는 특히 면접질문과 관련성이 높은 부분이다. 면접관은 지원자의 인성검사 결과를 토대로 질문을 하게 된다. 그렇다고 해서 자신의 성격을 꾸미는 것은 바람직하지 않다. 실제 시험은 매우 복잡하여 전문가라 해도 일정 성격을 유지하면서 답변을 하는 것이 불가능하기 때문이다. 따라서 인성검사는 솔직하게 임하되 인성검사 모의연습으로 자신의 성향을 정확히 파악하고 아래 예상 면접질문을 참고하여 자신의 단점은 보완하면서 강점은 어필할 수 있는 답변을 준비하도록 하자.

1. 사회적 내향성 척도

(1) 득점이 낮은 사람

- 자기가 선택한 직업에 대해 어떤 인상을 가지고 있습니까?
- 부모님을 객관적으로 봤을 때 어떻게 생각합니까?
- 당사의 사장님 성함을 알고 있습니까?

> 수다스럽기 때문에 내용이 없다는 인상을 주기 쉽다. 질문의 요지를 파악하여 논리적인 발언을 하도록 유의하자. 한번에 많은 것을 이야기하려 하면 이야기가 다른 곳으로 빠지게 되므로 내용을 정리하여 간결하게 발언하자.

(2) 득점이 높은 사람

- 친구들에게 있어 당신은 어떤 사람입니까?
- 특별히 무언가 묻고 싶은 것이 있습니까?
- 친구들의 상담을 받는 쪽입니까?

> 높은 득점은 마이너스 요인이다. 면접에서 보완해야 하므로 자신감을 가지고 발언할 때에는 끝까지 또박또박 주위에도 들릴 정도로 큰 소리로 말하도록 하자. 절대 얼버무리거나 기어들어가는 목소리는 안 된다.

2. 내성성 척도

(1) 득점이 낮은 사람

- 학생시절에 후회되는 일은 없습니까?
- 학생과 사회인의 차이는 무엇이라고 생각합니까?
- 당신이 가장 흥미를 가지고 있는 것에 대해 이야기해 주십시오.

> 답변 내용을 떠나 일단 평소보다 천천히 말하자. 생각나는 대로 말해버리면 이야기가 두서없이 이곳저곳으로 빠져 부주의하고 경솔하다는 인식을 줄 수 있으므로 머릿속에서 내용을 정리하고 이야기하도록 유의하자. 응답은 가능한 간결하게 한다.

(2) 득점이 높은 사람

- 인생에는 무엇이 중요하다고 생각합니까?
- 좀 더 큰소리로 이야기해 주십시오.
- 애독하는 책이나 잡지는 무엇입니까?

> 과도하게 긴장할 경우 불필요한 생각을 하게 되어 반응이 늦어버리면 곤란하다. 특히 새로운 질문을 받는데도 했던 대답을 재차 하거나 하면 전체 흐름을 저해하게 되므로 평소부터 이러한 습관을 의식하면서 적절한 타이밍의 대화를 하도록 하자.

3. 신체활동성 척도

(1) 득점이 낮은 사람

- 휴일은 어떻게 보냅니까?
- 학생시절에 무엇에 열중했습니까?

> 졸업논문이나 영어회화, 컴퓨터 등 학생다움이나 사회인으로서 도움이 되는 것에 관심을 가지고 있는 것을 적극 어필한다. 이미 면접담당자는 소극적이라고 생각하고 있기 때문에 말로 적극적이라고 말해도 성격프로필의 결과와 모순되므로 일부러 꾸며 말하지 않는다.

(2) 득점이 높은 사람

- 제대로 질문을 듣고 있습니까?
- 희망하는 직종으로 배속되지 않으면 어떻게 하겠습니까?

> 일부러 긴장시키고 반응을 살피는 경우가 있다. 활동적이지만 침착함이 없다는 인상을 줄 수 있으므로 머릿속에 생각을 정리하는 습관을 들이자. 행동할 때도 마찬가지로, 편하게 행동하는 것은 플러스 요인이지만, 반사적인 언동이 많으면 마이너스가 되므로 주의한다.

4. 지속성 척도

(1) 득점이 낮은 사람

- 일에 활용할 수 있을 만한 자격이나 특기, 취미는 있습니까?
- 오랫동안 배운 것에 대해 들려 주십시오.

> 금방 싫증내서 오래 지속하지 못하는 것은 마이너스다. 쉽게 포기하고 내팽개치는 사람을 어느 곳에서도 필요로 하지 않는다는 것을 상기한다. 면접을 보는 동안에는 금방 싫증내는 성격으로는 보이지 않겠지만, 대기시간에도 주의하여 차분하지 못한 동작을 하지 않도록 한다.

(2) 득점이 높은 사람

- 이런 것도 모릅니까?
- 이 직업에 맞지 않는 것은 아닙니까?

> 짓궂은 질문을 받으면 감정적이 되거나 옹고집을 부릴 가능성이 있다. 냉정하고 침착하게 받아넘겨야 한다. 비슷한 경험을 쌓으면 차분하게 응답할 수 있게 되므로 모의면접 등의 기회를 활용한다.

5. 신중성 척도

(1) 득점이 낮은 사람

- 당신에게 부족한 것은 어떤 점입니까?
- 결점을 극복하기 위해 어떻게 노력하고 있습니까?

> 질문의 요지를 잘못 받아들이거나, 불필요한 이야기까지 하는 등 대답에 일관성이 없으면 마이너스다. 직감적인 언동을 하지 않도록 평소부터 논리적으로 생각하는 습관을 키우자.

(2) 득점이 높은 사람

- 주위 사람에게 욕을 들으면 어떻게 하겠습니까?
- 출세하고 싶습니까?
- 제 질문에 대한 답이 아닙니다.

> 예상 외의 질문에 답이 궁해지거나 깊이 생각하게 되면 역시나 신중이 지나쳐 결단이 늦다는 인상을 주게 된다. 주위의 상황을 파악하고 발언하려는 나머지 반응이 늦어지고 집단면접 등에서 시간이 걸리게 되면 행동이 느리다는 인식을 주게 되므로 주의한다.

6. 달성의욕 척도

(1) 득점이 낮은 사람

- 인생의 목표를 들려 주십시오.
- 입사하면 무엇을 하고 싶습니까?
- 지금까지 목표를 향해 노력하여 달성한 적이 있습니까?

> 결과에 대한 책임감이 낮다, 지시에 따르기만 할 뿐 주체성이 없다는 인상을 준다면 매우 곤란하다. 목표의식이나 의욕의 유무, 주위의 상황에 휩쓸리는 경향 등에 대해 물어오면 의욕이 낮다는 인식을 주지 않도록 목표를 향해 견실하게 노력하려는 자세를 강조하자.

(2) 득점이 높은 사람

- 도박을 좋아합니까?
- 다른 사람에게 지지 않는다고 말할 수 있는 것이 있습니까?

> 행동이 따르지 않고 말만 앞선다면 평가가 낮아진다. 목표나 이상을 바라보고 노력하지 않는 것은 한 번 도박으로 일확천금을 노리는 것과 같다는 것을 명심하고 자신이 어떤 목표를 이루기 위해 노력한 경험이 있는지 생각해 두어 행동적인 부분을 어필하는 답변을 하도록 하자.

7. 활동의욕 척도

(1) 득점이 낮은 사람

- 어떤 일을 할 때 주도적으로 이끄는 편입니까?
- 신념이나 신조에 대해 말해 주십시오.
- 질문의 답이 다른 사람과 똑같습니다.

> 의표를 찌르는 질문을 받더라도 당황하지 말고 수비에 강한 면을 어필하면서 무모한 공격을 하기보다는 신중하게 매진하는 성격이라는 점을 강조할 수 있는 답을 준비해 두자.

(2) 득점이 높은 사람

- 친구들로부터 어떤 성격이라는 이야기를 듣습니까?
- 협조성이 있다고 생각합니까?

> 사고과정을 전달하지 않으면 너무 막무가내이거나, 경박하고 생각 없이 발언한다는 인식을 줄 수 있으므로 갑자기 결론을 내리거나 단숨에 본인이 하고 싶은 말만 하는 것은 피하자.

8. 민감성 척도

(1) 득점이 낮은 사람

- 좌절한 경험에 대해 이야기해 주십시오.
- 스스로에 대해 어떻게 생각합니까?
- 당신이 약하다고 느낄 때는 어떤 때입니까?

> 구체적으로 대답하기 어려운 질문이나 의도를 알기 어려운 질문을 통해 감수성을 시험하게 된다. 냉정하게 자기분석을 하여 독선적이지 않은 응답을 하자.

(2) 득점이 높은 사람

- 지금까지 신경이 예민하다는 이야기를 들은 적이 있습니까?
- 채용되지 못하면 어떻게 하시겠습니까?
- 당신의 성격에서 고치고 싶은 부분이 있습니까?

예민한 성격이라는 부분을 마음에 두고 있으면 직접적인 질문을 받았을 때 당황하게 된다. 신경이 예민하다기보다 세세한 부분도 눈에 잘 들어오는 성격이라고 어필하자.

9. 자책성 척도

(1) 득점이 낮은 사람

- 학생시절을 통해 얻은 것은 무엇이라고 생각합니까?
- 당신의 생활신조를 들려주십시오.
- 자기 자신을 분석했을 때 좋아하는 면은 무엇입니까?

낙관적인 것은 면접관이 이미 알고 있으므로 솔직한 부분이나 신념을 가지고 의의가 있는 삶을 살고 있다는 점을 어필하자.

(2) 득점이 높은 사람

- 곤란한 상황에 어떻게 대처하겠습니까?
- 실수한 경험과 그 실수에서 얻은 교훈을 들려주십시오.
- 장점과 단점을 말해 주십시오.

좋지 않은 쪽으로 생각해서 불필요하게 긴장하면 더욱 사태가 악화된다. 쉽게 비관하는 성격이므로, 면접을 받는 동안은 면접담당자의 눈을 보며 밝게 응답하고, 말끝을 흐리지 않고 또박또박 말하도록 유의하자. 또한 '할 수 없다', '자신이 없다' 등의 발언이 많으면 평가가 떨어지므로 평소부터 부정적인 말을 사용하지 않도록 긍정적으로 사고하는 습관을 들여야 한다.

10. 기분성 척도

(1) 득점이 낮은 사람

- 친구와 의견차이가 있을 때 어떻게 해결하였습니까?
- 만약 리더가 된다면 어떻게 보여지리라 생각합니까?
- 업무수행 중 상사와 의견이 다르면 어떻게 하겠습니까?

> 자기주장이 너무 강하여 집단생활에 맞지 않다고 생각될 수 있다. 냉정하고 의지가 강할 뿐 아니라, 다른 사람을 배려하고 소중히 하는 협조성도 갖추고 있음을 어필하자. 집단면접 시에는 주위의 의견을 잘 듣고 자신의 의견을 밀어붙이거나 토론의 흐름을 무시하지 않도록 주의한다.

(2) 득점이 높은 사람

- 어떻게 우리 회사에서 근무할 수 있다고 생각했는지 모르겠군요.
- 이 업무에는 어울리지 않네요.
- 상식이 없는 것은 아닌지요?
- 화가 났을 때 어떻게 대처합니까?

> 기분성의 득점이 높은 것을 이미 알고 짓궂은 질문을 통해 감정의 기복이나 의존성 등 정서적으로 불안정한 부분이 없는지를 시험받게 된다. 침착하게 감정에 치우치지 말고 의연하게 받아 넘기자.

11. 독자성 척도

(1) 득점이 낮은 사람

- 취직활동에 대해서 누군가와 상담했습니까?
- 질문의 답이 다른 사람과 똑같네요.
- 지금 가장 흥미가 있는 것은 어떠한 것입니까?

> 일반론이 아닌 자신의 생각이 있다는 것을 전달해야 한다. 발언의 근거를 명확히 하는 것이 중요하다. 그러나 자신의 생각을 어필한다고 영합이나 반대를 하는 것은 건설적이지 못하므로 주의한다.

(2) 득점이 높은 사람

- 당신의 친한 친구는 어떤 회사에 취직하려고 합니까?
- 최근 부모님과 어떤 이야기를 나눴습니까?
- 다른 사람과 대립했을 때는 어떻게 합니까?

> 독자성의 득점이 높다는 것은 일단은 플러스 요인이지만, 극단적일 경우는 주위에 관심이 없고 자신의 세계에 갇히게 되면서 마마보이 등으로 보여질 수 있고 조직의 일원으로 적합하게 보이지 않을 수 있다. 위화감을 주지 않도록 주의한다.

12. 자신감 척도

(1) 득점이 낮은 사람

- 당신의 장점을 말해 주십시오.
- 지금까지 성공한 경험은 있습니까?
- 취직활동에 대해 누군가에게 상담했습니까?

> 질문에 대해 깊이 생각하거나, 망설이지 않는다. 발언횟수는 적더라도 중요한 곳에서 내용 있는 발언을 하여 자신의 존재를 어필하자. 응답할 때는 끝까지 또박또박 이야기한다.

(2) 득점이 높은 사람

- 본인이 본 조직에서 어떠한 공헌을 할 수 있다고 생각합니까?
- 상사와 의견 차이를 보이면 어떻게 합니까?
- 정규과정 이외에서 무언가 공부하는 것이 있습니까?

> 자신이 있으면 무엇을 설명하는데도 자랑하는 듯한 태도가 되는 버릇이 있을 수 있다. 자신감 과잉이나 고압적인 태도가 되지 않도록 겸허하게 응답하자.

13. 고양성 척도

(1) 득점이 낮은 사람

- 리더의 경험은 있습니까?
- 친구들 사이에서는 어떤 역할을 맡고 있습니까?

> 어둡고 수수한 인상은 성격프로필 표에 이미 나와 있기 때문에 무리해서 밝고 적극적임을 어필하려고 하면 오히려 역효과를 볼 수 있다. 노력하지 않고 낙관적인 사람보다 훨씬 양심적이므로 진지하고 차분한 면을 강조하자.

(2) 득점이 높은 사람

- 인간관계의 실패담을 들려주십시오.
- 오랫동안 계속하고 있는 취미가 있습니까?
- 당신에게 있어 일은 무엇입니까?

밝고 낙천적이므로 우쭐해 하지만 않으면 인상은 나쁘지 않다. 변덕스러움이나 흥분하기 쉬운 부분이 확인되기 때문에 냉정하고 침착한 부분을 강조하는 것이 필요하므로 오랫동안 계속 유지하고 있는 취미가 없어도 무언가 찾아내고 그 이유도 준비한다.

14. 라이 스케일(타당성) 척도

라이 스케일의 설문은 전체 설문 속에 교묘하게 섞여 들어가 있다. 본서에서는 자기분석의 편의를 도모하여 일정 주기로 같은 척도에 관한 설문이 되어 있지만, 실제 시험에서는 컴퓨터로 채점하기 때문에 더욱 복잡한 구조이다. 따라서 자신도 모르게 채용시험이라는 부담감에 이상론이나 겉치레적인 답을 하게 되면 회답태도에 허위성이 그대로 드러나게 되는 것이다. 예를 들어, '화를 낸 적이 없다'는 어지간한 성인군자라도 어렵다. '거짓말도 때로는 방편'이라고 할 정도이며, 애타심이 없는 거짓말도 포함한다면 상식으로 알 수 있는 것인데 이와 같은 설문에 '거짓말을 한 적이 한 번도 없다'에 '예'로 답하고, '때로는 거짓말을 하기도 한다'에 '아니오'라고 답하면 라이 스케일의 득점이 올라가게 되며, 그렇게 되면 모든 회답에 신빙성이 사라지고 '자신을 돋보이게 하려는 사람'이라는 평가를 받을 수 있다.

제 5 편

면 접

작은 기회로부터
종종 위대한 업적이 시작된다.

데모스테네스

제 1 장 면접 실전 대책 및 유형

1. 면접 실전 대책

면접의 사전적 정의는 면접관이 지원자를 직접 만나보고 인품(人品)이나 언행(言行) 따위를 시험하는 일로, 흔히 필기시험 후에 최종적으로 심사하는 방법이다.

최근 주요 기업의 인사담당자들을 대상으로 채용시 면접이 차지하는 비중을 설문조사했을 때 50~80% 이상이라고 답한 사람이 전체 응답자의 80%를 넘었다. 이와 대조적으로 지원자들을 대상으로 취업 시험에서 면접을 준비하는 기간을 물었을 때 대부분의 응답자들이 2~3일 정도라고 대답했다. 지원자가 일정 수준의 스펙을 채우기 위해 자격증 시험과 토익을 치르고 이력서와 자기소개서(이하 자소서)까지 쓰다보면 면접까지는 챙길 여유가 없는 것이 사실이다. 그리고 서류전형과 필기전형을 통과해야만 면접을 볼 수 있기 때문에 자연스럽게 면접은 취업시험 과정에서 그 비중이 작아질 수밖에 없다. 하지만 아이러니하게도 위의 조사에서 나타난 것처럼 실제 채용 과정에서 면접이 차지하는 비중은 거의 절대적이라고 해도 과언이 아니다.

요즈음 기업들은 채용 과정에서 토론 면접, 인성 면접, 프레젠테이션 면접, 역량 면접 등의 다양한 면접을 실시하고 있다. 1차 커트라인이라고 할 수 있는 서류전형을 통과한 지원자들의 스펙이나 능력은 서로 엇비슷하다고 판단되기 때문에 서류상 보이는 자격증이나 토익 성적보다는 지원자의 인성을 더 파악하기 위해 면접을 강화하는 것이다. 일부 기업은 의도적으로 압박면접을 실시하기도 한다. 지원자가 당황할 수 있는 질문을 던져서 그것에 대한 지원자의 반응을 살펴보는 것이다. 이때 어찌할 바를 몰라 쩔쩔매는 지원자들이 많다.

면접을 통과해서 최종합격을 하기 위해서는 면접을 어렵게 생각하는 마음부터 바꿔야 한다. 면접은 다르게 생각한다면 '나는 누구인가?'에 대한 물음에 해답을 줄 수 있는 가장 현실적이고 미래적인 경험이 될 수 있다. 취업난 속에 자격증을 취득하고 토익 성적을 올리기 위해 앞만 보고 달려온 지원자들은 자신에 대해서 고민하고 탐구할 수 있는 시간을 평소 쉽게 가질 수 없었을 것이다. 자신을 잘 알고 있어야 자신에 대해서 자신감 있게 말할 수 있다. 대체로 사람들은 자신에게 관대한 편이기 때문에 자신에 대해서 어떤 기대와 환상을 가지고 있는 경우가 많다. 하지만 면접은 제삼자에 의해 개인의 능력을 객관적으로 평가하는 시험이다.

어떤 지원자들은 다른 사람에게 자신에 대해서 표현하는 것을 어려워하는 경향이 있다. 평소에 자신도 잘 사용하지 않는 용어를 내뱉으면서 거창하게 자신을 포장하는 지원자도 많다. 면접에서 가장 기본은 자기 자신을 면접관에게 알기 쉽게 표현하는 것이다. 이러한 표현을 바탕으로 자신이 앞으로 하고자 하는 것과 그 이유를 설명해야 한다. 최근에는 자신감을 향상시키거나 말하는 능력을 높이는 학원도 많기 때문에 얼마든지 자신의 단점을 극복할 수 있다. 평소 다른 사람들 앞에 서는 것을 부끄러워하는 사람들 중에는 일부러 지하철에서 승객들에게 자신을 소개하고 노래를 부르는 경우도 있다.

① 자기소개의 기술

자기소개를 시키는 이유는 면접관이 지원자의 자기소개서를 압축해서 듣고, 지원자의 첫인상을 평가할 수 있는 시간을 가질 수 있기 때문이다. 면접을 위한 워밍업이라고 할 수 있으며, 첫인상을 결정하는 과정이므로 매우 중요한 순간이다.

㉠ 정해진 시간에 자기소개를 마쳐야 한다.

쉬워 보이지만 의외로 지원자들이 정해진 시간을 넘기거나 혹은 빨리 끝내서 면접관에게 지적을 받는 경우가 많다. 본인이 면접을 보는 마지막 지원자가 아닌 이상, 정해진 시간을 지키지 않는 것은 수많은 지원자를 상대하기에 바쁜 면접관과 대기 시간에 지친 다른 지원자들에게 짜증을 일으킬 수 있다. 또한 회사에서 시간 관념은 절대적인 것이므로 반드시 자기소개 시간을 지켜야 한다. 말하기의 속도는 1분에 200자 원고지 2장 분량의 글을 읽을 때가 가장 적당하다. 이를 A4 용지에 10point 글자 크기로 작성하면 반 장 분량이 된다.

㉡ 간단하지만 신선한 문구로 자기소개를 시작하자.

요즈음 많은 지원자들이 이 방법을 사용하고 있기 때문에 웬만한 소재의 문구가 아니면 면접관의 관심을 받을 수 없다. 이러한 문구는 시대적으로 유행하는 광고 카피를 패러디하는 경우와 격언 등을 인용하는 경우, 그리고 지원한 회사의 IC나 경영이념, 인재상 등을 사용하는 경우 등이 있다. 지원자는 이러한 여러 문구 중에 자신의 첫인상을 북돋아 줄 수 있는 것을 선택해서 말해야 한다. 자신의 이름을 문구 속에 적절하게 넣어서 말한다면 좀 더 효과적인 자기소개가 될 것이다.

㉢ 무엇을 먼저 말할 것인지 고민하자.

면접관이 많이 던지는 질문 중에 하나가 지원동기이다. 그래서 최근에는 성장기를 바로 건너뛰고, 지원한 회사에 들어오기 위해 대학에서 어떻게 준비했는지를 설명하는 자기소개가 대세이다.

㉣ 면접관이 호기심을 일으킬 수 있게 말하자.

면접관에게 질문을 많이 받는 지원자의 합격률이 반드시 높은 것은 아니지만 질문을 전혀 못 받는 것보다는 좋은 평가를 기대할 수 있다. 질문을 받기 위해 면접관의 호기심을 자극할 수 있는 가장 좋은 방법은 자신의 장기를 대학생활을 이야기하면서 잠깐 넣는 것이다.

물론 장기자랑에 자신감이 있어야 한다(최근에는 장기자랑을 개인별로 시키는 곳이 많아졌다). 지원한 분야와 관련된 수상 경력이나 프로젝트 등을 말하는 것도 좋다. 이는 지원자의 업무 능력과 직접 연결되는 것이므로 효과적인 자기 홍보가 될 수 있다. 일부 지원자들은 자신만의 특별한 경험을 이야기하는데, 이때는 그 경험이 보편적으로 사람들의 공감대를 얻을 수 있는 것인지 다시 생각해 봐야 한다.

ⓜ 마지막 고개를 넘기가 가장 힘들다.

첫 단추도 중요하지만 마지막 단추도 중요하다. 하지만 왠지 격식을 따지는 인사말은 지나가는 인사말 같고 다르게 하자니 예의에 어긋나는 것 같은 기분이 든다. 이때는 처음에 했던 자신만의 문구를 다시 한번 말하는 것도 좋은 방법이다. 자연스러운 끝맺음이 될 수 있도록 적절한 연습이 필요하다.

② 1분 자기소개시 주의사항

㉠ 자기소개서와 자기소개가 똑같다면 감점일까?

아무리 자기소개서를 외워서 말한다 해도 자기소개가 자기소개서와 토씨 하나 다르지 않고 똑같을 수는 없다. 자기소개서의 분량이 더 많고 회사마다 요구하는 필수 항목들이 있기 때문에 굳이 고민할 필요는 없다. 오히려 자기소개서의 내용을 잘 정리한 자기소개가 더 좋은 결과를 만들 수 있다. 하지만 자기소개서와 상반된 내용을 말하는 것은 큰 실수를 범하는 것이다. 지원자의 신뢰성이 떨어진다는 것은 곧 불합격을 의미한다.

㉡ 말하는 자세를 바르게 익혀라.

지원자가 자기소개를 하는 동안 면접관은 지원자의 동작 하나하나를 관찰한다. 바른 자세는 우리가 이미 알고 있는 것이다. 하지만 문제는 무의식적으로 나오는 버릇 때문에 자세가 흐트러져 순간 나쁜 인상을 면접관에게 줄 수 있다는 것이다. 이러한 버릇들을 고칠 수 있는 가장 좋은 방법은 캠코더나 휴대전화로 자신의 모습을 담는 것이다. 거울을 사용할 경우에는 시선이 자꾸 자기 눈과 마주치기 때문에 집중하기 힘들다. 하지만 촬영된 동영상은 제3자의 입장에서 자신을 볼 수 있기 때문에 많은 도움이 된다.

㉢ 정확한 발음과 억양으로 자신 있게 말하라.

지원자의 모양새가 아무리 뛰어나도, 목소리가 작고 말이 부정확한 지원자는 큰 감점을 받는다. 이러한 모습은 지원자의 좋은 점까지 악영향을 끼칠 수 있다. 직장을 흔히 사회생활의 시작이라고 말하는 시대적 정서에서 사람들과 의사소통을 하는 데 문제가 있다고 판단되는 지원자는 적절하지 않은 인재로 평가할 수밖에 없다.

여기에 설명한 지침들을 통해서 자신의 버릇을 하나씩 고쳐나가자. 이러한 것들은 당장 연습해서 하루아침에 생기는 것이 아니므로 평소 꾸준하게 노력해야 한다.

③ 대화법

대화법 전문가들이 말하는 대화의 기술의 핵심은 '상대방을 배려하면서 얘기하라' 는 것이다. 대화는 나와 다른 사람의 소통이다. 내용에 대한 공감이나 이해가 없다면 대화는 더 진전되지 않는다.

『카네기 인간관계론』이라는 베스트셀러를 남긴 철학자 카네기가 말하는 최상의 대화법은 자신의 경험을 토대로 얘기하는 것이다. 즉, 살아오면서 직접 겪은 이야기가 상대방의 관심을 끌수 있는 가장 좋은 방법이다.
특히 어떤 일을 이루기 위해 노력하는 과정에서 겪은 실패나 희망에 대해 진솔하게 이야기한다면 상대방은 어느새 당신의 편에 서서 그 이야기에 동조할 것이다.

독일의 사업가이자 동기부여 트레이너인 위르겐 힐러의 연설법 중 가장 유명한 것은 '시즐(Sizzle)'을 잡는 것이다. 시즐이란 새우튀김이나 돈가스가 기름에서 지글지글 튀겨질 때 나는 소리이다. 즉, 자신의 말을 듣고 시즐처럼 반응하는 상대방의 감정에 적절하게 대응하라는 것이다.
말을 시작한 지 10~15초 안에 상대방의 '시즐'을 알아채야 한다. 자신의 이야기에 대한 상대방의 첫 반응에 따라 말하기 전략도 달라져야 한다. 첫 이야기의 반응이 미지근하다면 가능한 그 이야기를 빨리 마무리하고 새로운 이야깃거리를 생각해내야 한다. 시간이 길지 않은 면접에 자기에게 몇 번 오지 않는 대답의 기회를 살리기 위해서 보다 전략적이고 냉철해야 하는 것이다.

④ 차림새
  ㉠ 구두

    면접에 어떤 옷을 입어야 할지를 며칠 동안 고민하면서 정작 구두의 경우에는 면접 보는 날 현관을 나서면서 즉흥적으로 신고 가는 지원자들이 많다. 특히 남자 지원자들이 이러한 실수를 많이 한다. 구두를 보면 그 사람의 됨됨이를 알 수 있다고 한다. 면접관 역시 이러한 것을 놓치지 않기 때문에 지원자는 자신의 구두에 더욱 신경을 써야 한다. 스타일의 마무리는 발끝에서 이루어지는 것이다. 아무리 멋진 옷을 입고 있어도 구두가 어울리지 않는다면 전체 스타일이 흐트러지기 때문이다.

    정장용 구두는 디자인이 깔끔하고, 에나멜 가공처리를 하여 광택이 도는 페이턴트 가죽 소재 제품이 무난하다. 그리고 계절에 상관없이 어느 옷에나 잘 어울리는 검정, 감색, 브라운 계열의 세 가지 구두는 있어야 한다.

검정 계열 구두는 회색과 감색 정장에, 브라운 계열의 구두는 베이지나 갈색 정장에 어울린다. 참고로 구두는 오전에 사는 것보다 발이 충분히 부은 상태인 저녁에 사는 것이 좋다. 마지막으로 당연한 일이지만 반드시 면접을 보는 전날 구두 뒤축이 닳아 있는지 확인하고 구두에 광을 내놓는다.

ⓛ 양말

양말은 정장과 구두의 색상을 비교해서 골라야 한다. 특히 검정이나 감색의 진한 색상의 바지에 흰 양말을 신는 것은 시대에 뒤처지는 일이다. 일반적으로 양말의 색깔은 바지의 색깔과 같아야 한다. 또한 양말의 길이도 신경 써야 한다. 남자의 경우는 의자에 바르게 앉거나 다리를 꼬아서 앉을 때 다리털이 보여서는 안 된다. 반드시 긴 정장 양말을 신어야 한다.

ⓒ 정장

신입 지원자는 평소에 정장을 입을 기회가 많지 않기 때문에 면접을 볼 때 본인 스스로도 옷을 어색하게 느끼는 경우가 많다. 옷이 불편하게 느껴지기 때문에 자세마저 불안정한 지원자도 볼 수 있다. 그러므로 면접 전에 정장을 입고 생활해 보는 것도 나쁘지는 않다. 그렇게 익숙해져야 정장을 입는 옷맵시와 자세가 늘 수 있다.

일반적으로 면접을 볼 때는 상대방에게 신뢰감을 줄 수 있는 남색 계열의 옷이나 어떤 계절이나 무난하고 깔끔해 보이는 회색 계열의 정장을 많이 입는다. 정장은 유행에 따라서 재킷의 디자인이나 버튼의 개수가 바뀌기 때문에 너무 오래된 옷을 입는 것은 좋지 않으며, 특히 남자 지원자의 경우 아버지 옷을 빌려 입고 나온 듯한 인상을 주어서는 안 된다.

ⓔ 헤어스타일과 화장

헤어스타일에 자신이 없다면 미용실을 다녀오는 것도 좋은 방법이다. 면접이 오전이라면 미리 미용사에게 아침 일찍 문을 열어달라고 부탁한다. 그리고 여자 지원자의 경우에는 자신에게 어울리는 화장을 하는 것도 괜찮다. 화장은 타인에 대한 예의를 갖추는 것이므로 지나치게 화려한 화장이 아니라면 보다 준비된 지원자처럼 보일 수 있다.

⑤ 첫인상

취업을 위해 성형수술을 받는 사람들의 이야기는 이제 뉴스거리가 되지 않는다. 그만큼 많은 사람들이 좁은 취업문을 뚫기 위해 이미지 향상에 신경을 쓰고 있다. 이는 면접관에게 좋은 첫인상을 주기 위한 것으로, 이러한 현상은 지원서에 올리는 증명사진을 이미지 프로그램을 통해 수정하는 이른바 '사이버 성형'이 유행하는 것과 같은 맥락이다. 실제로 외모가 채용 과정에서 영향을 끼치는가에 대한 설문조사에서도 60% 이상의 인사담당자들이 그렇다고 답변했다.

하지만 외모와 첫인상을 절대적인 관계로 이해하는 것은 잘못된 판단이다. 외모가 첫인상에서 많은 부분을 차지하지만 외모 외에 다른 결점이 발견된다면 첫인상은 그 결점이 다른 장점들을 가리는 특징이 있다. 이러한 현상은 아래에서 다시 논하겠다.

첫인상은 말 그대로 한 번밖에 기회가 주어지지 않는다. 이러한 첫인상은 몇 초 안에 결정된다. 첫인상을 결정짓는 요소 중 시각적인 요소가 80% 이상을 차지한다. 첫눈에 들어오는 생김새나 복장, 표정 등에 의해서 첫인상이 만들어지는 것이다. 면접을 시작할 때 자기소개를 시키는 것도 지원자별로 첫인상을 평가하기 위해서이다. 첫인상이 중요한 이유는 첫인상이 잘못 인지되면 지원자의 다른 좋은 면까지 거부당하기 때문이다. 이러한 현상을 심리학에서는 초두효과(Primacy Effect)라고 한다.

그래서 한 번 형성된 첫인상은 여간해서 바꾸기 힘들다. 이는 첫인상이 나중에 들어오는 정보까지 영향을 주기 때문이다. 첫인상의 정보가 나중 들러오는 정보 처리에 지침이 되는 것을 심리학에서는 맥락효과(Context Effect)라고 한다. 따라서 평소에 첫인상을 좋게 만들려는 노력을 꾸준히 해야만 하는 것이다.

좋은 첫인상이 반드시 외모에만 집중되는 것이 아니다. 오히려 깔끔한 옷차림과 부드러운 표정, 그리고 말과 행동 등에서 전반적인 이미지가 만들어진다. 누구나 이러한 것들 중에 한두 가지 단점을 가지고 있다. 요즈음은 이미지 컨설팅을 통해서 자신의 단점들을 보완하는 지원자도 있다. 특히 표정이 밝지 않은 지원자는 평소 웃는 연습을 의식적으로 해야 한다. 면접을 받는 동안 계속해서 여유 있는 표정을 면접자에게 보이기 위해서는 이러한 연습이 필수이다. 그리고 성공한 사람들의 인상이 좋다는 것도 명심하자.

2. 면접의 유형

과거 천편일률적인 일대일 면접과 달리 면접에는 다양한 유형이 도입되어 현재는 "면접은 이렇게 보는 것이다."라고 말할 수 있는 정해진 유형이 없어졌다. 그러나 여러 기업에서 현재까지는 집단 면접과 다대일 면접이 진행되고 있으므로 어느 정도 유형을 파악하여 사전에 대비가 가능하다. 면접의 기본인 단독 면접부터, 다대일 면접, 집단 면접의 유형과 그 대책에 대해 알아보자.

(1) 단독 면접

단독 면접이란 응시자와 면접관이 1대1로 마주하는 형식을 말한다. 면접위원 한 사람과 응시자 한 사람이 마주 앉아 자유로운 화제를 가지고 질의응답을 되풀이하는 방식이다. 이 방식은 면접의 가장 기본적인 방법으로 소요시간은 10~20분 정도가 일반적이다.

① 단독 면접의 장점

필기시험 등으로 판단할 수 없는 성품이나 능력을 알아내는 데 가장 적합하다고 평가받아 온 면접방식으로 응시자 한 사람 한 사람에 대해 여러 면에서 비교적 폭넓게 파악할 수 있다. 응시자의 입장에서는 한 사람의 면접관만을 대하는 것이므로 상대방에게 집중할 수 있으며, 긴장감도 다른 면접방식에 비해서는 적은 편이다.

② 단독 면접의 단점

면접관의 주관이 강하게 작용해 객관성을 저해할 소지가 있으며, 면접 평가표를 활용한다 하더라도 일면적인 평가에 그칠 가능성을 배제할 수 없다. 또한 시간이 많이 소요되는 것도 단점이다.

단독 면접준비 Point

단독 면접에 대비하기 위해서는 평소 1대1로 논리 정연하게 대화를 나눌 수 있는 능력을 기르는 것이 중요하다. 그리고 면접장에서는 면접관을 선배나 선생님 혹은 아버지를 대하는 기분으로 면접에 임하는 것이 부담도 훨씬 적고 실력을 발휘할 수 있는 방법이 될 것이다.

----

(2) 다대일 면접

다대일 면접은 일반적으로 가장 많이 사용되는 면접방법으로 보통 2~5명의 면접관이 1명의 응시자에게 질문하는 형태의 면접방법이다. 면접관이 여러 명이므로 다각도에서 질문을 하여 응시자에 대한 정보를 많이 알아낼 수 있다는 점 때문에 선호하는 면접방법이다. 하지만 응시자의 입장에서는 질문도 면접관에 따라 각양각색이고 동료 응시자가 없으므로 숨 돌릴 틈도 없게 느껴진다. 또한 관찰하는 눈도 많아서 조그만 실수라도 지나치는 법이 없기 때문에 정신적 압박과 긴장감이 높은 면접방법이다. 따라서 응시자는 긴장을 풀고 한 시험관이 묻더라도 면접관 전원을 향해 대답한다는 기분으로 또박또박 대답하는 자세가 필요하다.

① 다대일 면접의 장점

면접관이 집중적인 질문과 다양한 관찰을 통해 응시자가 과연 조직에 필요한 인물인가를 완벽히 검증할 수 있다.

② 다대일 면접의 단점

면접시간이 보통 10~30분 정도로 좀 긴 편이고 응시자에게 지나친 긴장감을 조성하는 면접방법이다.

다대일 면접준비 Point

질문을 들을 때 시선은 면접위원을 향하고 다른 데로 돌리지 말아야 하며, 대답할 때에도 고개를 숙이거나 입속에서 우물거리는 소극적인 태도는 피하도록 한다. 면접위원과 대등하다는 마음가짐으로 편안한 태도를 유지하면 대답도 자연스러운 상태에서 좀 더 충실히 할 수 있고, 이에 따라 면접위원이 받는 인상도 달라지게 된다.

----

(3) 집단 면접

집단 면접은 다수의 면접관이 여러 명의 응시자를 한꺼번에 평가하는 방식으로 짧은 시간에 능률적으로 면접을 진행할 수 있다. 각 응시자에 대한 질문내용, 질문횟수, 시간배분이 똑같지는 않으며, 모두에게 같은 질문이 주어지기도 하고, 각각 다른 질문을 받기도 한다. 또 어떤 응시자가 한 대답에 대한 의견을 묻는 등 그때그때의 분위기나 면접관의 의향에 따라 변수가 많다. 집단 면접은 응시자의 입장에서는 개별 면접에 비해 긴장감은 다소 덜한 반면에 다른 응시자들과의 비교가 확실하게 나타나므로 응시자는 몸가짐이나 표현력·논리성 등이 결여되지 않도록 자신의 생각이나 의견을 솔직하게 발표하여 집단 속에 묻히거나 밀려나지 않도록 주의해야 한다.

① 집단 면접의 장점

집단 면접의 장점은 면접관이 응시자 한 사람에 대한 관찰시간이 상대적으로 길고, 비교 평가가 가능하기 때문에 결과적으로 평가의 객관성과 신뢰성을 높일 수 있다는 점이며, 응시자는 동료들과 함께 면접을 받기 때문에 긴장감이 다소 덜하다는 것을 들 수 있다. 또한 동료가 답변하는 것을 들으며, 자신의 답변 방식이나 자세를 조정할 수 있다는 것도 큰 장점이다.

② 집단 면접의 단점

응답하는 순서에 따라 응시자마다 유리하고 불리한 점이 있고, 면접위원의 입장에서는 각각의 개인적인 문제를 깊게 다루기가 곤란하다.

집단 면접준비 Point

너무 자기 과시를 하지 않는 것이 좋다. 대답은 자신이 말하고 싶은 내용을 간단명료하게 말해야 한다. 내용이 없는 발언을 한다거나 대답을 질질 끄는 태도는 좋지 않다. 또 말하는 중에 내용이 주제에서 벗어나거나 자기중심적으로만 말하는 것도 피해야 한다. 집단 면접에 대비하기 위해서는 평소에 설득력을 지닌 자신의 논리력을 계발하는 데 힘써야 하며, 다른 사람 앞에서 자신의 의견을 조리 있게 개진할 수 있는 발표력을 갖추는 데에도 많은 노력을 기울여야 한다.

• 실력에는 큰 차이가 없다는 것을 기억하라.
• 동료 응시자들과 서로 협조하라.
• 답변하지 않을 때의 자세가 중요하다.
• 개성 표현은 좋지만 튀는 것은 위험하다.

---

(4) 집단 토론식 면접

집단 토론식 면접은 집단 면접과 형태는 유사하지만 질의응답이 아니라 응시자들끼리의 토론이 중심이 되는 면접방법으로 최근 들어 급증세를 보이고 있다.

이는 공통의 주제에 대해 다양한 견해들이 개진되고 결론을 도출하는 과정, 즉 토론을 통해 응시자의 다양한 면에 대한 평가가 가능하다는 집단 토론식 면접의 장점이 널리 확산된 데 따른 것으로 보인다.

집단 토론식 면접을 활용하면 주제와 관련된 지식 정도와 이해력, 판단력, 설득력, 협동성은 물론 리더십, 조직 적응력, 적극성과 대인관계 능력 등을 파악하는 것이 용이하다고 한다.

토론식 면접에서는 자신의 의견을 명확히 제시하면서도 상대방의 의견을 경청하는 토론의 기본 자세가 필수적이며, 지나친 경쟁심이나 자기 과시욕은 접어두는 것이 좋다.

또한 집단 토론의 목적이 결론을 도출해 나가는 과정에 있다는 것을 감안하여 무리하게 자신의 주장을 관철시키기보다는 오히려 토론의 질을 높이는 데 기여하는 것이 좋은 인상을 줄 수 있다는 점을 알아야 한다. 취업 희망자들은 토론식 면접이 급속도로 확산되는 추세임을 감안해 특히 철저한 준비를 해야 한다.

평소에 신문의 사설이나 매스컴 등의 토론 프로그램을 주의 깊게 보면서 논리 전개 방식을 비롯한 토론 과정을 익히도록 하고, 친구들과 함께 간단한 주제를 놓고 토론을 진행해 볼 필요가 있다. 또한 사회 · 시사문제에 대해 자기 나름대로의 관점을 정립해두는 것도 꼭 필요하다.

(5) PT 면접

PT 면접, 즉 프레젠테이션 면접은 최근 들어 집단 토론 면접과 더불어 그 활용도가 점차 커지고 있다. PT 면접은 기업마다 특성이 다르고 인재상이 다른 만큼 인성 면접만으로는 알 수 없는 지원자의 문제해결 능력, 전문성, 창의성, 기본 실무능력, 논리성 등을 관찰하는 데 중점을 두는 면접으로, 지원자 간의 변별력이 높아 대부분의 기업에서 적용하고 있으며, 확산되는 추세이다.

면접 시간은 기업별로 차이가 있지만, 전문지식, 시사성 관련 주제를 제시한 다음, 보통 20~50분 정도 준비하여 5분가량 발표할 시간을 준다. 면접관과 지원자의 단순한 질의응답식이 아닌, 주제에 대해 일정 시간 동안 지원자의 발언과 발표하는 모습 등을 관찰하게 된다. 정확한 답이나 지식보다는 논리적 사고와 의사표현력이 더 중시되기 때문에 자신의 생각을 어떻게 설명하느냐가 매우 중요하다.

PT 면접에서 같은 주제라도 직무별로 평가요소가 달리 나타난다. 예를 들어, 영업직은 설득력과 의사소통 능력에 중점을 둘 수 있겠고, 관리직은 신뢰성과 창의성 등을 더 중요하게 평가한다.

PT 면접 준비 Point
- 면접관의 관심과 주의를 집중시키고, 발표 태도에 유의한다.
- 모의 면접이나 거울 면접을 통해 미리 점검한다.
- PT 내용은 세 가지 정도로 정리해서 말한다.
- PT 내용에는 자신의 생각이 담겨 있어야 한다.
- 중간에 자문자답 방식을 활용한다.
- 평소 지원하는 업계의 동향이나 직무에 대한 전문지식을 쌓아둔다.
- 부적절한 용어 사용이나 무리한 주장 등은 하지 않는다.

----

(6) 합숙 면접

합숙 면접은 대체로 1박 2일이나 2박 3일 동안 해당 기업의 연수원이나 수련원 등에서 이루어지는 면접으로, 평가 항목으로는 PT 면접, 토론 면접, 인성 면접 등을 기본으로 새벽등산, 레크리에이션, 게임 등 다양한 형태로 진행된다. 경쟁자들과 함께 생활하고 협동해야 하는 만큼 스트레스도 많이 받는 경우가 허다하다.

모든 지원자를 하루 동안 평가하게 되므로 지원자 1명을 평가하는 데 걸리는 시간은 짧게는 5분에서 길게는 1시간 이상 정도인데, 이 시간으로는 지원자를 제대로 평가하기에는 한계가 있다. 합숙 면접은 24시간 이상을 지원자와 면접관이 함께 생활하면서 다양한 프로그램을 통해 지원자의 역량을 폭넓게 평가할 수 있기 때문에 기업에서는 합숙 면접을 선호한다. 대체로 은행, 증권 등 금융권에서 합숙 면접을 통해 지원자의 의도되고 꾸며진 모습 외에 창의력, 의사소통 능력, 협동심, 책임감, 리더십 등 다양한 모습을 평가하였지만, 최근에는 기업에서도 많이 실시되고 있다.

합숙 면접에서 좋은 점수를 얻기 위해서는 무엇보다 팀워크를 중시하는 모습을 보여야 한다. 합숙 면접은 일반 면접과는 달리 개인보다는 그룹별로 과제가 주어지고 해결해야 하므로 조원 또는 동료와 얼마나 잘 어울리느냐가 중요한 평가기준이 된다. 장시간에 걸쳐 평가하기 때문에 힘든 부분도 있지만, 지원자들이 지쳐 있거나 당황하고 있는 사이에도 면접관들은 지원자들의 조직 적응력, 적극성, 사회성, 친화력 등을 꼼꼼하게 체크하기 때문에 잠시도 긴장을 늦춰서는 안 된다.

3. 면접의 실전 대책

(1) 면접 대비사항

① 지원 회사에 대한 사전지식을 충분히 준비한다. 필기시험에서 합격 또는 서류전형에서의 합격통지가 온 후 면접시험 날짜가 정해지는 것이 보통이다. 이때 수험자는 면접시험을 대비해 사전에 자기가 지원한 계열사 또는 부서에 대해 폭넓은 지식을 준비할 필요가 있다.

지원 회사에 대해 알아두어야 할 사항

• 회사의 연혁
• 회장 또는 사장의 이름, 출신학교, 관심사
• 회장 또는 사장이 요구하는 신입사원의 인재상
• 회사의 사훈, 사시, 경영이념, 창업정신
• 회사의 대표적 상품, 특색
• 업종별 계열회사의 수
• 해외지사의 수와 그 위치
• 신 개발품에 대한 기획 여부
• 자기가 생각하는 회사의 장단점
• 회사의 잠재적 능력개발에 대한 제언

-----

② 충분한 수면을 취한다. 충분한 수면으로 안정감을 유지하고 첫 출발의 상쾌한 마음가짐을 갖는다.

③ 얼굴을 생기 있게 한다. 첫인상은 면접에 있어서 가장 결정적인 당락요인이다. 면접관에게 좋은 인상을 줄 수 있도록 화장하는 것도 필요하다. 면접관들이 가장 좋아하는 인상은 얼굴에 생기가 있고 눈동자가 살아 있는 사람, 즉 기가 살아 있는 사람이다.

④ 아침에 인터넷 뉴스를 읽고 간다.그날의 뉴스가 질문 대상에 오를 수가 있다. 특히 경제 면, 정치면, 문화면 등을 유의해서 볼 필요가 있다.

출발 전 확인할 사항

이력서, 자기소개서, 지갑, 신분증(주민등록증), 손수건, 휴지, 볼펜, 메모지, 예비스타킹 등을 준비하자.

(2) 면접 시 옷차림

면접에서 옷차림은 간결하고 단정한 느낌을 주는 것이 가장 중요하다. 색상과 디자인 면에서 지나치게 화려한 색상이나, 노출이 심한 디자인은 자칫 면접관의 눈살을 찌푸리게 할 수 있다. 단정한 차림을 유지하면서 자신만의 독특한 멋을 연출하는 것, 지원하는 회사의 분위기를 파악했다는 센스를 보여주는 것 또한 코디네이션의 포인트이다.

복장 점검

• 구두는 잘 닦여 있는가?
• 옷은 깨끗이 다려져 있으며 스커트 길이는 적당한가?
• 손톱은 길지 않고 깨끗한가?
• 머리는 흐트러짐 없이 단정한가?

(3) 면접 요령

① 첫인상을 중요시한다.상대에게 인상을 좋게 주지 않으면 어떠한 얘기를 해도 이쪽의 기분이 충분히 전달되지 않을 수 있다. 예를 들어, '저 친구는 표정이 없고 무엇을 생각하고 있는지 전혀 알 길이 없다.' 처럼 생각되면 최악의 상태이다. 우선 청결한 복장, 바른 자세로 침착하게 들어가야 한다. 건강하고 신선한 이미지를 주어야 하기 때문이다.

② 좋은 표정을 짓는다.얘기를 할 때의 표정은 중요한 사항의 하나다. 거울 앞에서 웃는 연습을 해본다. 웃는 얼굴은 상대를 편안하게 하고, 특히 면접 등 긴박한 분위기에서는 천금의 값이 있다 할 것이다. 그렇다고 하여 항상 웃고만 있어서는 안 된다. 자기의 할 얘기를 진정으로 전하고 싶을 때는 진지한 얼굴로 상대의 눈을 바라보며 얘기한다. 면접을 볼 때 눈을 감고 있으면 마이너스 이미지를 주게 된다.

③ 결론부터 이야기한다.자기의 의사나 생각을 상대에게 정확하게 전달하기 위해서 먼저 무엇을 말하고자 하는가를 명확히 결정해 두어야 한다. 대답을 할 경우에는 결론을 먼저 이야기하고 나서 그에 따른 설명과 이유를 덧붙이면 논지(論旨)가 명확해지고 이야기가 깔끔하게 정리된다.한 가지 사실을 이야기하거나 설명하는 데는 3분이면 충분하다. 복잡한 이

야기라도 어느 정도의 길이로 요약해서 이야기하면 상대도 이해하기 쉽고 자기도 정리할 수 있다. 긴 이야기는 오히려 상대를 불쾌하게 할 수가 있다.

④ 질문의 요지를 파악한다. 면접 때의 이야기는 간결성만으로는 부족하다. 상대의 질문이나 이야기에 대해 적절하고 필요한 대답을 하지 않으면 대화는 끊어지고 자기의 생각도 제대로 표현하지 못하여 면접자로 하여금 수험생의 인품이나 사고방식 등을 명확히 파악할 수 없게 한다. 무엇을 묻고 있는지, 무슨 이야기를 하고 있는지 그 요점을 정확히 알아내야 한다.

면접에서 고득점을 받을 수 있는 성공요령

1. 자기 자신을 겸허하게 판단하라.
2. 지원한 회사에 대해 100% 이해하라.
3. 실전과 같은 연습으로 감각을 익히라.
4. 단답형 답변보다는 구체적으로 이야기를 풀어나가라.
5. 거짓말을 하지 말아라.
6. 면접하는 동안 대화의 흐름을 유지하라.
7. 친밀감과 신뢰를 구축하라.
8. 상대방의 말을 성실하게 들으라.
9. 근로조건에 대한 이야기를 풀어나갈 준비를 하라.
10. 끝까지 긴장을 풀지 말아라.

제2장 현대자동차 실제 면접

현대자동차는 도전, 창의, 열정, 협력, 글로벌마인드로 그룹의 핵심가치를 실천할 수 있는 인재를 지향한다.

(1) 면접위원 : 3~4명

(2) 면접시간 : 60~70분

(3) 면접형태 : 多 대 多 면접(면접위원 3~4명, 면접자 4~5명)

(4) 면접내용 : 지원자의 자질과 인성을 종합적으로 평가하는 면접으로 진행된다. 솔직하고, 일관성 있는 대답을 하는 것이 중요하며, 창조적인 대답을 요하는 질문이 있을 수 있으므로 준비를 할 필요가 있다.

(5) 최신기출질문

- 현대자동차에 대한 생각을 말해 보시오.
- 전주공장에서 만드는 차종 이름을 한 가지 말해 보시오.
- 자신의 장단점을 말해 보시오. 또한 단점으로 인한 상사의 트러블이 있었다면 어떻게 해결했는지 말해 보시오.
- 회사에서 부당한 일을 시키면 어떻게 할 것인가?
- 본인이 생각하는 열정이란 무엇인가?
- 현대자동차 노조에 대한 본인의 생각은?
- 이전 직장에서 했던 일을 구체적으로 말해 보시오.
- 1분 동안 자기소개를 해보시오.
- 전공이 지금과는 다른 일인데 잘할 수 있겠는가?
- 자신의 단점을 극복하기 위해 무엇을 노력했는지 말해 보시오.
- 현대자동차에 들어와서 10년 후 자신의 모습에 대해 설명해 보시오.

- 본인이 싫어하는 상대방 성격은 무엇인가?
- 직장상사와 의견대립이 있을 때 어떻게 대처할 것인가?
- 현대자동차 공장은 여러 곳이 있다. 각각 어느 지역에 있는가?
- 동료가 일을 하지 않고 요령을 피운다면 어떻게 하겠는가?
- 합격을 한다면 누가 가장 좋아할 것 같은가?
- 가장 존경하는 인물은 누구인가?
- 현대자동차가 지금 추구하고 있는 것이 무엇인지 말해 보시오.
- 이곳 말고 다른 공장에 배치될 수도 있는데 괜찮은가?
- 생산현장에서 본인이 가장 중요하게 생각해야 할 것은 무엇인가?
- 매일 알을 낳는 닭이 있고, 상태가 좋지 않아 일주일에 한 번 알을 낳는 닭이 있다. 이 상황에서 본인은 어떻게 대처할 것인가?
- 현대자동차가 하고 있는 사회공헌활동을 말해 보시오.
- 집단에서 모임 등을 주도하는 편인가?
- 본인을 뽑아달라고 어필해 보시오.
- 마지막으로 하고 싶은 말을 해보시오.
- 현대 노조와 삼성 노조의 차이점을 말해 보시오.
- 최근 가장 힘들었던 일은 무엇인가?
- 성적이 갈수록 떨어지는 양상을 보였는데 왜 그랬는가?
- 금형일을 하다보면 선배들이 거의 아버지뻘이다. 불편하지 않겠는가?
- 주말에는 주로 무엇을 하는가?
- 축구를 잘 하는가? 당구는 잘 치는가?
- 일하면서 가장 중요하게 생각해야 할 것은 무엇인가?
- 만약 뽑히게 된다면 6개월 동안 백만 원을 받고 생활해야 하는데 지장이 없겠는가?
- 울산공장에 대해 아는 것을 다 말해보고 특성에 대해 설명해 보시오.
- 친구 아버지가 돌아가셨는데 특근을 해야 한다. 어떻게 할 것인가?
- (학교 출석부에 지각, 조퇴, 결석이 있을 경우) 그 이유에 대해 설명해 보시오.
- 노숙자에 대한 자신의 생각을 말해 보시오.
- 현대자동차의 주가(주식)는 얼마인가?
- 차를 보유하고 있는가? 있다면 차종은 무엇인가?
- 현대자동차의 해외 공장은 어디어디에 있는가?
- 직업병에 대해 어떻게 처신할 것인가?
- 작업현장에 먼지 때문에 신상에 문제가 생길 수도 있을 텐데, 괜찮겠는가?
- 건강과 일 중 어떤 것을 선택하겠는가?

- 졸업 후, 공백 기간에 무슨 일을 하였는가?
- 비정규직에 대해 어떻게 생각하는가?
- 주량은 어떻게 되는가?
- 무언가에 도전한 적이 있는가? 있다면 말해 보시오.
- 다른 부서에서 일할 생각은 없는가?
- 면접 대기 시간에 무슨 생각을 했는가?
- 2교대가 무엇인지 알고 있는가? 알고 있다면 할 수 있겠는가?

제 3 장 AI면접

1. AI면접 소개

(1) 소개

① AI면접전형은 '공정성'과 '객관적 평가'를 면접과정에 도입하기 위한 수단으로, 최근 채용 과정에 AI면접을 도입하는 기업들이 급속도로 증가하고 있다.

② AI기반의 평가는 서류전형 또는 면접전형에서 활용된다. 서류전형에서는 AI가 모든 지원 자의 자기소개서를 1차적으로 스크리닝 한 후, 통과된 자기소개서를 인사담당자가 다시 평 가하는 방식으로 활용되고 있다. 또한 면접전형에서는 서류전형과 함께 또는, 면접 절차를 대신하여 AI면접의 활용을 통해 지원자의 전반적인 능력을 종합적으로 판단하여 채용에 도움을 준다.

(2) AI면접 프로세스

(3) AI면접 분석 종류

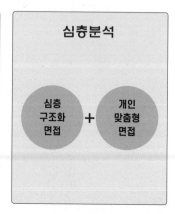

2. AI면접 진행과정

(1) AI면접 정의

뇌신경과학 기반의 인공지능 면접

(2) 소요시간

60분 내외(1인)

(3) 진행순서

① 웹캠/음성체크   ② 안면등록
③ 기본질문   ④ 탐색 질문
⑤ 상황질문   ⑥ 뇌과학게임
⑦ 심층/구조화질문   ⑧ 종합평가

→ 뇌과학게임 : 게임 형식의 AI면접을 통해 지원자의 성과역량, 성장 가능성 분석
→ 기본질문, 상황질문, 탐색질문을 통해 지원자의 강점, 약점을 분석하여 심층/구조화 질문 제시

기본적인 질문 및   지원자의 특성을   지원자의 강점/   심층/구조화 질문
상황질문   분석하기 위한 질문   약점 실시간 분석

(4) 평가요소

종합 코멘트, 주요 및 세부역량 점수, 응답신뢰 가능성 등을 분석하여 종합평가 점수 도출

① 성과능력지수

스스로 성과를 내고 지속적으로 성장하기 위해 갖춰야 하는 성과 지향적 태도 및 실행력

② 조직적합지수

조직에 적응하고 구성원들과 시너지를 내기 위해 갖춰야 하는 심리적 안정성

③ 관계역량지수

타인과의 관계를 좋게 유지하기 위해 갖춰야 하는 고객지향적 태도 및 감정 파악 능력

④ 호감지수

대면 상황에서 자신의 감정과 의사를 적절하게 전달할 수 있는 소통 능력

3. AI면접 준비

(1) 면접 환경 점검

Windows 7 이상 OS에 최적화되어 있습니다. 웹카메라와 헤드셋(또는 이어폰과 마이크)은 필수 준비물이며, 크롬 브라우저도 미리 설치해 놓는 것이 좋다. 또한, 주변 정리정돈과 복장을 깔끔하게 해야 한다.

(2) 이미지

AI면접은 동영상으로 녹화되므로 지원자의 표정이나 자세, 태도 등에서 나오는 전체적인 이미지가 상당히 중요하다. 특히, '상황 제시형 질문'에서는 실제로 대화하듯이 답변해야 하므로 표정과 제스처의 중요성은 더 더욱 커진다. 그러므로 자연스럽고 부드러운 표정과 정확한 발음은 기본이자 필수요소이다.

① **시선 처리** : 눈동자가 위나 아래로 향하는 것은 피해야 한다. 대면면접의 경우 아이컨택(Eye Contact)이 가능하기 때문에 대화의 흐름상 눈동자가 자연스럽게 움직일 수 있지만, AI면접에서는 카메라를 보고 답변하기 때문에 다른 곳을 응시하거나, 시선이 분산되는 경우에는 불안감으로 눈빛이 흔들린다고 평가될 수 있다. 따라서 카메라 렌즈 혹은 모니터를 바라보면서 대화를 하듯이 면접을 진행하는 것이 가장 좋다. 시선 처리는 연습하는 과정에서 동영상 촬영을 하며 확인하는 것이 좋다.

② **입 모양** : 좋은 인상을 주기 위해서는 입꼬리가 올라가도록 미소를 짓는 것이 좋으며, 이때 입꼬리는 양쪽 꼬리가 동일하게 올라가야 한다. 그러나 입만 움직이게 되면 거짓된 웃음으로 보일 수 있기에 눈과 함께 미소 짓는 연습을 해야 한다. 자연스러운 미소 짓기는 쉽지 않기 때문에 매일 재미있는 사진이나 동영상, 아니면 최근 재미있었던 일 등을 떠올리면서 자연스러운 미소를 지을 수 있는 연습을 해야 한다.

③ **발성·발음** : 답변을 할 때, 말을 더듬는다거나 '음…', '아…' 하는 소리는 마이너스 요인이다. 질문마다 답변을 생각할 시간을 함께 주지만, 지원자의 의견을 체계적으로 정리하지 못한 채 답변을 시작한다면 발생할 수 있는 상황이다. 생각할 시간이 주어진다는 것은 답변에 대한 기대치가 올라간다는 것을 의미하므로 주어진 시간 동안에 빠르게 답변구조를 구성하는 연습을 진행해야 하고, 말끝을 흐리는 습관이나 조사를 흐리는 습관을 교정해야 한다. 이때, 연습 과정을 녹음하여 체크하는 것이 효과가 좋고, 답변에 관한 부분 또한 명료하고 체계적으로 답변할 수 있도록 연습해야 한다.

(3) 답변방식

AI면접 후기를 보다 보면, 대부분 비슷한 유형의 질문패턴이 진행되는 것을 알 수 있다. 따라서 대면면접 준비방식과 동일하게 질문 리스트를 만들고 연습하는 과정이 필요하다. 특히, AI면접은 질문이 광범위하기 때문에 출제 유형 위주의 연습이 이루어져야 한다.

① 유형별 답변방식 습득

　㉠ 기본 필수질문 : 지원자들에게 필수로 질문하는 유형으로 지원자만의 답변이 확실하게 구성되어 있어야 한다.

　㉡ 상황 제시형 질문 : AI면접에서 주어지는 상황은 크게 8가지 유형으로 분류된다. 각 유형별 효과적인 답변 구성 방식을 연습해야 한다.

　㉢ 심층 / 구조화 질문(개인 맞춤형 질문) : 가치관에 따라 선택을 해야 하는 질문이 대다수를 이루는 유형으로, 여러 예시를 통해 유형을 익히고, 그에 맞는 답변을 연습해야 한다.

② 유성(有聲) 답변 연습 : AI면접을 연습할 때에는 같은 유형의 예시를 연습한다고 해도, 실제 면접에서의 세부 소재는 거의 다르다고 할 수 있다. 이 때문에 새로운 상황이 주어졌을 때, 유형을 빠르게 파악하고 답변의 구조를 구성하는 반복연습이 필요하며, 항상 목소리를 내어 답변하는 연습을 하는 것이 좋다.

③ 면접에 필요한 연기 : 면접은 연기가 반이라고 할 수 있다. 물론 가식적이고 거짓된 모습을 보이라는 것이 아닌, 상황에 맞는 적절한 행동과 답변의 인상을 극대화 시킬 수 있는 연기를 얘기하는 것이다. 면접이 무난하게 흘러가면 무난하게 탈락할 확률이 높다. 때문에 하나의 답변에도 깊은 인상을 전달해 주어야 하고, 그런 것이 연기이다. 특히, AI면접에서는 답변 내용에 따른 표정변화가 필요하고, 답변에 연기를 더할 수 있는 부분까지 연습이 되어있다면, 면접 준비가 완벽히 되어있다고 말할 수 있다.

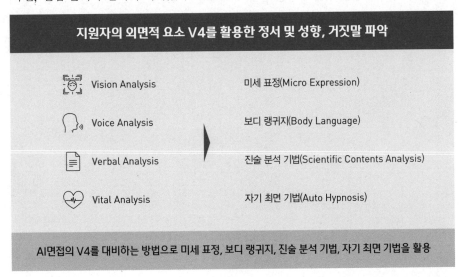

지원자의 외면적 요소 V4를 활용한 정서 및 성향, 거짓말 파악

Vision Analysis	미세 표정(Micro Expression)
Voice Analysis	보디 랭귀지(Body Language)
Verbal Analysis	진술 분석 기법(Scientific Contents Analysis)
Vital Analysis	자기 최면 기법(Auto Hypnosis)

AI면접의 V4를 대비하는 방법으로 미세 표정, 보디 랭귀지, 진술 분석 기법, 자기 최면 기법을 활용

4. AI면접 구성

기본
필수 질문 → 탐색질문
(인성검사) → 상황 제시형
질문 → 게임 → 심층 구조화
질문

① **기본 필수질문** : 모든 지원자가 공통으로 받게 되는 질문으로, 기본적인 자기소개, 지원동기, 성격의 장단점 등을 질문하는 구성으로 되어 있다. 이는 대면면접에서도 높은 확률로 받게 되는 질문 유형이므로, AI면접에서도 답변한 내용을 대면면접에서도 다르지 않게 답변해야 한다.

② **탐색질문(인성검사)** : 인적성 시험의 인성검사와 일치하는 유형으로, 정해진 시간 내에 해당 문장과 지원자의 가치관이 일치하는 정도를 빠르게 체크해야 하는 단계이다.

③ **상황 제시형 질문** : 특정한 상황을 제시하여, 제시된 상황 속에서 어떻게 대응할지에 대한 답변을 묻는 유형이다. 기존의 대면면접에서는 이러한 질문에 대하여 지원자가 어떻게 행동할지에 대한 '설명'에 초점이 맞춰져 있었다면, AI면접에서는 실제로 '행동'하며, 상대방에게 이야기하듯 답변이 이루어져야 한다.

④ **게임** : 약 5가지 유형의 게임이 출제되고, 정해진 시간 내에 해결해야 하는 유형이다. 인적성 시험의 새로운 유형으로, AI면접을 실시하는 기업의 경우, 인적성 시험을 생략하는 기업도 증가하고 있습니다. AI면접 중에서도 비중이 상당한 게임 문제풀이 유형이다.

⑤ **심층 / 구조화 질문(개인 맞춤형 질문)** : 인성검사 과정 중 지원자가 선택한 항목들에 기반한 질문에 답변을 해야 하는 유형이다. 때문에 인성검사 과정에서 인위적으로 접근하지 않는 것이 중요하고, 주로 가치관에 대하 여 묻는 질문이 많이 출제되는 편이다.

우리는 삶의 모든 측면에서 항상 '내가 가치있는 사람일까?' '
내가 무슨 가치가 있을까?'라는 질문을 끊임없이 던지곤 합니다.
하지만 저는 우리가 날 때부터 가치있다 생각합니다.

오프라 윈프리

앞선 정보 제공! 도서 업데이트

언제, 왜 업데이트될까?

도서의 학습 효율을 높이기 위해 자료를 추가로 제공할 때!
기업체 인적성검사의 변동사항 발생 시 정보 공유를 위해!
기업체 채용 및 시험 관련 중요 이슈가 생겼을 때!

01 SD에듀 도서
www.sdedu.co.kr/book
홈페이지 접속

02 상단 카테고리
「도서업데이트」
클릭

03 해당
기업명으로
검색

참고자료, 시험 개정사항 등 정보 제공으로 학습효율을 높여 드립니다.

더 이상의
고졸/전문대졸 필기시험 시리즈는
없다!

알차다
꼭 알아야 할 내용을
담고 있으니까

친절하다
핵심 내용을 쉽게
설명하고 있으니까

핵심을
뚫는다
시험 유형과 유사한
문제를 다루니까

명쾌하다
상세한 풀이로 완벽하게
익힐 수 있으니까

성공은
나를 응원하는 사람으로부터 시작됩니다.

SD에듀가 당신을 힘차게 응원합니다.

NEW

온라인 동영상강의 sdedu.co.kr
유료 • 현대차 생산직 한권합격 강의
 • 현대차 생산직 자동차구조학 강의
무료 최신 이슈&상식 동영상 강의

합격의 모든 것!

2023년 상·하반기 700명 채용

2023 채용대비 ALL NEW

현대자동차

편저 | SD적성검사연구소

생산직(생산인력) 한권합격

최신기출복원문제 + 핵심이론 + 적중예상문제

정답 및 해설

SD에듀
(주)시대고시기획

정답 및 해설

SD에듀와 함께, 합격을 향해 떠나는 여행

제 1 장 정답 및 해설

01 자동차 기초

01	02	03	04	05	06	07	08	09	10	11	12	13	14	15
①	③	①	④	②	①	②	②	③	④	③	①	④	④	①

16	17	18	19	20
①	③	②	③	③

01 ②·③·④ 클러치가 하는 일이다.

02 앞기관 앞바퀴 자동차(Front Engine Front Wheel Drive Car) : 엔진을 차량의 앞부분에 설치, 앞바퀴를 구동하는 자동차

03 전/후 차축 간의 하중 분포가 균일한 것은 후륜 구동 방식의 장점이다.

04 ④는 윤거이다.

05 걸어갈 때 인간 뇌의 상하운동은 60~70 사이클/분, 달릴 때는 120~160사이클/분 이며, 일반적으로 60~90사이클/분의 상하 움직임을 보여야 승차감이 좋다고 알려져 있다. 또한 진동수가 120사이클/분을 초과하면 딱딱한 느낌을 받고, 45사이클/분 이하에서는 둥실둥실 어지러운 느낌을 받는다.

06 뒷바퀴 굴림 차의 동력 전달 순서
엔진 → 클러치 → 변속기 → 슬립조인트 → 유니버설 조인트 → 추진축 → 종감속 장치 → 차축 → 바퀴

07 • 디젤기관의 장점
  – 열효율이 높고, 연료 소비량이 적다.
  – 인화점이 높아 화재위험이 적다.
  – 완전연소에 가까운 연소로 회전력 변동이 적다.
 • 디젤기관의 단점
  – 회전속도가 낮다.
  – 운전 중 소음이 크다.
  – 마력당 중량이 크다.
  – 시동 전동기 출력이 커야 한다.

08
$$기계효율(\eta m) = \frac{제동마력(BHP)}{지시마력(IHP)}$$
$$= \frac{제동일(W_b)}{지시일(W_i)}$$
$$= \frac{제동\ 열효율(\eta_b)}{지시\ 열효율(\eta_i)}$$
$$= \frac{제동평균\ 유효압력(P_{mb})}{지시평균\ 유효압력(P_{mi})}$$

09 　지시마력 : 실린더 내에 발생하는 폭발 유효압력으로부터 계산해 낸 마력

10 　고성능 축전지가 개발되지 못해 고속 장거리 주행용으로는 부적합하다.

11 　질소산화물(NOx)은 연소온도가 높을수록 발생, 배출이 많아지며 연소온도를 낮추는 방법을 활용하여 저감시킬 수 있다. 물의 기화열을 이용하는 수분사 방식과 일부의 배기가스를 재도입 연소시키는 배기가스 재순환(EGR) 방식이 활용된다.

12 　LPG 연료는 액체상태의 연료를 증발·기화하여 사용하므로 증발잠열로 인하여 겨울철 시동이 곤란하다.

13 　자동차의 주행저항
구름저항, 가속저항, 구배저항, 공기저항

14 　윤활의 목적
감마 작용, 밀봉 작용, 냉각 작용, 청정 작용, 응력분산 작용, 방청 작용, 소음방지 작용

15 　압축비가 일정할 때의 열효율 : 오토 사이클>사바테 사이클>디젤 사이클

16 　윤활유는 온도 변화에 따른 점도 변화가 작아야 한다.

17 　윤활유는 점도지수가 크다. 따라서 온도변화에 따른 점도의 변화가 작아야 한다.

18 　탄화수소 화합물(C_mH_n)은 산소와 함께 완전 연소하여 이산화탄소(CO_2)와 물(H_2O)을 생성한다.

19 　③은 스프링을 포함한 안전장치의 일종이다.

20 　① 축하중
② 공차중량
④ 최대적재량

02 자동차 기관

01	02	03	04	05	06	07	08	09	10	11	12	13
①	③	②	②	②	④	④	①	②	②	③	②	④

01 ② 무부하저속시 혼합비
③ 경제 혼합비
④ 혼합기의 이론적 완전연소 혼합비

02 • 유면 높이가 규정보다 높을 때 : 혼합기 농후
• 유면 높이가 규정보다 낮을 때 : 혼합기 희박

03 연료 여과기내의 압력이 규정 이상이 되면 연료가 탱크로 되돌아간다. 작용 중 연료와 함께 흡입된 공기를 탱크로 되돌려 보내는 기능도 한다.

04 감압 장치는 디콤프라고도 하며, 압축저항이 걸리지 않도록 흡기 밸브 또는 흡·배기 밸브를 행정에 관계없이 개방하여 기동을 용이하게 한다.

05 흡입공기량 계량부를 거치지 않기 때문에 흡입된 공기의 양만큼 더 공급되어 혼합기는 희박해진다.

06 연소가 이루어지려면 가연 물질, 산소 공급, 점화원이 필요하다.

07 엔진을 기동할 때 스로틀 밸브를 조금 열고 기동에 필요한 공기를 공급하는 장치는 스로틀 크래커이다.

08 크랭크축에 균열이 있으면 수정은 불가능하며 교환하여야 한다.

09 규칙적인 엔진의 부조현상이 일어나면서 시동이 자주 꺼지는 주된 원인은 점화계통의 고장 때문이다.

10 겨울철에 연료 탱크 내에 연료가 적으면 탱크 내 공간에 있던 공기 중의 수증기가 기온이 낮아지면 응축되어 연료에 흡입되므로 연료를 가득 채워야 한다.

11 연료 탱크는 폭발의 위험성이 없는 저온의 땜납(연납땜)을 한다.

12 체적당 발열량은 휘발유보다 약 5% 정도 낮다. 옥탄가가 비교적 높아 노킹이 일어나는 일이 적다.

13 과급을 하는 주된 목적은 한정된 실린더 내에 많은 공기를 강제 유입시키고 다량의 연료를 분사하여 평균 유효 압력을 향상시킴으로써 출력을 증가시키기 위해서이다.

03 섀 시

01	02	03	04	05	06	07	08	09	10	11	12	13	14	15	16
②	②	④	④	②	②	④	②	①	④	②	④	①	①	②	③

01 기어의 백래시란 서로 맞물린 기어의 이면과 이면 사이의 간극(유격)을 말한다.

02 ②는 독립 현가장치에서 차체의 기울어짐을 방지하는 기능을 한다.

03 차동 기어장치는 회전 시에 작동한다.

04 ④는 앞뒤 모든 바퀴가 동심원을 그리도록 하여 원활한 회전이 이루어지도록 하는 것이다.

05 조향 핸들의 회전과 바퀴 선회의 차가 크면 조향 감각을 익히기 어렵고 조향 조작이 늦어진다.

06 ② 조향륜을 앞에서 볼 때 양바퀴의 위쪽이 수직선을 중심으로 내·외측으로 기울어진 상태를 말하며, 보통 위쪽이 바깥쪽으로 0.5°~1.5° 벌어진 정(+)의 캠버이다.
① 조향륜을 위에서 볼 때 양쪽 바퀴의 앞·뒤쪽 거리차로서 앞쪽이 보통 2~6mm 좁게 되어 있다.
③ 조향륜의 킹핀 위쪽이 뒤쪽으로 기울어진 것을 정(+)의 캐스터라 한다.
④ 캠버각과 비슷하나 각의 방향이 다르며, 킹핀각은 킹핀 중심선의 각, 캠버는 타이어 중심선이 이루는 각이다.

07 유압식 브레이크는 '완전히 밀폐된 액체에 작용하는 압력은 어느 점에서나 어느 방향에서나 일정하다'는 파스칼의 원리를 응용한 것이다.

08 유압식 브레이크는 공기가 침입하거나 베이퍼록이 발생하게 되면 제동이 되지 않는다.

09 ABS는 브레이크 유압회로 내 유압을 제거하여 바퀴가 로크업되어 발생되는 미끌림, 미끄러짐을 방지함으로써 직진 안정성과 조향 안정성을 유지하고 미끄러운 길에서도 제동거리를 단축한다.

10 ④ 전자 제어 정속 주행장치
① 전자 제어 현가장치
② 4륜 구동장치
③ 제동력 자동 조절장치

11 경사로에서 자동차가 일시 정지 후 다시 출발할 때 차가 뒤로 밀리는 것을 방지하는 장치를 앤티로울 장치라고 한다.

12 페이드 현상은 브레이크의 과도한 사용으로 발생하기 때문에, 과도한 주 제동장치를 사용하지 않고 엔진 브레이크를 사용하면 페이드 현상을 방지할 수 있다.

13 페이드 현상이 나타나면 운행을 중지하고 발열부의 열을 식혀야 한다.

14 프레임은 자동차가 주행 중에 받는 노면에서의 충격이나 하중에 의한 굽힘, 비틀림, 진동 등에 충분히 견뎌야 하며 가급적 가벼워야 한다.

15 튜브 없는 타이어는 림이 변형되면 타이어와의 밀착이 불량하여 공기의 누출이 생기기 쉬운 단점이 있다.

16 고속도로 주행 시에는 스탠딩 웨이브 현상의 방지를 위해서 타이어 공기압을 10~15% 높여 준다.

04 친환경자동차 및 신기술

01	02	03	04	05	06	07	08
③	①	②	④	①	④	③	②

01 하이브리드 시스템은 기관 효율이 낮은 운전조건에서 모터를 사용하고 기관 효율이 높은 운전조건에서 발전을 실행함으로써 자동차의 전체 효율을 극대화시킨다. 따라서 고효율 제어 시스템이라고 할 수 있다.

02 ① 차선 이탈 경보 시스템(Lane Departure Warning System)은 전방의 카메라를 통하여 차선을 인식하고 일정속도 이상에서 차선을 밟거나 이탈할 경우 클러스터 및 경보음을 통하여 운전자에게 알려주는 주행안전장치이다.
② 주행 조향보조 시스템
③ 자동 긴급 제동장치
④ 차량 전 주위 영상 모니터링 시스템

03 가스연료 엔진은 디젤기관과 비교 시 매연이 100% 감소한다.

04 ④ 선택적 환원 촉매장치(SCR)
① 전자 제어 현가장치
② 4륜 구동장치
③ 제동력 자동 조절장치

05 SOC는 충전상태에 따라 3가지 모드가 있는데, 먼저 Float Charge 모드는 100% 충전이므로 충전할 필요가 없는 상태를 말하며 ECM은 이 상태를 유지하도록 전류를 제어한다. 다음으로 Adsorption Charge 모드는 90% 이상의 충전 상태를 말하는 것으로 경우에 따라 충·방전을 하게 된다. Bulk Charge 모드는 SOC가 80% 이하의 상태로 연비보다는 배터리 충전을 위해 발전을 하는 모드이다.

06 전후방 근접 경고 표시 기능은 차량 전 주위 영상 모니터링 시스템(AVM)의 장점이다.

07 ㉠ 시동 시의 토크가 커야 한다.
㉣ 전기자동차 모터는 소형에 가벼워야 한다.

08 ㉡ 먼저 운전자가 스위치로 목표 속도와 차간 거리를 조작하면 ㉣ SCC 센서&모듈에서 목표 속도·차간 거리·목표 가·감속도를 연산하여 EBS 모듈에 제어를 요청한다. 그 다음 ㉠ 클러스터에서 제어상황을 표시한다. 마지막으로 ㉢ EBS 모듈은 ECM에 필요한 토크 요청을 하고 브레이크 압력을 제어한다. 따라서 정답은 ② ㉡ – ㉣ – ㉠ – ㉢이다.

제**2**장 정답 및 해설

01 기계의 이해

01	02	03	04	05	06	07	08	09	10
④	②	③	③	①	③	①	④	②	④

01 회전 운동의 이용 이후 기계가 발달하였다.

02 ① 오늘날 기계는 일상생활뿐 아니라, 산업 전반에 걸쳐 널리 사용된다.
③ 기계를 사용하여 작업 시간이 많이 줄어들었다.
④ 정밀 작업이나 복잡한 작업은 기계가 훨씬 빠르다.

03 ① 지능형 로봇은 미래에 일반화될 전망이다.
② 증기 기관은 고대가 아니라 근대에 발명되었다.
④ 인간 대신 산업용 기계와 생산 로봇이 사용된 것은 현대이다.

04 기계의 발달
• 13세기 : 금속 활자
• 15세기 : 화약, 인쇄
• 18세기 : 보링 기계, 증기 기관 발명
• 19세기 : 자동차, 항공기, 선박, 전기에너지, 내연 기관

05 가정용 기계의 발달로 인해 가사 노동 시간이 단축되었다.

06 수송용 기계의 발달
신속한 제품 운송, 시간적 · 공간적 거리를 단축

07 ② 농업용 기계, ③ 제조용 기계, ④ 의학용 기계

08 ④ 증기 기관이 동력으로 이용되면서 대량 생산이 가능해졌다.
① · ② · ③ 최초의 2차 전지는 1859년 프랑스의 플랑테가 발명한 납축전지이며, 최초로 화력발전으로서 전기를 공급한 나라는 1882년 미국이며, 내연 기관은 19세기 후반에 발명되었다.

09 다양한 기계의 이용
• 수송 기계 : 자동차, 선박, 항공기 등
• 생산 기계 : 가공 기계, 컨베이어 벨트, 작업용 로봇 등
• 농업 기계 : 이앙기, 콤바인, 경운기 등
• 건설 기계 : 타워크레인, 굴착기, 불도저 등

10 ④ 기계요소를 통합하지 않고, 기계의 구성 요소가 각각 주어진 일을 하게 된다.

02 기계요소

01	02	03	04	05	06	07	08	09	10	11	12	13	14	15
③	③	③	③	①	③	④	②	①	④	①	③	④	②	④
16	17	18	19	20	21	22	23	24	25	26	27	28	29	30
④	④	④	④	③	②	③	②	④	③	①	③	③	④	②
31	32	33	34	35	36	37	38	39	40	41	42	43	44	45
③	②	③	①	①	②	①	②	②	②	②	①	②	③	②
46	47	48	49	50	51	52	53	54	55	56	57	58	59	60
①	②	②	①	①	①	①	②	①	①	②	③	③	①	①
61	62	63	64	65										
③	②	①	①	①										

01 동력 전달 장치
풀리와의 마찰력을 이용하거나, 2개의 바퀴의 면을 접촉시켜서 이때 생기는 마찰력을 이용하는 전동 장치이다.

02 스프링은 충격 완화, 에너지 축적, 힘의 통제와 측정 등에 쓰인다.

03 관용 기계요소는 물, 가스, 기름 등의 흐름을 조절하거나 흐르는 방향을 바꾸어 주는 기계로 관, 관이음, 밸브 등이 있다.

04 ① 결합용 기계요소, ②·④ 전동용 기계요소

05 볼 베어링과 롤러 베어링은 미끄럼 베어링이 아니라 구름 베어링이다.

06 차체 부분
허브, 행어, 흙받이, 안장

07 전동용 기계 요소
마찰차, 기어, 캠, 링크, 풀리, 체인, 로프 등

08 나사, 볼트, 키, 너트, 리벳 등은 결합용 기계요소이다.

09 캠과 링크 장치는 왕복 운동 전달 기구이다.

10 ① 나사를 오른쪽으로 돌렸을 때 조여지는 나사를 오른나사라고 한다.
② 나사를 한 바퀴 돌렸을 때 한 줄이 조여지는 나사를 한줄나사라고 한다.
③ 나사산 모양에 따라 삼각나사, 사각나사, 둥근나사, 톱니나사 등으로 구분된다.

11 ③ 오른나사와 왼나사
④ 1열나사와 다열나사

12 ② 전동용으로 힘을 전달
④ 운동을 전달

13 ② 나사가 한 바퀴 돌 때 회전한 거리는 리드이다.

14 공정표에는 제작 순서, 작업명, 세부 공정, 사용 공구, 소요 시간 등을 써 넣는다.

15 제트 기관과 로켓 기관이 있다.

16 스크루 기어, 웜과 웜 기어가 있다.

17 제시된 내용은 벨트 전동과 관련된 내용이다. 벨트 전동은 벨트와 벨트 풀리 사이의 마찰력을 이용하여 동력을 전달하므로 정확한 회전비나 큰 동력의 전달에는 부적합하다.

18 체인 전동은 회전할 때 소음과 진동이 발생하여 고속 회전에는 적합하지 않다.

19 마찰차 전동
약간의 미끄럼이 있으므로 확실한 회전 운동이나 큰 전동에 알맞지 않다.

20 4행정 사이클 기관의 작동 순서
흡입행정 – 압축행정 – 폭발행정 – 배기행정

21 크랭크축이 2번 회전하면, 캠축은 1번 회전 한다.

22 외연 기관
외부에서 연료를 연소하여 만든 증기를 기관 내부에서 기계에너지로 변환하는 장치로 증기 터빈, 보일러 등이 있다.

23 기화기
연료와 공기를 혼합하여 연소에 알맞은 비율로 혼합기를 만드는 일을 한다.

24 가솔린 기관은 연료(가솔린)와 공기를 혼합한 혼합기를 실린더에 흡입하여 압축하고, 여기에 불꽃으로 점화시켜 폭발하는 힘으로 피스톤을 밀어서 움직인다.

25 캠
원동절의 회전 운동을 종동절의 직선 운동이나 왕복 운동으로 바꾸는 전동기구이다.

26 회전 속도와 기어의 잇수는 반비례 관계이다.

27 피스톤이 하강하면 소기구와 배기구가 열리고, 상승하면 압축·흡입된다.

28 플라이 휠의 관성력을 이용하여 크랭크축의 회전을 원활하게 한다.

29 크랭크축은 단단한 탄소강이나 합금강으로 만든다.

30 연료 공급 장치는 연료 펌프, 기화기, 여과기 등으로 구성된다.

31 ③ 이산화탄소 : 지구온난화의 원인이 되는 물질이지만 유독성 물질은 아니다.
① 탄화수소 : 호흡기 계통과 눈, 점막, 피부 등을 심하게 자극하는 유독성 물질이다.
② 일산화탄소 : 산소운반작용을 저해하여 저산소증을 일으키며 사망에까지 이르게 하는 유독성 물질이다.
④ 아황산가스 : 산성비의 가장 중요한 원인으로, 물과 반응하여 위장장애나 기관지염 또는 천식을 일으키는 유독성 물질이다.

32 초크 밸브는 가솔린 기관의 흡입공기 조절 밸브로서, 닫혀 있으면 혼합기가 너무 진하여 공기가 부족해지면 불완전 연소가 된다.

33 단속기는 발전기의 1차 코일 회로를 단속하여 2차 코일에 높은 전압을 유도한다.

34 윤활 장치는 엔진 내부의 각 윤활부에 오일을 공급하여 마찰을 감소시키고 마모를 방지해 기관의 수명을 연장시키고, 마찰 부분의 열이나 피스톤의 열을 식혀주어 기관의 동력 손실을 줄이는 역할을 한다.

35 두 축이 평행한 기어에는 평기어, 헬리컬 기어, 래크와 피니언 등이 있으며, 웜과 웜 기어는 두 축이 평행하지도 교차하지도 않는다.

36 밴드 브레이크는 강철띠 또는 강철띠 뒷면에 석면, 목재 등을 덧붙여 만든 밴드를 주철로 만든 드럼에 감고 이것을 죄어서 제동하는 브레이크로, B쪽으로 작동한다.

37 그림은 왼쪽으로 돌리면 전진하는 왼나사로, 자전거의 왼쪽 페달 등에 사용된다.

38 그림의 작은 기어를 시계방향으로 돌리면 큰 기어는 B쪽으로 회전한다.

39 그림의 작은 기어를 시계방향으로 돌리면 큰 기어는 B쪽으로 회전한다.

40 그림의 웜을 시계 반대 방향으로 돌리면 웜 기어는 B쪽으로 회전한다.

41 오른쪽 마찰차가 화살표와 같이 회전하면 왼쪽 마찰차는 B쪽으로 회전한다.

42 왼나사인지 오른나사인지 구분한다.

43 4절 링크에서 CD를 고정할 경우, A는 회전 운동을 하고 B는 왕복 운동을 한다.

44 **캠의 운동전환**

종 류	운동 방법
① 원통캠	회전 운동 → 수평 직선 운동
② 구면캠	회전 운동 → 좌우 한정 요동 운동
③ 단면캠	회전 운동 → 상하 직선 운동
④ 원뿔캠	회전 운동 → 경사 직선 운동

45 그림의 브레이크 띠를 화살표와 같이 작동하려면 크랭크는 B쪽으로 작동해야 한다.

46 4절 링크에서 CD를 고정할 경우, A는 회전 운동을 하고 B는 왕복 운동을 한다.

47 베벨기어는 원뿔면에 이를 만든 것으로 축이 교차할 때 쓰인다.

48~65
외접 기어는 회전 방향이 반대이고, 내접 기어는 회전 방향이 같다.

제 1 장 | 정답 및 해설

01	02	03	04	05	06	07	08	09	10	11	12	13	14	15
④	④	③	①	②	②	①	②	③	③	④	③	③	①	④

16	17	18	19	20	21	22	23	24	25	26	27	28	29	30
②	②	④	④	④	②	③	①	④	④	①	②	③	④	③

01 협력사 감축목표 검토 및 지원 프로그램 개발은 협력사 온실가스 배출량 기준 감축 계획 구체화(기준 및 목표 설정), 협력사 지원 프로그램 개발 추진(스마트공장 구축 연계) 등을 방법으로 한다.

02 **현대자동차의 인재채용 전략**
- 미래 전략기술 분야 우수인재 발굴을 위한 파이프라인 구축 및 적시 확보
- 현업부서 주도 직무 전문성 중심 상시 채용 제도 지속 운영 및 개선
- 국내외 우수인재 발굴을 위한 H-Experience 등 다양한 인턴십 운영
- 경력채용 시 직원 사회관계 활용한 채용 대상자 추천 제도 시행
- 채용 관련 업무 및 비용 효율화를 위해 비대면 방식 채용 프로세스 확대

03 팀원은 담당업무 계획 수립, 진행사항, 지원요청, 제약사항, 결과보고 등 업무 전반의 내용을 등록 및 전달해야 한다.

04 **차별 및 괴롭힘 관리 프로세스**
ⓐ 신고 접수 : 온/오프라인 신고채널 →
ⓑ 조사 실시 : 각 사업장 HR 담당부서 →
ⓒ (확인 시) 인사 조치 : HR 관련 위원회

05 **품질 5스타의 평가 항목**
- 품질관리체제
- 입고 불량률
- 클레임비용 변제율
- 품질경영 실적

06 ⓒ 관리정책 수립 → ⓓ 협력사 인식제고 → ⓑ 협력사 현황 조사 및 리스크 확인 → ⓐ 리스크 개선 활동

07 **첨단 운전자 보조 시스템 주요 기능**
- 전방 충돌방지 보조(Forward Collision-Avoidance Assist) : 선행 차량이 급격히 감속하거나, 전방에 차량 혹은보행자가 나타나는 경우, 전방 충돌 위험을 경고하거나자동으로 제동 보조
- 차로 이탈방지 보조(Lane Keeping Assist) : 일정 속도 이상 주행 중 방향지시등을 조작하지 않고차로를 이탈하는 경우, 이탈 경고를 하거나 자동으로 조향 보조
- 후측방 충돌방지 보조(Blind Spot Collision-Avoidance Assist) : 주행 중 후측방 차량과 충돌 위험 시 경고하며, 평행전진 출차 중 후측방 차량과 충돌 위험 시 자동으로제동 보조

08 **현대자동차의 주요 정보보안/사이버보안 활동**
- 비즈니스연속성계획(BCP)에 따른 사고 대응 절차를 '보안사고 예방 및 대응지침' 내 명시하고 반기에 1회 점검
- 2021년 5월 KISA 주관 2021년도 사이버 보안 모의훈련 참가
- 분기별 임직원 피싱 메일 훈련
- 월 1회 전 임직원 대상 보안 뉴스레터 배부 및 행동강령 캠페인 진행
- 연 1회 임직원 및 조직장 대상 온라인 보안교육 진행, 랜섬웨어 대응교육 상시 진행

09 **현대자동차의 이사회 내 위원회**
- 감사위원회
- 사외이사후보추천위원회
- 보수위원회
- 지속가능경영위원회

10 유해가스 위험의 관리는 유로 6, RDE 등 강화되는 유해가스 법규 대응 및 향후 강화될 법제화 기준 선제적 대응하고, 배기가스와 생산시설에서 발생하는 대기오염물질 저감을 위한 기술 신기술 개발 등을 한다.

11 ④는 지역사회에 대한 정의이고, 주주·투자자는 현대자동차가 다양한 전략을 추진하거나 사업을 운영하며 성장 동력을 유지할 수 있도록 당사에 재무 자본을 제공하는 이해관계자이다.

12 정부의 관심 이슈는 기업 윤리와 인프라 구축, 연비규제 대응, 전동화 차량 및 재생에너지 발전시설 등의 환경투자이다.

13 2030 제네시스 차량 100% 전동화 → 2035 유럽시장 100% 전동화 → 2040 주요시장 100% 전동화 → 2045 신흥시장 전동화 가속화(탄소중립 달성)

14 ② Drive-in MOVING THEATER에 대한 설명이다.
③ H-스페셜 무브먼트 프로젝트에 대한 설명이다.
④ 운전 재활 지원을 위한 가상 운전 시뮬레이터에 대한 설명이다.

15 ① H-모빌리티 클래스에 대한 설명이다.
② 키즈오토파크에 대한 설명이다.
③ 호주 Hyundai Help for Kids에 대한 설명이다.

16 감사위원회에 대한 설명이다.

17 자동차 배터리의 남는 전기로 외부 기기를 충전할 수 있는 기술인 V2L(Vehicle-to-Load) 기술을 탑재하였고, V2G(Vehicle-to-Grid) 기술은 그 다음 단계이다.

18 웨어러블 로봇 기술은 인간의 신체에 직접 적용되는 것이 특징으로, 이러한 기술이 보편화되면 산업현장에서의 업무 효율과 생산성은 증대되는 반면, 작업자의 상해 가능성 및 피로도는 낮아지게 된다.

19 현대자동차의 핵심가치는 고객 최우선, 도전적 실행, 소통과 협력, 인재 존중, 글로벌 지향이다.

20 현대자동차의 중점영역 중 Mobility의 추진 방향은 이동약자/소외지역 이동 지원, 교통안전기술 지원, 미래 모빌리티 연계 활동이다.

21 현대자동차 출고 프로세스
방문 : 신분증 지참하여 출고센터 방문
안내 : 신분증 확인 및 출고 안내
처리 : 출고처리(임시운행증발급)
점검 : 세차 및 인도 전 점검
이동 : 고객 호명 후 인도장 이동
확인 : 외관 점검 및 지급품 확인
인도 : 차량취급 설명 후 차량 인도

22 현대자동차가 국내 최초 수소전기 자동차를 개발한 것은 2000년이다.

23 온실가스 배출량 조사 및 주요업체 감축계획 점검은 공급망 탄소중립 유도 전략이다.
수소사업 시너지 창출 이행 현황
- H2Pro사와 고효율 수소 생산 기술개발 협업
- NextHydrogen사와 그린수소 수전해 시스템 개발 협업
- 글로벌 수소전기차 시장 53.5% 점유
- 수소차량 판매 확대(2021년 9,620대 판매, 전년대비 41.9% 증가)

24 현대자동차는 글로벌 RE100 이니셔티브(The Climate Group)권고 목표인 2050년보다 앞선 2045년 100% 재생에너지 전환 달성을 목표로 한다.

25 현대자동차그룹 5대 윤리경영 헌장
1. 우리는 명확하고 투명한 기준을 갖고 업무를 수행하며, 성실과 최선으로 주어진 책임을 다한다.
2. 우리는 시장에서 정정당당하게 경쟁하며, 계약관계에 있는 상대방과 공정하게 거래한다.
3. 우리는 고객가치 실현을 위해 안전한 제품과 최상의 서비스, 올바른 정보를 제공하고 개인정보를 철저히 보호한다.
4. 우리는 구성원 개개인을 독립된 인격체로서 존중하고, 이를 위해 공정한 근로조건과 안전한 근무환경을 제공한다.
5. 우리는 글로벌 기업시민으로서 사회적 책임 이행을 통해 다양한 이해관계자가 함께 번영할 수 있는 지속가능한 발전을 구현하는데 기여한다.

26 2021년 말 기준 글로벌 판매 상위차종은 다음과 같다.
- 투싼 505,967대
- 아반떼 391,899대
- 싼타페 277,536대
- 엑센트 190,833대
- 쏘나타 168,878대

27 태풍/홍수/폭설 등 이상 기후 현상 증가에 대한 대응 방향은 비상대응 매뉴얼 구축(사업장/공급망), 시설 안정성 강화, 재난 대비 보험 가입, 원소재/부품 실시간 재고 관리 체계 구축, 협력사 공급 안정성 평가 등이다.

28 **현대자동차의 탄소중립 달성을 위한 5대 핵심 분야**
- 전동화 전환
- 사업장 탄소중립
- 공급망 탄소중립 유도 및 지원
- 사회적 탄소 감축
- 수소사업 시너지 창출

29 에어포트 서비스는 제네시스 특화 서비스로 제네시스 모델 구매 고객에게만 제공된다.

30 롱기스트런은 온/오프라인 연계 친환경 사회공헌 캠페인으로 친환경 CSV활동에 해당한다.

미래세대 CSV활동
- 북미 Hyundai Hope on Wheels
- 호주 Hyundai Help for Kids
- H-모빌리티 클래스
- 미래자동차학교
- 비전드라이브
- 현대드림센터
- 러시아 Safe Road Traffic Project
- 키즈오토파크
- 로보카폴리 교통안전 노래이야기

제2장 | 정답 및 해설

01 | 정치 · 법률

01	02	03	04	05	06	07	08	09	10	11	12	13	14	15
①	③	③	③	④	①	②	②	④	③	①	④	①	①	④

16	17	18	19	20	21	22	23	24	25	26	27	28	29	30
③	③	④	①	④	③	④	④	④	③	②	④	③	②	④

01 **파이브 아이즈와 오커스**

- 파이브 아이즈(Five Eyes) : 미국, 영국, 호주, 캐나다, 뉴질랜드 등 영어권 5개국이 참여하는 기밀정보 동맹체로, 1946년 미국과 영국이 소련 등 공산권과의 냉전에 맞서기 위해 비밀 정보교류 협정을 맺은 것에서 비롯되었다. 2021년 들어 미국은 한국, 일본, 독일 등으로 동맹을 확대해 에이트 아이즈로의 변모를 꾀하고 있으며, 중국과 북한을 억제하기 위한 인도 · 태평양 전략에 초점을 맞추면서 동맹과 협력 분야를 경제, 군사 훈련 등으로 확대하려 하고 있다.
- 오커스(OAKUS) : 호주(Australia), 영국(UK), 미국(US) 등 3개국이 2021년 9월 공식 출범시킨 인도태평양 지역의 외교안보 3자 협의체이다. 이들 3개국은 정기적인 고위급 협의를 통해 국방 · 외교 정책 등을 교류하고 첨단기술과 정보를 공유한다. 중국에 대한 미국의 포위망 강화와 영국의 포스트-브렉시트 전략에 따른 아시아태평양 지역에서의 역할 증대, 중국 팽창에 대비한 국방력 증가 등을 추진하고 있다.

02 ③ 플럼북(Plum Book)의 정식 명칭은 '미국정부 정책 및 지원 직책(the United States Government Policy and Supporting Positions)'이며, '플럼'은 표지가 자주색인 데서 기인했다. 플럼북은 1952년 당시 정권 교체를 이룬 공화당의 아이젠하워 대통령이 연방정부 직책 파악이 어려워 이를 해결하기 위해 전임 민주당 정권에 연방정부의 직위 리스트를 만들어 넘겨달라고 요청한 것에서 시작됐다. 이후 대선이 있는 12월에 미국 인사관리처의 지원을 받아 제작하고 있다.

① 블랙백은 미국 대통령이 핵무기 사용을 최종 승인할 때 필요한 암호를 기록한 문서를 담은 가방을 뜻한다.

② 베이지북은 미국 연방 준비제도 이사회에서 매년 발표하는 경제 분석 보고서이다.

④ 레드 테이프는 불필요한 형식적 절차, 즉 지나친 관료제적 형식주의를 의미한다.

03 ③은 골리즘(Gaullism)에 대한 설명이다. 멘셰비즘은 러시아 사회 민주 노동당의 온건파인 멘셰비키('소수파'라는 뜻)의 정치적 사상 및 이론을 뜻한다. 또한 마르크스주의를 수정한 것으로 자유주의적 성향이 강하다.

04 미국의 제퍼슨 대통령은 견제와 비판을 숙명으로 삼은 언론의 중요성을 강조하면서 언론 없는 사회의 위험성을 경고하기 위해 "나는 신문 없는 정부보다 정부 없는 신문을 택하겠다"고 말했다.

05 현직 시·도지사 및 기초단체장·공무원 등이 예비후보자로 등록하려면 사직해야 한다. 하지만 국회의원은 제외된다.

06 ① 시·도지사는 투표권자 총수의 10%, 시장·군수·구청장은 투표권자 총수의 15%, 지방의원은 20% 이상이 연대 서명해야 한다.

07 ② 정치(Politics)와 교수(Professor)의 합성어로, 국회의원과 교수직을 겸임하는 정치인을 일컫는다.

08 언더독(Under Dog) 효과 : 약세 후보가 유권자들의 동정을 받아 지지도가 올라가는 경향을 말한다. 여론조사 전문가들은 밴드왜건과 언더독 효과가 동시에 발생하기 때문에 여론조사 발표가 선거 결과에 미치는 영향은 중립적이라고 보고 있다.
① 밴드왜건(Bandwagon) 효과 : 유권자들이 승리할 가능성이 큰 후보를 더욱더 지지하게 되는 경향을 말한다.

09 ④ 방송에서는 시청자의 관심을 집중시키기 위해 음악이나 이야기를 갑자기 중단하는 것을 뜻하기도 한다.

10 ③ 미국 남북전쟁 때부터 사용된 말로, 재선에 실패한 현직 대통령이 남은 임기 동안 마치 뒤뚱거리며 걷는 오리처럼 정책집행(政策執行)에 일관성이 없다는 데서 생겨난 말이다.

11 마타도어는 적국의 국민이나 군인으로 하여금 전의(戰意)를 상실하게 하거나 사기를 저하시켜 정부나 군대를 불신하게 함으로써 국민과 정부, 군대와 국민 간을 이간할 목적으로 행해지는 흑색선전이다.

12 ④ 1830년대에서 1840년대에 걸쳐 일어난 영국 노동자의 참정권 확대 운동이다. 투표권을 유산계급에게만 부여하고 있는 데에 불만을 품고, 보통 선거권을 포함한 요구 사항을 인민헌장에 제시하여 정부의 탄압을 받았으나, 후에 요구 사항의 대부분이 실현되었다.

13 ① 우산 혁명 : 중국 전국인민대표대회 내부의 후보 추천위원회의 과반의 지지를 얻은 2~3명으로 홍콩 행정장관 입후보 자격을 제한하는 법안에 반대해 우산 혁명(2014년 9월~12월)이 일어났다. 시위대가 경찰의 최루탄과 물대포를 우산으로 막아내 '우산 혁명'이라고 부른다.
② 벨벳 혁명 : 피를 흘리지 않고 이루어진 시민 혁명을 비유하는 말로, 1989년 11월에 체코슬로바키아의 반체제연합인 '시민포럼'이 공산 독재정권을 무너뜨린 민주화 혁명을 가리킨다.

③ 재스민 혁명 : 2010년 12월 튀니지 국민들이 23년 동안 독재한 벤 알리 정권에 반대해 일으킨 반정부 시위에서 시작해 북아프리카와 중동 일대로 번진 민주화 혁명을 가리킨다. 민주화 시위가 처음 시작된 튀니지의 국화(國花) 재스민에서 유래된 명칭이다.

④ 레드 셔츠 : 2006년 태국의 탁신 친나왓 총리가 실각했을 당시 군부가 정치에 개입한 것에 반대한 친정부 세력으로, 도시 빈민과 농민이 중심 세력이다. 이들은 군부에 반대한다는 의미로 붉은 셔츠를 입었다. 레드 셔츠에 반대하며 국왕을 지지하는 반정부 성향의 옐로 셔츠는 중산층 이상의 기득권층이 중심 세력을 이루며, 왕실을 상징하는 노란색 셔츠를 입었다.

14 ① '프라하의 봄'은 둡체크 등의 개혁파가 추진한 민주 자유화 운동으로서, 1968년 8월에 시작됐다. 1961년 8월 동독이 설치한 베를린 장벽을 1989년 11월부터 허물기 시작해 기념물로 남기기로 정한 시설을 제외한 모든 시설이 1991년 11월까지 철거됐다.

② 1997년 12월 일본 교토에서 개최된 제3차 기후변화 협약 당사국 총회에서 채택된 교토의정서에서 정한 감축 대상 가스는 이산화탄소, 메탄, 아산화질소, 불화탄소, 수소화불화탄소, 불화유황 등이다. 한국은 2002년 교토의정서를 비준했다.

③ 국제부흥개발은행(IBRD)이 창립된 시기는 1946년 6월이다. 또한 미국이 세계 최초의 원자력 잠수함인 조지 워싱턴호를 진수한 시기는 1959년 6월이다.

④ 속인주의는 그 나라의 국적을 가진 사람이라면 자국이든 타국이든 어디에 있든지를 불문하고 자국의 법을 적용한다는 원칙이다. 또한 남극에 대한 영유권 주장은 현재 남극조약에 의해 동결되어 있는 상태이다.

15 ④ 미국 정치에서 18세기 말~19세기 초부터 시작되었다.

16 ③ 대통령선거 기탁금은 5억 원이다.

17 다원주의 국가관이란 국가는 사회의 여러 독립적인 이익집단이나 결사체로 이루어져 있으므로 소수의 권력엘리트에 의하여 지배되는 것이 아니라, 그 사회의 경쟁, 갈등, 협력 등에 의해 민주주의적으로 운영된다고 보는 사상으로 정부를 이익집단끼리 타협한 정책을 단지 집행하는 기구라고 보는 것이다. '최소한의 정부가 최선의 정부'라는 말은 '국가권력은 적을수록 좋다'라는 다원주의 국가관과 맞아 떨어진다.

18 (A)에는 브래들리 효과, (B)에는 선벨트가 들어가야 한다.

19 ① 로빈후드세란 고유가로 수익이 늘어난 기업에 추가로 부과하는 세금으로, 2008년 7월 10일 포르투갈 정부가 고유가로 많은 이익을 내고 있는 석유회사 등에 일명 '로빈후드세'로 불리는 초과이득세를 부과할 계획이라고 밝혀 화제가 되었다. 포르투갈 정부가 도입하는 초과이득세는 유가 급등으로 막대한 수익을 얻은 석유회사에 추가로 세금을 매겨 저소득층 복지지원 재원으로 사용하기 때문에 로빈후드세라는 별칭이 붙었다. 이와 같은 로빈후드세를 가장 먼저 도입한 국가는 이탈리아 정부다.

② 퍼플오션이란 '치열한 경쟁시장(Red Ocean)'과 '무경쟁 신시장(Blue Ocean)'의 중간상태에 위치하는 시장을 말하며, Red와 Blue를 섞었을 때 나오는 색인 'Purple Ocean'이라는 이름이 붙게 되었다.

③ 테뉴어 제도란 교수로 임용된 뒤 일정 기간이 지나 연구 성과 등을 심사해 통과한 교수에게는 정년을 보장해 주지만, 탈락하면 퇴출시키는 제도이다.

④ 출자총액제한제도란 대규모 기업집단에 속하는 회사가 순자산액의 40%를 초과해 국내 회사에 출자할 수 없도록 한 제도이다.

20 재선거는 당선인이 사망이나 불법선거 행위 적발 등으로 임기 전 당선 무효가 된 경우 실시하며, 보궐 선거는 선출된 의원이 임기 중에 피치 못할 일로 인하여 직위를 잃어 그 직위가 공석 상태(궐위)되는 경우 실시한다. 전국구 국회의원의 결원 시에는 10일 이내에 의석을 승계할 자를 결정해야 한다.

21 국정조사권은 특정한 국정사안을 집중적으로 조사하기 위해 마련된 제도인 데 비하여, 국정감사권은 국정전반에 대해 감사할 수 있는 권한을 말한다.

22 ④ 정치학자 C. 메리엄이 크레덴다와 함께 '권력의 초석'이라고 규정하였다.

23 **세종학당**
문화상호주의 원칙에 입각한 쌍방향의 문화교류의 이해촉진, 대중적 한국어 교육의 확대, 국가 간의 문화적 연대와 공존을 위한 교류협력 증진 등을 목적으로 시작되었으며 세종학당 설립 추진계획에 따르면 우

선 1단계(2007~2011년)에는 중국 60개교, 몽골 25개교, 중앙아시아 15개교 등 100개교가 동북아 및 중앙아시아 벨트에 설립된다. 이어 2단계(2012~2016년)에는 베트남, 태국, 인도네시아 3개국에 50개교, 그리고 인도, 파키스탄, 네팔 3개국에 50개교 등 100개교가 동남아 및 서남아 벨트에 자리를 잡게 된다.

24 ④ 공식 행사에 초청된 대사 사이의 서열은 신임장 제정일 순서에 따른다. 또한 태극기와 외국기를 함께 게양할 때는 알파벳 순서로 게양하되, 홀수이면 태극기를 중앙에, 짝수이면 앞에서 보아 맨 왼쪽에 태극기를 게양한다.

① 의전을 구성하는 다섯 가지 요소를 뜻하는 '5R'에는 '상대에 대한 존중(Respect), 문화의 반영(Reflecting Culture), 상호주의(Reciprocity)의 원칙, 서열(Rank) 중시, 오른쪽(Right)이 상석' 등이 있다.

② 외빈이 방한하는 경우에는 국빈 방문, 공식 방문, 실무 방문, 사적 방문 등으로 격을 구분해 외빈을 예우한다. 원칙적으로 국가원수와 행정수반인 총리가 국빈 방문 또는 공식 방문하는 경우에만 현충탑에서 헌화한다.

③ 외빈이 방한하는 경우에는 국빈 방문, 공식 방문, 실무 방문, 사적 방문 등으로 격을 구분해 외빈을 예우한다. 원칙적으로 국가원수와 행정수반인 총리가 국빈 방문하는 경우에만 예포를 발사한다.

25 미국, 호주, 싱가포르 등 환태평양 9개국이 추진 중인 일종의 다자간 FTA에 해당하는 TPP가 주목을 받고 있다. 미국과 일본이 '아세안+3'를 중심축으로 한 역내 경제 제휴를 주창하며 세력을 키우고 있는

중국에 제동을 걸기 위해 추진하는 것이 TPP이기 때문이다. 중국은 자국 산업 보호를 위해 관세철폐를 목표로 하는 TPP에 반대하고 있다.

26 ② 외교사절을 파견하는 데 필요한 상대국의 동의를 아그레망이라고 한다. 문제에서 기피인물인지 아닌지 알아보는 절차라고 했으므로 아그레망이 맞다. 페르소나 논 그라타는 외교상 기피인물이다.

27 ④ North Limit Line

28 ① 메가 테러리즘 : 최대한 많은 인명을 살해함으로써 사회를 공포와 충격으로 몰아넣는 최근의 테러리즘 경향
② 테크노 테러리즘 : 사이버 무기, 레이저 무기, 생물 및 독소무기, 전자무기 등 다양한 최신식 공격무기가 동원되는 테러
④ 백색 테러리즘 : 우익에 의한 테러 행위

29 ② 플레비사이트(Plebiscite)에 대한 설명이다. 프로파간다는 사회학에서는 어떤 것의 존재나 효능, 주장, 사상 등을 남에게 선전, 설명해 동의를 구하는 일이나 활동을 뜻하고, 군사학에서는 백색, 회색, 흑색 선전을 아우르는 말이다.
① 리바이어던은 구약 성경 '욥기'에 나오는 최강의 괴생물체이며, 영국의 철학자 홉스가 쓴 『국가론』의 책 제목이기도 하다. 이 책에서 리바이어던은 거대한 관료제를 갖춘 전체주의 국가를 의미한다.
③ 몽테스키외는 『법의 정신』에서 3권의 분립을 논하고, 법은 국가 통치 체제의 성질과 원리, 지세(地勢), 풍토, 종교, 상업, 생활 양식 등과 관계를 맺으며 이들

과의 관계에서 법을 고찰하는 것이 법의 정신을 고찰하는 것이라고 주장했다.
④ 새도 보팅은 정족수 미달로 주주총회가 무산되지 않도록 불참석한 주주들의 투표권을 행사할 수 있는 의결권 대리 행사 제도이다. 그러나 주주의 정확한 의사를 반영하지 못하고, 기업들의 주총 활성화 노력을 저해한다는 이유로 2017년 12월 31일자로 폐지됐다.

30 〈국회법〉 제33조 제1항에 따르면 원내 교섭단체를 이루기 위해 필요한 최소 의원 수는 20명이며, 〈대한민국 헌법〉은 1947년 7월 17일 제정된 이후 1987년 10월 29일까지 모두 9차례 개정되었다(20+9=29). 또한 〈대한민국 헌법〉 제67조 제4항에 따르면 대통령으로 선거될 수 있는 자는 국회의원의 피선거권이 있고 선거일 현재 40세에 달하여야 하며, 〈공직선거법〉 제16조 제2항에 따르면 25세 이상의 국민은 국회의원의 피선거권이 있다(40-25=15).

02 경제 · 경영

01	02	03	04	05	06	07	08	09	10	11	12	13	14	15
②	②	④	①	③	①	④	④	③	③	④	③	④	③	②
16	17	18	19	20	21	22	23	24	25	26	27	28	29	30
①	④	②	①	①	④	②	①	③	②	①	④	②	④	④

01 ② 키 테넌트(Key Tenant) : 'Tenant'는 '세입자, 임차인'이라는 뜻이며, 키 테넌트는 뛰어난 집객 능력으로 건물의 가치를 높이는 입주 점포를 가리킨다. 영화관, 대형 서점, 유명 커피숍, 기업형 슈퍼마켓(SSM) 등이 대표적이다.

① 플래그 숍(Flag Shop) : 유통업에서 본점 또는 그 점포군을 대표하는 가게를 가리키며, 흔히 '특화 매장'이라는 뜻으로 사용된다.

③ 크로스 도킹(Cross Docking) : 물류 기지로 입고되는 상품을 보관하지 않고 분류해 곧바로 배송하는 시스템을 뜻한다.

④ 오프쇼어 센터(Offshore Center) : 비거주자를 위한 금융 서비스에 조세나 외국환 관리의 규제를 완화하는 특전이 주어진 금융 시장을 뜻한다.

02 ㉡ 페이스 리프트(Face Lift)는 자동차 모델을 변경할 때 앞과 뒷부분을 거의 신차에 가깝게 바꾸는 것을 뜻한다.

㉢ 카마겟돈(Carmageddon)은 'Car(자동차)'와 'Armageddon(대혼란)'을 합쳐 혼란 속에 처해 있는 자동차 산업을 지칭한다.

㉣ 제시문은 디자인 라운드에 대한 설명이다. 캡스톤 디자인은 공학계열 학생들에게 산업 현장에서 부딪칠 수 있는 문제를 해결하는 능력을 배양하기 위해 졸업 논문 대신 작품을 제작하도록 하는 교육프로그램을 뜻한다.

03 ④ 퀀텀 점프 : 어떤 일이 연속적 · 점진적으로 발전하는 것이 아니라 계단을 뛰어오르듯이 비약적으로 다음 단계로 올라가는 것으로, 경제학에서는 이러한 개념을 끌어들여 기업이 사업 구조나 사업 방식 등의 혁신을 통해 단기간에 비약적으로 성장하는 경우에 사용한다. '압축 성장'이라고 부르기도 한다.

① 샤프 파워(Sharp Power) : 막강한 경제력과 시장을 무기로 강압, 회유 등을 통해 기업 또는 다른 국가에 위협을 가하며 자국의 영향력을 음성적으로 확대하는 것을 뜻한다. 즉, 군사적 영향력 같은 하드 파워, 문화적 영향력 같은 소프트 파워와 달리 영향력을 비밀스럽게 행사한다.

② 슈퍼 사이클(Super Cycle) : 원자재 등의 가격이 20년 이상 장기적으로 상승하는 추세를 말한다.

③ 어닝 쇼크(Earning Shock) : 기업이 시장에서 예상했던 것보다 저조한 실적을 발표해 주가에 영향을 미치는 현상이다.

04　① 메기 효과(Catfish Effect) : 정어리를 운반할 때 수족관에 천적인 메기를 넣으면 정어리가 생존을 위해 꾸준히 움직여 항구에 도착할 때까지 살아남는다는 것이다. 이는 치열한 경쟁 환경이 오히려 개인과 조직 전체의 발전에 도움이 되는 것으로, 조직 내 적절한 자극제가 있어야 기업의 경쟁력을 높일 수 있다는 의미이다.

② 바넘 효과(Barnum Effect) : 사람들이 보편적으로 가지고 있는 성격이나 심리적 특징을 자신만의 특성으로 여기는 심리적 경향이다.

③ 분수 효과(Trickle-up Effect) : 저소득층의 소비 증대가 생산과 투자의 활성화로 이어져 경기가 부양되는 효과이다.

④ 낙수 효과(Trickle Down Effect) : 대기업의 성장을 촉진하면 중소기업과 소비자에게도 혜택이 돌아가 총체적으로 경기가 활성화된다는 경제 이론이다.

05　펠리컨 경제는 부리 주머니에 먹이를 담아 새끼에게 주는 펠리컨처럼 대기업과 중소기업이 협력해 발전시키는 경제로서, 한국의 소재, 부품, 장비 산업의 자립도를 높이는 것을 의미한다. 이와 반대로 '가마우지 경제'는 한국 경제의 구조적 취약점을 뜻한다.

06　① 윔블던 효과 : 윔블던 테니스 대회를 개최하는 것은 영국이지만, 우승은 외국 선수들이 더 많이 한다는 데서 따온 말이다. 즉, 개방된 시장을 외국 기업이 석권하는 현상을 뜻한다.

② 롱테일 법칙 : 인터넷 쇼핑몰에서 비인기 상품이 올리는 매출을 모두 합하면 인기 상품 매출만큼 커지는 의외의 현상을 말한다. '우수고객(상품) 20%가 전체 매출의 80%를 만든다'는 파레토 법칙과 반대되는 개념이다.

③ 서킷 브레이커(Circuit Breakers) : 주식거래를 일시적으로 중단하는 제도로, '주식거래중단제도'라고도 하며, 주가가 폭락하는 경우 거래를 정지시켜 시장을 진정시키는 목적으로 도입됐다. 종합주가지수가 전일에 비해 10%를 넘는 상태가 1분 이상 지속되는 경우 모든 주식거래를 20분간 중단시킨다.

④ 스핀 오프(Spin Off) : 정부출연 연구기관의 연구원이 자신이 참여한 연구결과를 가지고 별도의 창업을 할 경우 정부 보유의 기술을 사용한 데 따른 사용료를 면제하고 성공 후 신기술연구기금 출연을 의무화하는 제도로, 기업체 연구원이 내부 기술을 바탕으로 사내 창업을 할 경우 해당 모기업에 대해 출자를 완화해 주고 세제 혜택을 부여하는 것도 있다.

07　④ 역내에서는 제한환율제를 채택하고, 역외에 대해서는 공동으로 변동환율제를 채택하는 환율제도

08　④ 소득의 증가분을 소비의 증가분으로 나눈 값이다.

09　종합수지는 경상수지와 자본수지를 합한 것을 말한다. 경상수지에는 무역수지와 무역외수지, 이전수지가 있다.

10　③ 애그플레이션(Agflation)은 농업을 뜻하는 'Agriculture'와 'Inflation'의 합성어이다.

11 ④ 트레저 헌터 : 가격비교 사이트에서 가격을 비교하고, 다른 구매자들의 사용 경험담을 읽어본 뒤 품질을 꼼꼼히 확인하고 결정하는 소비자이다.
　① 넥소블리안(Nexoblian ← Next+ Noblian) : 다음 세대의 귀족이란 뜻으로 품격과 품위를 갖춘 어린아이를 이르는 말이다.
　② 트윈슈머(Twinsumer) : 인터넷의 사용 후기를 참고하여 물건을 구매하는 소비자이다.
　③ 크리슈머(Cresumer) : 창조적 소비자를 의미한다. 이들은 단순히 고객 모니터링이나 단발성 이벤트에 수동적으로 참여하는 것을 넘어 기업의 제품 개발, 디자인, 판매 등에 적극적으로 개입한다. 이제 기업 혼자만의 힘으로는 초 단위로 변화하는 시장의 흐름을 감지하고 대응하는 데 역부족인 만큼 소비자의 힘을 빌려 시장의 변화를 읽고 신속히 가치를 창출해야 한다. 경영활동에 있어 스피드가 긴요하다.

12 **상계관세(Counter-valling Duty)**
국제 무역에서 차별 관세의 하나로 상쇄관세라고도 하며, 수출국이 수출 보조금이나 장려금을 지급하여 수출 가격을 부당하게 싸게 하는 경우에 수입국이 그 효과를 없앨 목적으로 정규 관세 이외에 부과한다.

13 ④ 미국 월가에서 만들어진 용어로 주가지수선물, 주가지수옵션, 개별주식옵션의 세 가지 파생금융상품의 만기가 3개월마다 한 번씩 겹치는 날을 일컫는다.
　① 롤오버(Roll-over) : 미 정부가 채권을 발행할 때, 기발행된 증권을 회수하고 새로운 증권을 발행하는데, 차관이 일정 기간 내에서 자동 연장되는 것을 Roll-over라 하고, 이러한 신용을 롤오버 신용(Roll-over Credit)이라고 한다.
　② 디커플링(Decoupling) : 함께 움직인다는 뜻의 커플링(Coupling)과 반대되는 개념으로, '탈(脫)동조화'를 의미한다.
　③ 더블 위칭데이(Double Witching Day) : 주식시장에서 선물과 옵션 두 가지 상품의 만기일이 겹치는 날을 일컫는 말이다.

14 ③ 전사적 자원관리(ERP, Enterprise Resource Planning)
　• 기업의 서로 다른 부서 간의 정보 공유를 가능하게 함
　• 의사결정권자와 사용자가 실시간으로 정보를 공유하게 함
　• 보다 신속한 의사결정, 보다 효율적인 자원 관리를 가능하게 함
　① JIT(Just In Time) : 과잉 생산이나 대기 시간 등의 낭비를 줄이고 재고를 최소화해 비용 절감과 품질 향상을 달성하는 생산 시스템
　② MRP(Material Requirement Planning, 자재 소요 계획) : 최종 제품의 제조 과정에 필요한 원자재 등의 종속 수요 품목을 관리하는 재고 관리 기법
　④ APP(Aggregate Production Planning, 총괄 생산 계획) : 제품군 별로 향후 약 1년 동안의 수요 예측에 따른 월별 생산 목표를 결정하는 중기 계획

15 ① 세렌디피티 : '뜻밖의 재미'라는 뜻으로, 플레밍이 우연하게 페니실린을 개발한 것처럼 우연에 의해 획기적인 발견·발명이 이루어지는 것을 기리킨다.
　③ 앵커링 효과 : 최초의 숫자가 기준점 역할을 해 합리적인 사고를 하지 못하고

이후의 판단에 영향을 받는 현상을 가리킨다.

④ 리모트워크 : 사무실이 아닌 다른 곳에서 자유롭게 일하는 것을 가리킨다.

16 ① 우리나라의 빅맥 가격 2,500원을 시장환율 1,250원으로 나누면 2달러가 나온다. 이는 우리나라의 빅맥 가격이 미국의 빅맥 가격보다 0.5달러 싸다는 것, 즉 원화가 저평가되어 있음을 의미한다.

17 ④ 정부나 금융권이 유가증권을 매입하거나 재할인율의 인하, 지급준비율의 인하 등은 통화량을 증가하는 결과를 초래한다.

18 ② 같은 가격의 채권이라도 인플레이션이 발생하면 그 가치가 이전에 비해 떨어지므로 채권자가 가장 많은 피해를 본다.

19 ① 미국의 사회학자 베블런이 1899년에 출간한 『유한계급론』에서 주장했다. 가격이 비쌀수록 오히려 수요가 늘어나는 비합리적 소비현상이다.

③ 특정 상품에 대한 소비가 증가하면 그에 대한 수요가 줄어드는 소비현상으로 남들이 구입하기 어려운 값비싼 상품을 보면 오히려 사고 싶어 하는 속물근성에서 유래되었다. 백로 효과, 스놉 효과라고도 한다.

20 ① 케인스는 한 나라 경제가 유동성 함정에 빠졌을 때는 금융·통화정책보다는 재정정책을 펴는 것이 효과적이라고 주장했다.

21 기펜의 역설(Giffen's Paradox)
한 재화의 가격 하락(상승)이 도리어 그 수요의 감퇴(증가)를 가져오는 현상. 예컨대 쌀과 보리는 서로 대체적인 관계에 있는데, 소비자가 빈곤할 때는 보리를 많이 소비하나, 부유해짐에 따라 보리의 수요를 줄이고 쌀을 더 많이 소비하는 경향이 있다. 이러한 경우에는 보리 가격이 도리어 보리 수요의 감퇴를 초래할 가능성이 있다는 것이다. 기펜의 역설을 시현하는 상품을 기펜재(Giffen's Goods)라고 한다.

22 출구전략(Exit Strategy)
경제에서는 경기를 부양하기 위하여 취하였던 각종 완화정책을 정상화하는 것을 말한다. 경기가 침체하면 기준 금리를 내리거나 재정지출을 확대하여 유동성 공급을 늘리는 조치를 취하는데, 이는 경기가 회복되는 과정에서 유동성이 과도하게 공급됨으로써 물가가 상승하고 인플레이션을 초래할 수 있다. 이에 따라 경제에 미칠 후유증을 최소화하면서 각종 비상조치를 정상화하여 재정건전성을 강화해나가는 것을 출구전략이라 한다.

23 매몰비용(Sunk Cost)
이미 지출되었기 때문에 회수가 불가능한 비용을 말한다. 물건이 깊은 물속에 가라앉아 버리면 다시 건질 수 없듯이 과거 속으로 가라앉아 버려 현재 다시 쓸 수 없는 비용이라는 뜻이다. 경제학에 있어 매몰비용은 이미 지출되었기 때문에 합리적인 선택을 할 때 고려되어서는 안 되는 비용으로 이미 쓴 영화관람료와 기업의 광고비용 등이 있다. 매몰비용은 다시 돌려받을 수 없으므로, 연연하지 말고 잊어버리고 새로운 미래를 위해 가능성을 찾는 것이 현명하다.

24 공유지의 비극(Tragedy of Commons)이란 사적 소유권이 확립되지 않은 재화 또는 자원이 시장기구의 원리에 의해 사용될 때 효율적인 수준보다 과다하게 사용되어 결국에는 고갈되고 결과적으로 사회구성원 모두에게 바람직하지 않은 결과가 나타나는 현상을 말한다.

25 분식결산(粉飾決算)은 기업이 고의로 자산이나 이익 등을 크게 부풀려 계산한 결산을 말한다. ③과 같이 세금이나 임금인상 대책 등으로 이익을 적게 계상한 것을 역분식(逆粉飾)이라고 하며 주로 탈세의 목적으로 행해진다.

26 ① 자유무역협정(FTA)은 체결국간 경제통합 심화 정도에 따라 크게 자유무역협정, 관세동맹, 공동시간, 완전경제통합 4단계로 구분되며, 자유무역협정은 회원국 간 무역 자유화를 위해 관세를 포함하여 각종 무역 제한 조치를 철폐하는 것으로 NAFTA 등이 있다.
②는 공동시장, ③은 관세동맹, ④는 완전경제통합 단계에서 가능하다.

27 **매트리스머니(Mattress Money)**
금융기관이 아닌 이불 밑바닥이나 장롱 등 집안 구석에 비밀스럽게 보관하는 여유자금으로, '장롱머니', '볼머니(Bowl Money)' 라고도 부르며, 여기에는 금이나 사용하지 않는 신용카드·통장도 해당한다.

28 **국부펀드(SWF)**
정부 자산을 운영하며 정부에 의해 직접적으로 소유되는 기관을 말하며 주식, 채권, 재산과 다른 금융 상품으로 구성된다. 대부분의 국부 펀드는 외환보유고에서 기원했으며, 원래 금으로만 구성되어 있었으며, 일반적으로 정부가 예산 흑자를 내고 외채는 적거나 없을 때 만들어진다. 많은 유동 자산을 현금으로 가지고 있거나 즉시 사용할 수 있도록 가지고 있는 것이 언제나 가능하지는 않으며 바람직하지도 않다. 특히 어떤 정부가 정부 수입을 다이아몬드, 구리, 석유 같은 천연자원 수출에 의존할 때 수입의 변동성을 낮추기 위해서, 경기 변동에 대응하기 위해서, 또는 후세에 돈을 남겨놓으려 할 때 국부펀드가 설립될 수 있다.

29 그리드락(Gridlock)은 자원이 활용되지도 않고 새로운 것이 만들어지지도 않는 경제적 정체상황을 가리킨다. 지나치게 많은 소유권은 경제활동을 오히려 방해하고, 새로운 생산력의 창출을 가로막는다는 것이다.

30 ④ 이사나 감사의 해임 등 경영권 변동 관련 안건에 대한 결의 요건을 까다롭게 하는 제도
① 경영진들이 회사에서 밀려날 경우 막대한 보상을 받도록 하는 제도
② 우호적인 제3의 매수희망기업을 찾아서 매수 결정에 필요한 정보 등 편의를 제공해 주고 매수 오퍼를 하는 전략
③ 위협적인 M&A 세력이 나타났을 때 극단적인 방법을 동원해 주가를 높이거나 대상 기업의 매력을 감소시켜 적대적 M&A를 포기하게 만드는 전략

03 사회·노동·미디어

01	02	03	04	05	06	07	08	09	10	11	12	13	14	15
④	①	②	②	②	②	①	①	③	③	②	②	②	④	④
16	17	18	19	20	21	22	23	24	25	26	27	28	29	30
③	②	②	①	④	④	③	③	④	③	②	③	④	②	②

01 시간당 최저임금(인상률)의 추이

구분	최저임금	인상률
2015년	5,580원	7.1%
2016년	6,030원	8.1%
2017년	6,470원	7.3%
2018년	7,530원	16.4%
2019년	8,350원	10.9%
2020년	8,590원	2.9%
2021년	8,720원	1.5%
2022년	9,160원	5.1%
2023년	9,620원	5%

02 ① 가스라이팅(Gaslighting) : 타인의 심리나 상황을 조작해 그 사람이 스스로 의심하게 만듦으로써 자존감과 판단력을 잃게 해 타인에 대한 지배력을 강화하는 것이다. 즉, 조종자가 피조종자를 위한다는 명분으로 어떻게 생각하고 행동할지를 결정하고 이를 수용하도록 강제하는 것이다. 위력에 의한 성폭력이나 데이트 폭력 등을 가스라이팅의 대표적인 사례로 볼 수 있다.

② 원 라이팅(One Writing) : 전표나 문서 등 최초의 1매를 기록하면 동일 항목이 동시에 다량으로 복사되는 것을 뜻한다. 자료 기입 항목이나 그 모양 등을 사전에 통일해 작성하는 것으로, 옮겨 적기로 인한 오기를 방지하고 기입 작업의 중복을 막음으로써 사무 처리의 합리화를 높일 수 있다.

③ 언더라이팅(Underwriting) : 보험자가 위험, 피보험 목적, 조건, 보험료율 등을 종합적으로 판단해 계약의 인수를 결정하는 것이다. 보험자가 피보험자의 손실을 담보하는 의미로 요약할 수 있다.

④ 브레인 라이팅(Brain Writing) : 큰 집단을 4~5명의 작은 집단으로 세분해 회의 안건이 적혀 있는 용지에 참여자들이 돌아가며 아이디어를 적어 제출하는 아이디어 창출 방법이다. 회의는 참가자들의 아이디어가 고갈될 때까지 계속되며, 완료된 후에는 모든 참가자가 아이디어를 공유한다.

03 ② 일반적으로 사업체에 출근하거나 자기 사업을 하면서 주5일 이상 일하는 사람을 '취업자'라고 여기지만, 국제노동기구에서는 근로 형태를 가리지 않고 수입을 목적으로 조사 기간(1주) 동안 1시간 이상 일한 사람을 취업자로 정의한다.

① '실업자'는 일을 하지 않았고, 일이 주어지면 일을 할 수 있고, 4주간 적극적인 구직 활동을 한 사람이다. 잠재경제활동인구는 대부분 구직 활동을 하지 않아 실업자 조건에 부합하지 않으므로 비경제활동인구로 분류된다.

③ '핑크 칼라'는 과거에는 생계를 위해 취업 시장에 뛰어든 저임금의 여성 노동자를 가리켰으나, 현재는 여성 특유의 부드러움과 섬세한 감성을 장점으로 삼아 주로 개인을 상대로 하는 전문직이나 서비스 산업에 종사하는 여성을 뜻하는 용어로 쓰인다.

④ 프랑스어로 '태만, 태업, 파괴, 파손, 방해공작' 등을 뜻하는 사보타주는 노동자가 일터에서 일을 하면서 일부러 작업 능률을 저하시켜 사용자에게 손해를 주는 행위로서, 노동자가 사용자에 맞서 자신의 이익을 관철시키기 위한 쟁의 수단의 하나이다.

04 ② '출구 전략'은 원래는 미군이 베트남에서 철수하면서 자국 군대의 피해를 최소화하는 일종의 도피 전략에서 유래한 용어이다. 이후 의미가 확대되어 경제학에서는 불안정한 경제 상황에서 탈출하기 위한 각종 정책적 전략을 뜻한다.

① '살찐 고양이(Fat Cat)'는 1928년 저널리스트 프랭크 켄트가 발간한 〈정치적 행태〉에서 처음 사용한 용어이다. 임금 격차에 상한선을 두자는 취지이며, '살찐 고양이'는 탐욕스럽고 배부른 기업가나 자본가를 상징한다.

③ '마태효과'는 '무릇 있는 자는 받아 풍족하게 되고 없는 자는 그 있는 것까지 빼앗기리라'라고 하는 신약성경 마태복음 25장 29절에서 유래했다.

④ '서프러제트'는 '참정권'이라는 뜻의 '서프러지(Suffrage)'와 여성을 뜻하는 접미사 '-ette'가 더해진 말로서, 20세기 초 영국에서 전투적 여성 참정권 운동을 이끈 여성들을 지칭한다. 에멀린 팽크허스트가 여성 참정권 운동에 뛰어들어 1903년에 결성한 '여성사회정치연합'을 일간 데일리 메일이 경멸조로 지칭한 용어였다가 이후 영국 사회에서 통용됐다.

05 ② 제시문은 '미디어 믹스(Media Mix)'에 대한 설명이다. 폴리시믹스는 경제 성장과 안정을 동시에 실현하기 위해 재정 정책, 금융 정책, 외환 정책 등의 다양한 경제 정책 수단을 종합적으로 운영하는 일을 뜻한다.

① '케빈 베이컨의 법칙'은 인간관계는 6단계만 거치면 서로 연결된다는 것이다. SNS의 관계 맺기도 이 법칙을 적용한 것으로 볼 수 있다. 미국의 영화배우인 케빈 베이컨이 1994년 1월 한 인터뷰에서 "할리우드의 모든 인사와 직간접적으로 함께 일했다"고 말한 것을 계기로 올브라이트 대학교의 학생 3명이 케빈 베이컨과 할리우드 인사들의 관계를 설정하는 '케빈 베이컨 게임'을 고안했다. 이후 한 TV 토크쇼에서 케빈 베이컨과 만난 이 대학생들은 곽객들이 배우 이름을 거명할 때마다 그 배우가 케빈 베이컨과 어떻게 연결되는지를 보여주었다.

③ '오피니언 마이닝(Opinion Mining)'은 인터넷에서 특정 주제에 관한 여론·감정·의견 등을 통계·수치화해 객관적인 정보로 바꾸는 기술로서, 일정한 법칙성을 찾아내 새로운 의견 형성을 촉진할 수 있다.

④ '게이트 키퍼(Gate Keeper)'는 뉴스와 정보의 유출을 통제하는 기능 또는 그러한 역할을 하는 사람을 뜻한다. 또는 자살 위험 대상자를 발견해 전문기관의 상담을 받을 수 있도록 연세하는 능자살의 예방을 위해 지속적으로 관리하는 사람을 뜻하기도 한다.

06 국제앰네스티는 10년간 사형이 집행되지 않을 경우, 사실상의 사형제 폐지국으로 인정한다.

07 19세기 말엽에 아일랜드 마요 지방의 대지주의 재산관리인이었던 찰스 보이콧이 소작료를 체납한 소작인들을 그 토지에서 추방하려고 하자 농민들은 그의 토지를 경작하는 것을, 상인들은 상품을 파는 것을, 우편 집배원과 마부들은 봉사하는 것을 거부하는 것으로부터 시작되어, 점차 대중 운동으로 진행되면서 귀족들의 장원 방화, 암살, 토지 문서 소각 투쟁 등으로 확산되었다.

08 ① 처음에는 경제적 행동을 이해하기 위한 도구로 개발되었고, 이후 핵무기정책 등 다양한 분야에서 사용되고 있다.

09 스마트 하이웨이(Smart Highway)
주행 중인 자동차 안에서 도로상황 등 각종 교통정보를 실시간으로 주고받으며 소음이나 교통체증을 줄여 시속 160km로 주행할 수 있는 도로기술로, 정보통신기술과 자동차기술 등을 결합하여 이동성, 편리성, 안전성 등을 향상시킨 차세대 고속도로이다.

10 프랑스의 핵실험에 항의하러 가던 중 뉴질랜드 오클랜드에 정박한 레인보우 워리어1호를 프랑스 국외안보총국(DGSE) 소속 특수요원들이 1985년 7월 폭파했다. 이 사건으로 포르투갈 사진사 페레이라가 사망했고, 프랑스 국방장관과 DGSE 국장이 자리에서 물러났다.

11 스트라이샌드 효과(Streisand Effect)
정보를 검열하거나 삭제하려다가 오히려 그 정보가 더 공공연히 확산되는 인터넷 현상이다. 이러한 정보 차단의 시도로는 사진과 숫자, 파일, 또는 웹사이트를 예로 들 수 있다. 정보는 억제되는 대신에 광범위하게 알려지게 되고, 종종 인터넷의 미러나 파일 공유 네트워크를 통해 퍼지게 된다.

12 ② 헤이트 스피치 : 특정 집단에 대한 공개적 차별, 혐오 발언을 말하며, 증오의 감정을 담고 있기 때문에 '증오 언설'이라고도 한다. 한국에는 일본의 극우 세력이 재일 한국인을 대상으로 헤이트 스피치를 자행하면서 알려졌다.
① 캔슬 컬처 : SNS 등 가상의 공간에서 생각이 자신과 다른 사람에 대한 팔로를 취소한다는 뜻으로, 특히 유명 인사가 논쟁을 빚을 수 있는 언행을 했을 경우에 팔로를 취소하고 외면하는 행동 방식을 가리킨다.
③ 딥 백그라운드 : 기록에 남기지 않는 비공식 발언으로서, 취재원이나 기사의 출처는 절대 밝히지 않는 선에서 보도할 수 있다.
④ 엘리베이터 스피치 : 엘리베이터를 타서 내릴 때까지의 짧은 시간(약 60초) 안에 투자자의 마음을 사로잡을 수 있어야 함을 가리키는 말로 할리우드 영화감독들 사이에서 비롯됐다.

13 조지 레이코프의 프레임이론
인간은 무의식 속에 자신만의 심적 체계를 가지고 있고 이 심적 체계에 따라 세상을 바라보고 의사결정을 하여 행동을 한다는 의미를 담고 있다. 즉, 자신의 프레임과 맞지 않으면 아무리 객관적 자료와 사실을 근거로 상대방이 설득하여도 의사결정과 이에 따른 행동은 결국 자신의 프레임대로 이루어진다는 것이다.

14 ④ 유리천장(Glass Celling)은 충분한 능력을 갖춘 사람이 직장 내 성차별이나 인종 차별 등의 이유로 고위직을 맡지 못하는 상황을 비유적으로 이르는 말이다.

15 부부의 날은 부부관계의 소중함을 일깨우고 화목한 가정을 만들어 가자는 취지로 제정된 법정기념일로 가정의 달 5월에 둘(2)이 하나(1) 되는 날이라는 의미를 담고 있다.

16 노동자가 헌법상의 기본권으로 가지는 세 가지 권리로, 단결권·단체교섭권·단체행동권을 말하며, 근로 3권이라고도 한다.

17 잠재적 실업은 원하는 직업에 종사하지 못하여 부득이 조건이 낮은 다른 직업에 종사하는 것을 말한다. 즉, 노동자가 지닌 생산력을 충분히 발휘하지 못하여 수입이 낮고, 그 결과 완전한 생활을 영위하지 못하는 반(半)실업상태라고 볼 수 있다.
① 마찰적 실업, ③ 구조적 실업, ④ 계절적 실업

18 **자연실업률**
(Natural Rate of Unemployment)
물가상승률이 더 높아지거나 낮아지지 않고 안정적으로 유지될 수 있는 수준의 실업률

19 프리젠티즘(Presenteeism)은 조직원의 결근으로 인한 생산성 저하를 뜻하는 앱센티즘(Absenteeism)과 달리, 출근은 했더라도 질병이나 심한 업무 스트레스 등으로 비정상적인 컨디션으로 인해 업무의 성과가 현저히 떨어지는 현상을 뜻한다.

20 노사쟁의가 일어났을 때 사용자가 자기의 주장을 관철시키기 위해 공장, 작업장을 폐쇄하는 것이 사용자의 유일한 쟁의행위이다.

21 비정규직 관련법에 따르면 비정규직 근로자의 범위에는 기간제 근로자, 단시간 근로자, 파견 근로자가 포함된다.

22 회사업무가 아닌 노조와 관련된 일만 담당하는 노조 전임자에 대한 회사 측의 임금지급을 금지하는 대신 노사공통의 이해가 걸린 활동에 종사한 시간을 근무시간으로 인정해 이에 대해 임금을 지급하는 제도로 근무시간으로 인정되는 노조 활동은 근로자 고충처리, 산업안전보건에 관한 활동, 단체교섭 준비 및 체결에 관한 활동 등이다.

23 실업급여는 실직 전 3개월간 평균임금의 60%를 지급기준으로 한다.

24 ④ 더블워크(Double Work) : 아르바이트나 부업을 통해 수입을 보충하는 것을 말하며, 능력별 급여체계가 정착돼 임금 격차가 큰 서구에서는 야간 아르바이트나 주말부업을 하는 것이 보편화돼 있다.
① 잡셰어링(Job Sharing) : 노동시간을 줄임으로써 그에 해당하는 임금을 낮추고 그 남는 임금과 시간으로 노동자를 더 고용하는 정책 또는 회사의 경영방침을 이르는 말이다.
② 임금피크제(Salary Peak) : 일정 연령이 되면 임금을 삭감하는 대신 정년은 보장하는 제도를 말한다.

③ 워크셰어링(Work Sharing) : 근로자를 해고하는 대신 근로시간을 줄이는 제도를 말한다.

25 ③ 사회보험에 대한 설명이다.

사회보험

국민에게 발생하는 사회적 위험을 보험방식에 의해 대처함으로써 국민건강과 소득을 보장하는 제도이며, 국민연금·건강보험·고용보험·산업재해보험 등을 실시하고 있다.

26 ① 팩 저널리즘(Pack Journalism) : 뉴스의 획일적인 보도 행태로 언론사들이 의욕이 없이 서로의 기사를 베껴 적기만 하거나 외압에 의해 보도지침을 받을 때 기사가 비슷해지는 현상

③ 파일럿 프로그램(Pilot Program) : 방송 프로그램의 정규 편성에 앞서 시청자의 반응을 살펴보기 위해 1~2회 분을 미리 방영하고 반응을 보는 것

④ 메라비언(Mehrabian)의 법칙 : 의사소통에 있어서 말투나 표정, 눈빛과 같은 비언어적 요소가 언어적 요소보다 훨씬 중요하다는 마케팅 이론

27 V-Chip

TV 세트 내에서 폭력물 등으로 분류된 특정 프로그램의 수신을 자동으로 차단하는 기능을 목적으로 장착되어 있는 반도체 칩이다. 따라서 시청해도 되는 프로그램 등급과 시청해서는 안 되는 프로의 등급을 미리 입력시켜 두면, V-Chip이 프로그램에 입력되어 있는 등급을 식별해 시청해서는 안 되는 프로그램을 차단하게 된다. 미국은 13인치 화면 이상의 TV 수신기를 대상으로 V-Chip의 설치를 의무화하고 있다.

28 ④ 미니 에피소드(Mini Episode)의 준말로, TV 드라마를 3분 30초~5분으로 짧게 편집해 인터넷으로 제공하는 서비스를 말한다.

29 • UN 환경계획은 1972년 UN 인간환경회의에서 인간환경선언을 채택함에 따라 1973년 발족됐다. 환경 보호와 개선을 위한 국제 협력의 촉진을 목적으로 하며, 관리이사회, 환경사무국, 환경조정위원회로 구성된다. 본부는 케냐의 수도 나이로비에 있다.

• 유네스코(UN Educational, Scientific and Cultural Organization)는 교육·과학·문화의 보급 및 교류를 통하여 국가 간의 협력증진을 목적으로 1946년 설립된 국제연합전문기구이며 인류가 보존 보호해야 할 문화, 자연유산을 세계유산으로 지정하여 보호한다. 본부는 프랑스의 수도 파리에 있다.

30 ① 캄테크(Calm-tech) : 조용함(Calm)과 기술(Technology)의 합성어로, 사람들이 인지조차 하지 못한 상태에서 편리한 서비스를 제공하는 기술을 말한다. 예를 들어, 아무도 없는 불 꺼진 집의 현관문을 열고 들어가는 순간 신발장에 불이 들어오는 경우가 있다. 이것이 바로 센서를 이용한 캄테크의 사례라 할 수 있다.

③ 제로 레이팅(Zero-rating) : 통신사가 특정 서비스에 대한 데이터 사용 요금을 할인 또는 면제해 주는 것을 말한다.

④ 그로스해킹(Growth Hacking) : 성장(Growth)과 해킹(Hacking)의 합성어로, 상품 및 서비스의 개선 사항을 수시로 모니터링하여 즉각 반영함으로써 사업의 성장을 촉구하는 온라인 마케팅 기법이다.

04 문화 · 예술 · 교육

01	02	03	04	05	06	07	08	09	10	11	12	13	14	15
③	③	③	②	③	④	②	④	④	③	③	②	②	④	②
16	17	18	19	20	21	22	23	24	25	26	27	28	29	30
④	②	④	①	④	④	③	①	④	①	③	②	③	①	①

01 「오아시스」(2002)는 소설가이자 감독인 이창동이 감독과 각본을 맡은 작품이며, 그는 이 작품으로 2002년 대한민국 영화대상, 2003년 백상예술대상을 받았다.

02 ③ 2013년 첫 싱글 앨범을 발표하며 데뷔한 방탄소년단은 RM(리더), 진, 슈가, 제이홉, 지민, 뷔, 정국 등 7인조 아이돌이다. 그들은 2021년 제49회 AMA에서 올해의 아티스트, 페이보릿 팝송, 페이보릿 팝 듀오 그룹 등 3개 부문에서 수상했으며, 현대경제연구원에 따르면 이들로 인해 발생한 경제 효과는 총 56조 원에 달한다고 한다. 이들의 공식 팬클럽 아미(ARMY)는 'Adorable Representative M.C for Youth'의 약칭이다.

① · ② · ④ 마이(MY)는 걸그룹 에스파, 블링크는 걸그룹 블랙핑크의 팬클럽이다. 또한 아이비(IVY)는 서태지와 아이들 팬클럽으로서, 상업화를 우려한 서태지의 의견에 따라 1994년 해체되었다.

03 ③ 인서트(Insert) : 화면의 중간에 화면의 상황을 더욱 생생하게 표현하기 위해 고안된 컷을 삽입하는 촬영 및 편집 기법이다. 일반적으로 도주 장면에서 도주자의 얼굴을 클로즈업하는 것, 음식을 먹는 장면에서 음식을 클로즈업하는 것 등이 있다.

① 틸트(Tilt) : 카메라 조작의 한 방법으로, 카메라를 고정한 채 상하로 움직이며 촬영하는 것을 뜻한다.

② 텔롭(Telop) : 텔레비전 방송에서 텔레비전 카메라를 통하지 않고 영상 속에 글자나 그림을 직접 넣어 보내는 장치, 또는 그 글자나 그림을 뜻한다.

④ 크로마키(Chroma-key) : 컬러텔레비전 방송의 화면 합성 기술이다. 색조의 차이를 이용하여 어떤 피사체만을 뽑아내어 다른 화면에 끼워 넣는 방법으로, 배경이나 인물을 촬영한 뒤 어느 하나를 분리하여 다른 카메라에 옮겨 구성한다.

04 2022년 노벨문학상은 프랑스 작가 '아니 에르노'가 수상하였다. 스웨덴 한림원은 "개인적인 기억의 뿌리와 소외, 집단적인 구속을 드러낸 용기와 꾸밈없는 날카로움"을 수상 이유로 들며 에르노에게 노벨문학상을 수여한다고 밝혔다.

① · ③ · ④ 루안다는 앙골라, 나이로비는 케냐, 아디스아바바는 에티오피아의 수도이다.

2022년 노벨상 수상자 목록
- 생리의학상 : 스반테 페보(스웨덴)
- 물리학상 : 알랭 아스페(프랑스), 존 클라우저(미국), 안톤 차일링거(오스트리아)
- 화학상 : 캐럴린 버토지(미국), 모르텐 멜달(덴마크), 칼 배리 샤플리스(미국)
- 경제학상 : 벤 버냉키(미국), 더글러스 다이아몬드(미국), 필립 딥비그(미국)
- 문학상 : 아니 에르노(프랑스)
- 평화상 : 알레스 비일리아 츠키(벨라루스), 시민 자유 센터(우크라이나 인권 단체), 메모리얼(러시아 인권 단체)

05 사경(寫經)은 경전을 베낀다는 뜻이고, 변상(變相)은 진리의 내용(眞相)을 (그림으로) 바꾸어 나타낸다는 뜻이다.

06 '림보'는 우리말로 '고성소(古聖所)'라고 번역할 수 있다. 이는 구약 시대의 조상들이 예수가 강생해 세상을 구할 때까지 기다리는 곳 또는 세례를 받지 못하고 죽은 유아의 경우처럼 원죄 상태로 죽었으나 죄를 지은 적이 없는 사람들이 머무르는 곳을 가리킨다.

07 르네상스 3대 발명품은 나침반, 화약, 인쇄술이다.

08 ④ 2007년 「마이 파더」로 감독 데뷔한 황동혁은 2021년 아름다운예술인상 올해의 영화예술인상, 2018년 춘사영화제 감독상, 2017년 한국영화평론가협회상 감독상 등을 받았으며, 「남한산성」(2017년), 「수상한 그녀」(2014년), 「도가니」(2011) 등이 대표작이다.
①은 「지옥」, ②는 「DP」, ③은 「승리호」 등의 감독이며, 모두 넷플릭스에서 2021년에 공개된 작품들이다.

09 1971년 프레디 머큐리(보컬), 브라이언 메이(기타), 존 디콘(베이스), 로저 테일러(드럼) 등이 모여 결성된 퀸은 1973년 첫 앨범 「Queen」을 발표한 이후 머큐리가 1991년 11월 사망할 때까지 왕성한 활동을 이어온 세계 최정상급의 록밴드이다. 이들은 다양한 장르의 록을 섭렵하면서 후대의 수많은 록밴드들에게 큰 영향을 끼쳤다.

10 ③ 「트리스탄과 이졸데」는 켈트 전설을 소재로 바그너가 작곡한 악극으로, 중세 유럽의 최대 연애담(戀愛譚)이다.

11 르네상스 시대인 1597년 이탈리아 피렌체에서 오페라가 처음 시작되었다.

12 칸타타는 이탈리아어 'Cantare(노래하다)'에서 파생되었다.

13 춘희(라 트라비아타) – 베르디, 마탄의 사수 – 베버
주요 오페라 작곡가와 작품
- 푸치니 : 나비부인, 라보엠, 토스카, 투란도트
- 베르디 : 리골레토, 라 트라비아타(춘희), 아이다, 오셀로
- 모차르트 : 피가로의 결혼, 돈 조반니, 마적
- 바그너 : 탄호저, 니벨룽겐의 반지, 트리스탄과 이졸데

14 브누아 드 라 당스를 수상한 한국 무용수는 1999년 독일 슈투트가르트 발레단 수석 무용수 강수진이 최초이며, 국내파 중에는 2006년 국립발레단의 김주원이 처음이다.

15 **토니상**
미국 브로드웨이의 연극상(賞)으로 1947

년에 브로드웨이의 유명한 여배우 앙트와네트 페리를 기념하기 위하여 미국의 극장기구 · 극장 및 제작자연맹 등에 의하여 창설된 상이며 'A. 페리상' 이라고도 한다. 토니는 페리의 애칭으로 지금도 토니라고 불린다. 영화의 아카데미상에 견줄 만한 상으로 '연극의 아카데미상'이라고도 부르며, 한 작품을 장기 흥행시키는 미국 흥행계에 큰 영향력을 미치고 있다.

16 ④ 오케스트라에서 사용되는 타악기로서 음의 높낮이를 조절할 수 있는 반구 모양의 통에 한 장의 가죽을 씌운 북
① 금속막대로 두드려 소리를 내며 실로폰과 비슷한 형태를 지닌 타악기
② 건반이 있는 피아노 형태의 타악기
③ 둥그런 금속판 두 개를 서로 부딪쳐서 리듬을 표현하는 타악기

17 경기도 민요(오봉산타령)
• 한강을 중심으로 불리던 민요
• 대체적으로 맑고 경쾌한 느낌
• 음색이 부드럽고 유장하며 서정적인 것이 특징
• 장단 : 세마치나 굿거리장단의 빠른 한 배를 사용
• 대표작 : 늴리리야, 천안 삼거리, 창부타령, 베틀가, 한강수타령, 오봉산타령 등

18 베토벤은 나폴레옹을 공화제와 인민들의 영웅이라고 생각해 '보나파르트' 라는 제목으로 나폴레옹에게 헌정할 예정이었던 교향곡 제3번을 작곡하였다. 하지만 그가 황제가 되었다는 소식을 듣고 실망하여 악보를 던지고 한탄하며 제목도 영웅으로 변경했다.

19 ① 동편제의 특징에 관한 설명이다.

20 음악의 빠르기
Adagio(아주 느리게) - Andante(느리게) - Andantino(조금 느리게) - Moderato(보통 빠르게) - Alegreto(조금 빠르게) - Alegro(빠르게) - Vivace(아주 빠르게)

21 채도대비란 주변의 색에 의해서 채도가 다르게 보이는, 즉 둘레의 채도가 높을수록 그 색의 채도가 낮아 보이고, 둘레의 채도가 낮을수록 그 색의 채도는 높아 보이는 현상을 말한다.

22 1980년대 미국 아칸소주의 한 시골 농장으로 이주한 한국 가족의 생활을 그린 「미나리」는 이주 한인 가족의 정착 기록이다. 이 영화는 농장을 가꾸기 시작한 아빠 제이콥(스티븐 연), 다른 일자리를 찾고 있는 엄마 모니카(한예리), 어린 아이들 앤(노엘 케이트 조)과 데이빗(앨런 김)을 돌보기 위해 외할머니 순자(윤여정)가 함께 살게 되며 빚어지는 가족 이야기를 다루고 있다.

23 007 시리즈 첫 작품으로 숀 코너리가 주연한 「007 살인번호」(1962년)부터 2021년 개봉된 「007 노 타임 투 다이」까지 모두 25편의 작품이 제작되었다. 이 시리즈의 영국측 제작사는 이온 프로덕션이며, 미국측 제작사는 MGM(Metro-Goldwyn-Mayer Studios)이다.

24 ④ 우마르 1세(우마르 이븐 알 하탑)는 처음에는 무하마드를 박해하는 등 이슬람교에 대해 적대적이었으나 이슬람교로 개종한 이후 이슬람교 최고 지도자가 되었고, 이슬람 세계를 확장하고 이슬람력(헤지라력)을 확립하며 칼리프 칭호를 처음으로 사용했다. 그러나 개인적인 원한 때문에 페르시아의 한 노예

에게 암살당했다.
①은 제1대, ②는 제3대, ③은 제4대 칼리프이다.

25 조르주 쇠라(1859~1891)는 점묘법을 창시하여 신인상파를 확립하였다. 대표 작품으로는 「수욕(水浴)」, 「그랑드 자트 섬의 일요일 오후」 등이 있다.

26 최초의 월간지는 「소년」, 최초의 월간 종합지는 「청춘」이다.

27 ② 부사성 의존명사 : 양, 대로, 듯, 척, 체, 만큼, 채, 만 등
① 보통 의존명사
③ 서술형 의존 명사 : 따름, 뿐, 이런 등
④ 수 단위 의존명사

28 **'~든(지)'와 '~던지'의 구분**
• 하든지 말든지, 어찌나 춥던지와 같이 '~든지'와 '~던지'는 다르게 사용된다.
• 무엇이나 가리지 않는다는 의미로 사용할 때는 '~든지'를 쓰며, '먹든지 말든지' 또는 '먹든말든'과 같이 '~든(지) ~든(지)'의 형태로 쓰인다.
• 지난 일을 회상하여 막연한 의심, 추측, 가정의 뜻을 나타내거나 '어찌나 ~던지'의 형태로 쓰여 지난 일이 다른 일을 일으키는 근거나 원인이 됨을 나타내는 것은 '~던지'다. '뭘 샀던지 생각이 안 난다. 어찌나 냄새가 지독하던지'와 같이 쓸 수 있다.

29 ①은 카무플라주(Camouflage)에 대한 설명이다. 위나니미슴은 20세기 초에 프랑스에서 일어난 문학 경향으로, 문학은 인간의 개인적 의지나 감정을 초월해 집단이나 사회 전체의 일체적 의지나 감정을 표현해야 한다는 것이다. 로맹이 주창했다.

30 • 동굴의 우상 : 개인의 특수한 환경
• 종족의 우상 : 인간 본위의 판단
• 극장의 우상 : 학설 · 전통 · 권위 · 유행의 무비판적 수용
• 시장의 우상 : 언어의 특수성에서 오는 편견

05 과학 · 환경

01	02	03	04	05	06	07	08	09	10	11	12	13	14	15
④	④	②	①	④	④	①	①	①	①	③	③	②	②	④
16	17	18	19	20	21	22	23	24	25	26	27	28	29	30
①	①	④	②	④	②	②	③	④	②	④	②	②	②	①

01 NFT(Non-Fungible Token)는 '대체 불가능한 토큰'이라는 뜻으로, 희소한 디지털 자산을 대표하는 토큰이다. 블록체인 기술이 활용되는 NFT는 디지털 자산에 별도의 고유한 인식 값을 부여하기 때문에 교환·대체가 불가능하다. 예컨대, 1만원권 지폐는 언제나 가치가 같기 때문에 교환이 가능하지만, NFT는 각각의 토큰이 모두 다르며 가치도 저마다 다르기 때문에 가격 또한 다르게 매길 수 있다. 블록체인 기술로 자산에 고유 번호를 부여해 복제·위조·변조를 막을 수 있기 때문에 진위 여부와 소유권 입증이 중요한 음악·그림·영상 등의 콘텐츠 분야에서 NFT 기술이 큰 관심을 끌고 있다.

02 요소수는 요소 성분을 포함하고 있는 물이라는 뜻으로, 차량에 연료와 별도로 주입하는 촉매제이다. 주로 경유 차에서 나오는 유해한 질소산화물(NO)을 물과 질소로 분해해 매연을 줄이는 기능을 한다. 또한 배기가스 중에는 질소산화물 외에도 일산화탄소(CO), 이산화탄소(CO), 탄화수소(HC), 황산화물(SO), 황화수소(HS), 암모니아(NH), 오존(O) 등이 포함된다.

03 1957년 11월 구 소련은 스푸트니크 2호에 떠돌이 개였던 라이카를 태워 우주로 보냈다. 우주 공간에 나간 라이카는 스트레스와 고열로 사망했고, 애초부터 생존 귀환은 고려되지 않았다고 한다. 이를 두고 동물 학대라는 비판이 일었다.

04 ① 양자컴퓨터는 기본 단위로 큐비트(Qubit, Quantum Bit)를 사용한다. 0과 1이 양자물리학적으로 중첩된 상태를 양자비트 또는 큐비트라 한다.
② 존비트(Zone Bit) : 숫자를 이진 부호로 밀도 높게 표현할 때 사용되는 상위 네 개의 비트를 뜻한다. 왼쪽의 두 비트는 알파벳이나 특수 문자를 나타내기 위해 숫자 비트와 관련지어 쓰일 수 있다.
③ 링크비트(Link Bit) : 누산기 등의 레지스터에서 오버플로 여부를 보여 줄 수 있는 1비트짜리 진단 레지스터를 뜻한다. 이 비트는 프로그램을 제어하며 테스트할 수 있다.
④ 캐리비트(Carry Bit) : 어떤 연산을 수행하였을 때, 최상위 자리에서 올림이 발생하였는지를 나타내는 비트이다.

05 국제원자력기구(IAEA)에 따르면 발전원별 이산화탄소 배출계수(g/kWh)는 석탄은 968, 석유는 803, LNG(천연가스)는 440, 태양광은 100, 수력은 16인 데 비해 원자력은 9에 불과하다. 원자력발전의 이산화탄소 배출량은 석탄발전의 1%에 불과한 셈이다.

06 ④ 엉켜진 다발형태로 존재하기 때문에 수용액에 들어가면 서로 뭉쳐버리는 성질이 있어서 산업현장에 응용하기는 어려웠다. 산업적 응용을 위해서는 탄소나노튜브를 고르게 분산시켜 원하는 소재에 흡착시킬 수 있는 기술이 필수적이다.

07 ① 군대나 군산복합기업 주위에서 검출되는 유해 화학물질 DRX를 빨아들인다. 이 엔짐이라는 물질은 나무의 뿌리에 붙어 있는 박테리아가 생성한다. 엔짐 생성 박테리아를 증식시키면 '요술나무'가 나올 개연성이 높다.
② 캐털리스트는 촉매란 의미이다.
③ 산세비에리아는 밤에도 산소를 배출해 이산화탄소를 제거하고, 음이온을 방출하는 관엽식물이다.
④ 스파티필름은 알코올 · 아세톤 · 벤젠 · 포름알데히드 제거 및 습도 조절능력이 있는 관엽식물로 공기정화식물이다.

08 마그누스 효과(Magnus Effect)는 일정한 방향으로 회전하는 물체가 기체나 액체 등 유체를 통과할 때 압력이 높은 쪽에서 낮은 쪽으로 휘어지며 경로도 그에 따라 달라지는 현상이다. 이는 물체를 둘러싼 유체의 압력 차이 때문에 발생하는 현상으로, 야구의 변화구나 축구의 바나나킥을 설명하는 원리가 된다.

09 ① 지진을 일으키는 단층이 붕괴하거나 일그러지는 현상이 파도처럼 전파되면서 일어나게 한다는 학설이다.

10 ABC(Atmospheric Brown Cloud)
황사나 대기오염 등에 의해 갈색을 띠는 구름으로, 주로 황산염, 질산염, 검댕 등 대기 오염 때문에 생기며 유해한 물질을 다량 포함하여 기후변화에 심각한 영향을 준다.

11 세계기상기구(WMO)는 열대저기압 중에서 중심 부근의 최대풍속이 33m/s 이상인 것을 태풍이라 분류하지만, 일반적으로 최대풍속이 17m/s 이상인 열대저기압을 모두 태풍이라고 부른다.

12 빨간색(630~780nm) > 초록색(600~630nm) > 파란색(450~480nm) > 보라색(380~420nm)

13 ② USB는 'Universal Serial Bus'의 약자이다. 공통되고 최신화된 컴퓨터 연결 규격을 만들기 위해 1994년 컴팩, DEC, IBM, 인텔, 마이크로소프트, NEC, 노텔 등의 IT 7개사가 공동으로 개발하였다.
① 광통신은 신호 변형의 우려가 없으나, 광섬유를 매체로 해 빛 신호를 주고받으므로 전기 신호를 빛 신호로 전환해 전달하고, 다시 빛 신호를 전기 신호로 전환해 정보를 읽어야 하는 번거로움이 있다.
③ 샌드박스는 프로그램을 실행할 때 프로그램 내 코드가 오작동을 일으키거나 악성 코드가 있어 컴퓨터 환경 전체에 악영향을 줄 우려가 있을 경우 사전에 그런 일이 발생하지 않도록 프로그램이 동작할 수 있는 범위 한계를 미리 한정해두는 것이다.
④ 버즈 워드는 검색 엔진을 이용하여 정보를 찾을 때 검색에 도움을 주지 못하는 단어를 뜻한다. 검색할 때 흔히 사용하는 단어를 키워드로 입력하면 너무 많은 결과가 나오게 되므로 원하는 정보를 찾기가 매우 어렵다.

14 **나노(Nano)**
10^{-9}으로 μs(마이크로초)의 1,000분의 1을 나타낸다.

15 벼락은 4~5만A나 되는 전류가 흐르기 때문에 절연체냐 비절연체냐에 상관없이 감전될 수 있다.

16 매리너 계획은 금성·화성·수성 등의 탐사 계획이며, 나머지는 달 탐사 계획이다.

17 파이어니어 1호는 달 궤도 진입에 실패했다. 1959년 발사된 루나 1호(소련)가 최초로 달 궤도에 진입했다.

18 **델린저현상**
27일 또는 54일을 주기로 10분 내지 수십 분 동안 급격하게 일어나는 단파 통신의 장애 현상, 그 원인은 태양면의 폭발에 의하여 생긴 자외선이 전리층 중 E층의 하부를 강하게 이온화시켜 거기에 전파가 흡수되기 때문이다.

19 **초신성 폭발**
어두운 항성이 갑자기 대폭발을 일으켜 엄청난 에너지가 순간적으로 방출되면서 15등급(100만 배)이나 밝아지고 사멸되는 현상으로, 이는 갓 태어난 별의 모습처럼 보여서 초신성이라 불린다.

20 1864년 영국의 물리학자인 맥스웰(J. C. Maxwell)이 주창한 전자기파설이 독일의 물리학자 헤르츠(H. R. Hertz)에 의해 불꽃간극이 있는 전기 진동 회로로부터 전자기파를 발생시킴으로써 실험적으로 증명되어(1888), 그 결과 전자기파는 파장이 다른 점을 세외하면 반사·간섭·회절·편의 및 빛과 완전히 같은 성질을 나타내

며, 전파속도도 빛과 같음이 확인되었다.

21 바륨은 납, 텅스텐, 비스무트, 안티모니 등과 함께 대표적인 방사선 차폐 원소이다. 바륨의 경우 이를 다량 함유한 점토로 벽을 만들어 각종 방사선 노출 시설을 감싸 방사선을 차폐하는 데 사용한다.

22 2세대 컴퓨터는 COBOL, FORTRAN, ALGOL 등의 고급 언어를 컴파일(Compile)함으로써 기계어를 쓰지 않아도 되었다. 이때 컴파일은 프로그램 제작자가 코볼 등의 고급 언어로 쓰인 프로그램을 번역하고 컴퓨터에서 실행할 수 있는 기계어 프로그램으로 고치는 과정을 뜻한다.

23 ③은 스니핑(Sniffing)에 대한 설명이다. 스테가노그래피는 정보를 은밀성을 높이기 위해 정보를 이미지, 오디오 파일 등에 암호화해 은닉하는 것을 말한다. 고대 그리스에서 노예의 두피에 메시지를 문신하고, 머리카락이 자란 노예를 목적지로 보낸 사례에서 유래했다.

24 **미러 사이트(Mirror Site)**
'미러(Mirror)'는 자료의 복사본 모음을 뜻하며, 미러 사이트들은 가장 일반적으로 동일한 정보를 여러 곳에서 제공하기 위해, 특히 클라이언트가 요청하는 대량의 안정적인 다운로드를 위해서 만들어진다. 웹 사이트 또는 페이지가 일시적으로 닫히거나 완전히 폐쇄되어도 자료들을 보존하기 위해 만들어진다.

25 선(先)캄브리아 시대는 현생누대 이전의 지질 시대, 즉 명왕누대→시생누대→원생누대를 부르는 이름이다. 약 46억년 전 지구가 형성된 때부터 시작하여 약 5억 7천

만년 전 고생대 캄브리아기(Cambrian Period)가 시작하기 전까지를 말한다. '캄브리아기의 대폭발'은 이 시기에 다양한 종류의 동물화석이 갑작스럽게 출현한 지질학적 사건을 뜻하며 '캄브리아'라는 명칭은 영국 웨일스 지방의 산악지역의 이름에서 유래하였으며 1832년에 명명되었다.

26 **방아쇠 효과**
생태계에 있어서 평형이 유지되고 있는 상태에서 하나의 평형이 깨지면 연쇄적으로 다른 평형까지 무너지는 현상을 의미한다. 이런 방아쇠 효과가 생기게 된 원인은 주로 자연 상태가 아닌 사람의 인위적인 개입 때문에 주로 발생하게 된다.

27 BOD(생화학적 산소요구량)는 생물(주로 박테리아)이 수중의 유기물을 이용하면서 소모하는 산소의 양을 말하며, 물의 오염을 확인하는 하나의 지표이다.

28 ② 약 100년 전에 독일의 생물학자 에른스트 헤켈에 의해서 제창되었다. 자연 생태계와 동일한 의미로도 쓰이나, 그것보다 구체적인 지역과 생물군으로 성립된 생태계라고 할 수 있다.

29 프레온가스(CFCs)는 1985년 제정된 몬트리올 의정서에 의해 소비가 제한되어 대부분의 선진국들은 1996년 이미 사용을 중단했다. 우리나라를 포함한 개도국들은 2010년부터 사용이 전면 금지됐다.

30 바이오에탄올은 녹말(전분) 작물에서 포도당을 얻은 뒤 이를 발효시켜 만들지만, 바이오디젤은 쌀겨와 같은 유지(油脂) 작물에서 식물성 기름을 추출해 만든다.
에탄올을 가장 쉽게 발효를 통해 얻을 수 있고 값도 싸서 경쟁력이 있는 작물이 바로 감자, 옥수수, 사탕수수, 사탕무, 고구마 등이다. 현재 에탄올을 더 싸게 얻기 위해 나무나 일반 식물의 셀룰로오스를 분해하여 에탄올을 얻는 연구가 계속되고 있다.

06 스포츠 · 보건

01	02	03	04	05	06	07	08	09	10	11	12	13	14	15
①	②	②	②	②	②	②	③	②	①	①	④	①	③	③
16	17	18	19	20	21	22	23	24	25	26	27	28	29	30
①	②	④	①	②	②	④	④	①	④	④	②	③	①	③

01 메르스는 국제적 공중보건 비상사태
(PHEIC)에 포함되지 않는 질병이다.
국제적 공중보건 비상사태(PHEIC)
세계보건기구(WHO)가 가장 심각한 전염
병의 경우에만 사용하는 규정으로, 긴급위
원회 권고를 바탕으로 WHO사무총장이
비상사태를 선포할 수 있다. 2009년 멕시
코에서 시작된 신종플루 때 가장 처음 선
포되었으며, 2019년 중국 우한에서 시작
된 COVID-19(코로나바이러스감염증-19)
까지 총 6차례의 비상사태가 선포되었다.

02 ② 말을 어엿한 선수로 인정하는 승마는 인
간과 말의 교감 · 조화 · 호흡이 중요하
며, 사람의 성별에 따른 기량 차이가 거
의 없으므로 성별 구분 없이 치러진다.
① 한국 여자 선수들이 최초로 올림픽 메
달을 획득한 종목은 배구이다(1976년
캐나다 몬트리올 올림픽 때 동메달).
1972년 독일 뮌헨 올림픽 때 양궁이 처
음으로 올림픽 정식 족목으로 채택된
이후 1984년 8월 미국 LA 올림픽 당시
여자 개인전에서 서향순(금메달)과 김
진호(동메달)가 첫 메달을 기록했다. 대
한양궁협회의 집계에 따르면 한국은
1984년 LA 올림픽부터 2020년 도쿄
올림픽 때까지 금메달 27개, 은메달, 9
개, 동매달 7개를 획득했으며, 한 번도
금메달을 따지 못한 적이 없다.

③ 핸드볼 경기에는 선수가 반칙을 할 경
우 '경고', 그다음 '2분 퇴장'을 2회까
지 받을 수 있다. 3회부터는 '실격(완전
퇴장)' 처리된다.
④ 제시문은 스토브 리그에 대한 설명이
며, 인터리그는 다른 리그에 속한 팀들
과 펼치는 시합을 뜻한다.

03 생백신이 부작용을 일으킬 가능성이 있을
때는 사균백신을 사용한다. 일본뇌염에는
생백신과 사백신 모두 사용되는데, 생백신
은 2년 동안 2회 접종하면 완전 접종이 이
루어지지만, 사백신은 12년 동안 5회 접종
해야 한다. 교차 접종이 불가능하므로 신
중히 선택해야 한다.

04 인수 공통 감염병은 영어로는 'Zoonosis'
라고 하며 동물과 사람이 상호 전파되는
병원체 감염에 의한 질병을 뜻한다. 홍역
은 인간 홍역과 개 홍역이 따로 구분되어
있으며, 개 홍역은 인간에게 감염되지 않
는다. 〈감염병의 예방 및 관리에 관한 법률〉
의 규정에 따라 질병관리청장이 고시하는
인수 공통 감염병에는 장출혈성대장균감
염증, 일본뇌염, 브루셀라증, 탄저, 공수
병, 동물인플루엔자 인체감염증, 중증급성
호흡기증후군(SARS), 변종크로이츠펠트-
야콥병(vCJD), 큐열, 결핵, 중증열성혈소
판감소증후군(SFTS) 등이 있다.

05 대회 명칭은 영국인 사업가 새뮤얼 라이더 (Samuel Ryder)가 순금제 트로피를 기증함으로써 그 이름을 따서 붙였다.

06 ① 한 포지션에 기량이 비슷한 두 선수를 번갈아 기용하는 시스템
③ 번트하는 것처럼 하여 3루수를 유인해내는 공격법
④ 점점 적극성을 가지고 공을 치고 나가는 전법

07 빈(Bean)은 머리의 속어로, 투수가 투구 시 고의적으로 타자의 머리 부근을 겨누어 던지는 반칙투구이다. 심판원은 이에 대해 경고 및 퇴장을 명할 수 있다.

08 야구에서 가장 먼저 승리 투수의 기회를 갖는 것은 선발투수지만, 선발투수는 최소 5이닝 이상을 던져야 승리를 따낼 수 있다.

09 ① 오버파는 규정 타수(파)보다 많은 타수를 말한다.
③ 언더파는 규정 타수(파)보다 적은 타수를 말한다.
④ 더블보기는 한 홀에서 파보다 2타 많은 타수로 홀인하는 것을 말한다.

10 바둑 기량의 품격을 아홉 단계로 나누어 각각의 단계에 운치 있는 이름을 부여하는 단위(段位)를 '위기구품(圍棋九品)'이라고 부르며, 초단을 수졸이라 일컫는다.

11 ② 게임이 듀스일 경우 12포인트 중 7포인트를 획득한 자가 승리하는 경기 단축 방식으로서, 1970년 US 오픈 테니스 대회에서 최초로 채용되었다.
③ 서브가 네트를 넘지 못하거나 서브 영역 밖으로 들어간 경우를 말한다.

④ 서로 한 번씩 꼭 맞붙게 한 경기를 말한다.

12 핸드볼은 축구와 마찬가지로 공이 골라인을 완전히 넘었을 경우에만 득점으로 인정된다.

13 ② 에페 : 마스크와 장갑을 포함한 상체 모두가 유효타깃
③ 사브르 : 플뢰레, 에페와 달리 베기와 찌르기가 동시에 가능, 유효 타깃은 허리뼈보다 위이며 머리와 양팔도 포함
④ 피스트 : 펜싱 경기를 실시하는 지면

14 • 독감은 감기와 달리 어른, 어린이 할 것 없이 증상이 심하다. 단, 건강한 성인은 심하게 앓고 지나가는 반면, 어린이는 폐렴 등 합병증이 잘 생긴다. 노인이나 지병이 있는 환자는 면역력이 떨어져 어린이와 비슷한 양상을 보인다.
• 단순 감기 때와 달리 고열과 근육통 증상이 나타나면 즉시 병원에서 항바이러스제제(타미플루)를 복용해야 한다. 이 약은 증상 발현 48시간 이내에 사용해야 앓는 기간도 단축되고 합병증도 감소한다.

15 컴퓨터 스크린에서 나오는 전리방사선, X선 등의 전자기파가 일으키는 시력저하, 두통, 구토, 불안감 등의 증세를 뜻한다.
① 중장년 이후 남성이 남성호르몬 분비가 줄어들면서 겪는 각종 여성화 현상을 의미한다.
② 대규모 구조조정 후 기업에 남은 조직 구성원들이 겪는 '정신의 황무지 현상'을 의미한다.
④ 장시간 동안 눈높이보다 낮은 위치에 있는 모니터를 내려다보는 사람들의 목이 거북이의 목처럼 앞으로 구부러지는 증상을 의미한다.

16 포화 지방산은 모든 동물성 기름과 식물성 기름에도 다량 함유되어 있으며, 다량 섭취시 혈액 내의 콜레스테롤을 높여 심장질환 등의 발병을 높이기도 한다. 반면, 불포화 지방산은 식물성 기름에 많고, 섭취시 혈액 내의 중성 지방 수치와 혈액이 엉키는 성질을 감소시켜 심장질환 등의 발병을 낮추게 한다.
①은 포화 지방산 기름이고, ②·③·④는 불포화 지방산 기름이다.

17 ㉠ 국제축구연맹에 의하면 한 팀의 선수가 5명 이상 퇴장당하거나 7명 이상 내보낼 선수가 없을 경우 경기를 진행할 수 없다고 판단하여 실격 처리한다.
㉣ 제1회 FIFA 우루과이 월드컵 개최 당시 월드컵 탄생을 주도한 줄 리메 FIFA 회장의 업적을 기념해 1930년 7월 13일 그의 조국인 프랑스와 멕시코가 우루과이의 수도 몬테비데오에서 월드컵 첫 경기를 치렀다. 제1회 월드컵 우승국인 우루과이는 우승컵인 줄리메컵을 받았다. 이후 펠레가 활약한 브라질팀이 1970년 제9회 멕시코 월드컵 결승전에서 이탈리아를 4 : 1로 꺾고 우승했다. 이로써 브라질은 처음으로 통산 3회(1958년, 1962년, 1970년) 우승국이 되어 줄리메컵을 영구 소장하게 되었으나, 1983년 줄리메컵을 도난당했다. 현재 월드컵의 우승컵 명칭은 'FIFA 월드컵'이다.
㉡ 하프타임은 15분 이내로 한다. 경우에 따라 10분 전후로 하되 15분을 초과하지 않으며, 대회운영본부(주최) 측에서 적절히 통제해야 한다.
㉢ 골키퍼는 자신의 팀과 상대팀의 필드 플레이어와 구분되는 색의 옷을 입어야

한다. 골키퍼는 유일하게 손을 쓸 수 있는 포지션으로서, 문전 혼전 상황에서 심판이 정확하게 판정하려면 필드플레이어와 골키퍼를 잘 구별할 수 있어야 하기 때문이다.

18 공포증(Phobia)은 사회경험이 쌓이면서 줄어들다가 신체기능과 자신감이 결여되는 60대부터 다시 증가한다.

19 집중 치료가 가능하다는 점에서 감마나이프와 비슷하지만 사이버나이프는 로봇팔을 이용해 안전하면서 집중적인 방사선 치료가 가능하다.

20 PTSD(일명 트라우마), 충격 후 스트레스장애·외상성 스트레스장애라고도 한다.

21 ② 아직 예방주사와 치료제가 없으며 모기에 물리지 않는 것이 유일한 예방책이다.
뎅기열
브레이크본열(Breakbone Fever)이라고도 한다. 발병은 갑자기 나타나는데, 머리·눈·근육·관절 등의 심한 동통이나 인후염, 카타르성 증세, 그리고 때로는 피부발진 및 각 부분의 유통성종창(有痛性腫脹)이 특징이다. 이 질환은 3~6일의 잠복기간 후 발병한다.

22 ④ 우리나라는 질병으로 인한 사회적 손실을 최소화하기 위해 〈감염병의 예방 및 관리에 관한 법률〉로 감염병을 지정해 그에 맞춰 국가가 대처해야 할 의무를 규정했다. 제1급 감염병은 생물테러감염병 또는 치명률이 높거나 집단 발생의 우려가 커서 발생 또는 유행 즉시 신고하여야 하고, 음압격리와 같은 높은 수준의 격리가 필요한 감염병으로서,

에볼라바이러스병, 마버그열, 라싸열, 크리미안콩고출혈열, 남아메리카출혈열, 리프트밸리열, 두창, 페스트, 탄저, 보툴리눔독소증, 야토병, 신종감염병증후군, 중증급성호흡기증후군(SARS), 중동호흡기증후군(MERS), 동물인플루엔자 인체감염증, 신종인플루엔자, 디프테리아 등이 있다.
①·②·③ 전파 가능성을 고려하여 발생 또는 유행 시 24시간 이내에 신고해야 하고, 격리가 필요한 제2급 감염병에 속한다.

23 미국 오하이오주 노워크(Norwalk)라는 지역에서 집단 발병된 이후 이 지역의 이름을 따서 명명되었다.

24 ① 감염되면 급성 호흡기감염 질환이 발생한다. 주로 50세 이상의 면역력이 떨어지는 연령층에서 많이 발생하는데, 폐렴이 동반되는 경우에는 치사율이 39%에 이른다. 그러나 비폐렴성 증상은 치료 없이 5일 이내에 자연적으로 낫는다.

25 ④ 뇌염과 홍역은 바이러스성 질환이고, 페스트와 결핵은 세균성 질환이다.

26 ④ 거주·이전의 자유를 제한한다는 점에서 스탠드 스틸은 함부로 발동할 수 없으며, 2012년 2월 〈가축전염병예방법〉에 스탠드 스틸 조항이 포함됐다.
① 셉테드(CPTED) : 범죄가 물리적 환경에 따라 더 자주 발생할 수 있다는 생각에서 유래한 것으로, 도시 환경을 설계하여 범죄를 예방하는 기법이다. 예컨대 인적이 드문 공공장소에 CCTV를 설치하는 방법이 있다.

② 세틀먼트(Settlement) : 복지 시설이 낙후된 일정 지역에 종교 단체나 공공단체가 들어와 보건, 위생, 의료, 교육 따위의 다양한 활동을 통하여 주민들의 복지 향상을 돕는 사회사업을 뜻한다.
③ 애프터케어(Aftercare) : 결핵 등의 중증 환자가 병원에서 치료를 받고 사회에 복귀한 이후의 건강 관리나 사회 복지를 위한 지도, 또는 그런 시설

27 ② 여러 대륙에 걸쳐 퍼지는 대유행의 전염병을 말하며 WHO의 전염병 경보 단계 중 최고 위험 등급에 해당한다.
① 유행으로 번역되며 한 지역 또는 인구 집단에서 평소보다 환자가 많이 발생하는 경우를 말한다.
③ 토착화 유행을 말하는 것으로 지역 내 감염원에 의해 옮겨지는 풍토병 같은 전염병의 경우를 말한다.
④ 두 종류 이상의 질병이 결합되어 퍼지는 전염병을 말한다.

28 국제야구연맹의 규정상 10회 이상 무승부가 이어질 경우 승부치기를 실시한다. 승부치기는 일반적인 야구 경기와 비슷하게 진행하지만, 공격 시작부터 1루와 2루에 진루자를 배치해 점수가 나오기 쉽게 만든 뒤 경기를 진행한다.

29 ② 대상포진은 어릴 때 수두를 일으켰던 바이러스가 특정 신경세포에 잠복해 있다가, 몸의 저항력이 일시적으로 약해질 때 활성화되어 신경섬유를 따라 염증을 일으켜 증세가 발현된다.
③ 남성 흡연자에서 잘 발생하는 질병으로서, 혈관 폐쇄로 인해 사지 말단이 괴사 상태에 빠지거나, 심할 경우 절단까지 초래할 수 있는 혈관 질환이다.

④ 사지의 말단부위가 발작적인 동맥수축에 의하여 창백하게 보이며, 냉감이나 통증을 호소하는 질환이다.

30 **간(肝)**
우리 몸에서 가장 크고 무거운 장기이다. 간은 우리 몸의 생명 유지에 필요한 물질을 생산·저장·전환시키는 기능을 담당하고 있다. 암모니아를 요소로 바꾸고, 쓸개즙을 생산하며 영양소를 저장하고 해독 작용을 하며 배설 및 방어 작용을 한다. 또한 혈액량의 조절과 물, 전해질 대사 기능 등 우리 몸에서 매우 중요한 역할을 하고 있다.

07 한국사

01	02	03	04	05	06	07	08	09	10	11	12	13	14	15
③	②	④	④	①	③	③	②	②	③	①	②	②	②	②
16	17	18	19	20	21	22	23	24	25	26	27	28	29	30
②	②	③	①	①	①	③	③	③	①	②	①	④	④	④

01 ③ 주먹도끼, 찍개 등의 뗀석기를 사용하며, 동굴이나 강가에 막집을 지어 살고, 계절에 따라 이동하던 시기는 구석기 시대이다. 반달돌칼은 청동기 시대의 대표적인 유물로서, 청동기 시대에는 농사가 시작됐다.
① 신석기 시대에는 조·수수 등 농경이 시작돼 정착 생활이 이루어졌으며, 가락바퀴와 뼈바늘로써 의복과 그물을 제작했다.
② 구석기 시대 사람들은 먹잇감을 따라 이동하거나 바뀐 환경에 적응하면서 도구를 더욱 발전시켰다. 처음에는 찍개, 주먹도끼 등과 같이 하나의 도구를 여러 용도로 사용했으나 점차 자르개, 밀개, 찌르개 등 쓰임새가 정해진 도구를 만들어 사용했다.
④ 신석기 시대 사람들은 강가나 바닷가에 움집을 짓고 살면서 뼈낚시, 그물, 돌창, 돌화살을 사용해 채집이나 수렵을 했다. 또한 조, 피 등을 재배하는 농사를 시작했으며, 이것을 빗살무늬 토기에 보관하거나 조리했다.

02 '태화(太和)'는 신라 진덕 여왕 때의 연호(647~650)로서, 신라의 마지막 연호이다. 발해의 무왕이 사용한 연호는 '인안(仁安, 720~738)'이다. 독자적인 연호의 사용은 대외적으로 불가침의 주권을 가지며 중국과 대등함을 상징한다.

03 몽골군을 피해 강화도에 있던 고려 정부가 개경으로 돌아가면서 몽골과의 강화 조약이 성립되자 이에 반대한 삼별초는 진도와 제주도로 근거지를 옮겨 1273년까지 대몽 항쟁을 벌였다.

04 흔히 '동대문'이라고 부르는 흥인지문(興仁之門)은 조선 태조 5년(1396) 도성 축조 때 건립됐으나 단종 원년(1453)에 고쳐 지었고, 지금 있는 문은 고종 6년(1869)에 새로 지은 것이다. ④는 조선 제5대 임금 문종에 대한 설명이다.

05 **한강 유역의 점령 순서**
백제(4세기 근초고왕) → 고구려(5세기 장수왕) → 신라(6세기 진흥왕)

06 **왕인**
백제의 학자로서 천자문과 논어 등을 일본에 전해 주었다. 왕인은 일본에 머무르면서 일본의 임금과 태자의 스승이 되어 공부를 가르쳐 주었고 일본 사람들로 하여금 한문과 유학을 알게 하였다. 지금도 일본인들은 왕인을 일본 문화의 스승으로 받들고 있으며, 그의 공적을 기리는 유적들도 여러 곳에 남아 있다.

07 ③ 국내에 유일하게 남아 있는 고구려 석비로, 장수왕이 남한강 유역의 여러 성을 공략하여 개척한 후 그 기념으로 세웠을 것으로 추측하고 있다.

08 ㉠ 거란 침입대비 천리장성 축조(1033~1044)
㉣ 여진족 토벌(1107)
㉡ 금에 대한 사대 외교(1126)
㉢ 몽골과의 거란족 토벌(1218)

09 ① 도병마사 : 중서문하성과 중추원의 고관으로 구성되는 회의기관으로 중요정책협의(재추의 합좌기관)

③ 중추원 : 왕명의 출납과 군사기밀을 담당하던 기관
④ 삼사 : 고려 시대에 화폐와 곡식의 출납 및 회계를 관장하던 기관. 사헌부 · 사간원 · 홍문관은 조선 시대의 삼사

10 「황성 옛터」는 고려왕조의 멸망을 아쉬워하는 내용으로, 옛 고려의 수도였던 개경과 관련이 있다. 고려시대의 3경은 개경 · 서경 · 남경으로 각각 개성 · 평양 · 한양이다.

11 ① 소수림왕 2년(372년)에 설립된 우리나라 최초의 관학이다.
② 고려 성종 6년(987년)에 지방에 설치된 교육 기관이다.
③ 고려 성종 11년(992년)에 설치되었는데, 충렬왕 원년(1275년)에 이름을 국학으로 고치고, 동왕 24년(1298년)에는 성균관으로, 공민왕 5년(1356년)에는 다시 국자감으로, 동왕 11년(1362년)에 다시 성균관으로 고쳐, 조선으로 이어져왔다.
④ 조선 시대의 최고 국립종합대학으로 그 명칭은 고려 충렬왕 때에 국학을 성균관으로 개명한 데서 비롯되었다.

12 태조 왕건은 서경 길지설을 내세워 서경을 북진 정책의 전진 기지로 삼았으며, 이규보의 『동명왕편』은 고구려의 건국자인 동명왕을 칭송한 일종의 영웅 서사시로서, 고구려 계승 의식을 반영하였다. 묘청의 서경 천도운동은 서경 길지설을 바탕으로 추진되었다.

13 제시된 내용을 발생 순서로 나열하면 ③ 대조선국민군단 조직(1914년 6월) → ④ 2 · 8 독립선언서 발표(1919년 2월) → ① 조선민립대학 기성회 창립 총회(1923년 3월) → ② 나석주 의거(1926년 12월)이다.

14 간의는 천체 관측 기구이다. 조선 전기에는 사원 위주의 고려 건축과는 달리, 궁궐, 관아, 성문, 학교 등이 건축의 중심이 되었다. 그리고 세종 때 과학기술이 발달하였고, 특히 천문학, 농업과 관련된 각종 기구가 발명·제작되었다. 자격루, 앙부일구, 측우기 등을 통해 이를 확인할 수 있다.

15 **예조**
고려와 조선시대의 주요 국사 처리기관인 6조의 하나로 예악(禮樂), 제사, 연향(宴享), 조빙(朝聘), 학교, 과거에 관한 일을 관장했다.

16 **조선시대 3대 시가집**
- 청구영언(1728) : 김천택이 시조 998수와 곡조에 따라 나누고 정리한 가사 17편을 수록한 최초의 시조집
- 해동가요(1763) : 김수장이 자신의 시 117수를 포함한 883수의 시조를 시대별로 나누고 각 작가에 대한 짤막한 해설을 넣어 만든 시조집
- 가곡원류(1876) : 스승과 제자인 박효관과 안민영이 1,000년 동안의 시가를 총정리하여 함께 엮은 시가집

17 ② 홍문관은 세조 9년에 설치되었다.
③ 경국대전 편찬 시작은 세조 때이며, 성종 때 완성하였다.

18 조선시대의 인물사전 『국조인물고(國朝人物考)』는 32권으로 완역됐다.
『국조인물고』는 조선건국에서부터 영조대 초엽까지 주요인물 2,091명의 전기자료를 항목별로 나누어 편집한 책으로 영·정조대에 편찬된 것으로 추정된다. 이 책의 원본은 74권의 방대한 분량인데 제4권과 제7권이 없어지고 72권만이 서울대 규장각

에 소장되어 있다.

19 1948년 5월 10일 실시된 제1대 국회의원 총선거에서는 북한을 제외한 38선 이남 지역만 투표가 실시됐으며, 제주 4·3 사건으로 인해 치안이 불안하다는 이유 때문에 제주도에서도 투표가 이루어지지 못했다.

20 **흠흠신서**
조선 정조 때에 정약용이 지은 책으로 형벌 일을 맡은 벼슬아치들이 유의할 점에 관한 내용이다.

21 **충무공 이순신의 주요 해전 일지**
- 옥포해전 : 이순신의 첫 해전
- 사천해전 : 최초로 거북선을 사용한 해전
- 명량해전 : 13척의 배로 133척의 배를 이긴 해전
- 한산도해전 : 학익진 전법을 사용한 해전
- 노량해전 : 이순신이 전사한 해전

22 **조선 화가 구분**
- 조선 3대 거장 : 안견, 김홍도, 장승업
- 조선 3대 풍속화가 : 신윤복, 김홍도, 김득신
- 삼원 : 단원(檀園) 김홍도, 혜원(蕙園) 신윤복, 오원(吾園) 장승업
- 삼재 : 겸재(謙齋) 정선, 현재(玄齋) 심사정, 관아재(觀我齋) 조영석

23 제시문은 연산군을 폐하고 왕위에 오른 중종이 정치를 개혁하고자 조광조 등의 젊은 학자를 중심으로 왕도정치이념을 추진하자 여기에 불만을 가진 심상정, 남곤, 홍경주 등이 '주초위왕'이란 글자를 새겨 조광조를 유배시킨 기묘사화(1519)의 일이다. 만적의 난은 1198년, 갑신정변은 1884년, 을사사화는 1545년, 행주대첩은 1593년의 일이다.

24 ㉠ 정미조약(1547년) : 사량진 왜변 이후 단절되었던 일본과의 국교를 47년에 다시 허용한 조약
㉡ 정축조약(1637년) : 병자호란 후에 청에 항복하면서 맺어진 조약
㉣ 톈진조약(1858년) : 애로호 사건 이후 청나라가 서양의 여러 나라와 맺은 불평등 조약
㉢ 강화도조약(1876년) : 조선과 일본 간에 체결된 수호조약
㉤ 한성조약(1884년) : 갑신정변 뒤처리를 마무리 짓기 위하여 일본과 맺은 조약

25 남한만의 단독 정부 수립에 반대해 남로당 제주도당의 봉기와 미군정과 경찰의 강경 진압으로 발생한 제주 4 · 3 사건(1948년)으로 무고한 시민들이 희생됐다.
①은 1946년 8월, ②는 1949년 8월, ③은 1950년 10월, ④는 1949년 1월에 발생했다.

26 **하멜표류기**
네덜란드인 헨드릭 하멜이 일본 나가사키로 항해하던 중 태풍을 만나 조선 제주도에 표착하여 14년간 조선에 억류된 생활을 기록한 보고서이다. 조선이라는 나라의 존재를 유럽에 소개한 최초의 문헌이다.

27 ① 1966년 주한 미국대사 브라운은 월남전쟁을 위한 한국군 지원 조건을 담은 '브라운 각서'를 박정희 정부에 공식 전달했다. ①은 박정희 정부(1965) 때 일어났다.
②는 노무현 정부(2004), ③은 노태우 정부(1991~1992), ④는 김영삼 정부(1996) 때 일어났다.

28 ④ 병인양요에 대한 설명이다.

29 '광명이 계속 이어져 그치지 않는 전각'이라는 의미를 가진 덕수궁 중명전은 1897년 황실도서관으로 건립됐지만, 덕수궁에 화재가 난 1904년부터 1907년까지 고종황제의 집무실로 쓰였다. 1905년 12월 이토 히로부미에 의해 을사늑약이 강제되었던 곳이며, 고종이 헤이그 만국평화회의의 특사 파견 등 을사늑약 무효화 외교를 지휘한 곳이기도 하다.

30 제3차~제4차 경제 개발 5개년 계획(1972~1981)에서 중화학 공업 육성에 주력한 결과 농업 · 어업 등 1차 산업의 비중이 축소되고 광공업과 서비스업 등 2차 · 3차 산업의 비중이 높아졌으며, 1970년대 말에는 중화학 공업의 비중이 경공업을 앞질렀다.

01	02	03	04	05	06	07	08	09	10	11	12	13	14	15
②	②	④	①	①	③	②	③	②	①	①	②	②	②	③
16	**17**	**18**	**19**	**20**	**21**	**22**	**23**	**24**	**25**	**26**	**27**	**28**	**29**	**30**
④	①	②	①	②	①	④	④	③	③	④	③	④	①	④
31	**32**	**33**	**34**	**35**	**36**	**37**								
③	③	③	③	②	②	①								

01 「A : 우리 수영하러 가자. 넌 어떠니?
　　B : 그래 좋아.」

02 「A : 너에게 물어봐도 되겠니?
　　B : 그래, 얘기해 봐.」

03 「A : 안녕, 빌. 어디 갔다 왔니?
　　B : 이제 막 제주도에서 돌아왔어.
　　A : 여행은 어땠니?
　　B : 아주 즐거웠어. 그리고 날씨가 아주
　　　　좋았어.」

04 「A : 어서오세요, 손님. 무엇을 도와드릴
　　　　까요?
　　B : 네, 아들에게 줄 조그만 망원경을 찾
　　　　고 있어요.
　　A : 당신이 원하시는 것이 여기 있어요.
　　　　품질이 우수합니다.
　　B : 좋아 보이는군요. 가격은 얼마인가요?
　　A : 20달러에 판매하고 있습니다.
　　B : 가격이 적당하군요.」

05 「A : 당신은 기계 없이도 살 수 있다고 생
　　　　각합니까?
　　B : 아니오, 나는 그렇게 생각하지 않습니
　　　　다. 기계들은 우리 현대 생활의 중요
　　　　한 부분입니다.
　　A : 나도 당신과 같은 생각입니다. 우리의
　　　　삶은 기계에 얽매여 있습니다.」

06 wrap : 감싸다, 포장하다
　　「A : 이 CD 얼마입니까?
　　B : 10달러입니다.
　　A : 좋습니다. 이것을 사겠어요. 포장해
　　　　주세요.
　　B : 여기 있습니다.」

07 would you mind ~ing : ~을 해도 괜찮
　　겠습니까?(~을 하면 거북하십니까?)

08 「A : 내가 오늘 학교에 늦게 가서 미안해.
　　B : 괜찮아. 네가 너무 자주 늦지 않았으
　　　　면 해. 나는 네가 충분한 이유를 가지
　　　　고 있다고 생각해.
　　A : 나는 열차를 놓쳐서 다음 열차를 20
　　　　분 동안 기다려야만 했어.」

09 How often…? : 얼마나 자주
「A : 제가 갈아타야 하나요?
B : 아니오, 쭉 갑니다.
A : 여기에 얼마나 자주 옵니까?
B : 10분마다요.」

10 of course : 물론, 그렇군요 ↔ of course
not : 물론 그렇지 않다
「A : 네 선물이야.
B : 고마워. 지금 열어봐도 될까?
A : 물론이지.
B : 매우 예쁜 인형이구나!」

11 상대방의 의견을 물을 때는 How about~ ?
(~이 어때?)으로 표현한다.
「A : 요즘 어떻게 지내고 있니?
B : 좋아. 넌 어때?
A : 아주 좋아. 내 앞날에 대해 고민하고
있는 중이거든.
B : 다음 해를 말하는 거니?
A : 아니, 내 평생 직업에 대한 것 말
이야.」

12 「A : 뭘 도와드릴까요?
B : 네. 상자 몇 개를 부치려고 합니다.
A : 어느 나라에 보내는 것입니까?
B : 한 개는 중국에, 나머지 두 개는 한국
으로 보낼 겁니다.」

13 Is there anything wrong with you? :
어디 아픈 데 있니?
「A : 무슨 일 있니? 안색이 별로 좋지 않
구나.
B : 독감에 걸렸어.」

14 부사로서 neither는 부정문에 이어서 '…
도 또한 ~않다'의 의미를 지니며 neither
에 유도되는 문장은 어순이 도치된다. 따
라서 Neither can I가 맞다.
「A : 그는 그 문제를 풀 수 없다.
B : 나도 마찬가지야.」

15 The line is busy : 통화중입니다.

16 「A : 넌 그 문제를 해결할 수 있다고 생각
하니?
B : 물론 그렇지 않아. 그러나 도와줄 수
는 있어.」

17 Why not? : (권유·제안 등에 동의하여)
좋아, 그러자.
「A : 나랑 영화보러 갈래?
B : 물론이야. 몇 시에 만날까?
A : 오늘 오후 2시 30분에 만나자.」

18 How often~? : 얼마나 자주~?
「A : 얼마나 자주 그는 그의 부모님을 방
문합니까?
B : 두 달마다요.」

19 「A : 여보세요, 미스터 김인데요, Jane 좀
바꿔주세요?
B : 끊지 말고 기다리세요. 그녀가 안에
있는지 볼게요.」

20 check in : (호텔에) 투숙하다, 숙박부에
기재하다(register) ↔ check out : (호텔
에서) 퇴숙하다
「A : 안녕하세요. 도와드릴까요?
B : 예. 저는 투숙을 원합니다.
이름은 존 스미스입니다. 3일 동안 예
약할 겁니다.」

21 ① 잘 익혀 주세요.
② (계란 요리에서) 반숙으로 주세요.

22 「A : 당신 어머니는 안녕하십니까?
　B : 잘 계세요. 고맙습니다.
　A : 그분께 안부 좀 전해주세요.」

23 ④ 잠깐 볼게요.
take one's time : (서두르지 않고) 천천
히 하다
「A : 도와드릴까요?
　B : 예, 타이를 보고 싶습니다.
　A : 여기 최신 제품이 있어요.
　B : 잠깐 볼게요.
　A : 예, 손님. 천천히 하십시오.」

24 ① 네 장래 희망은 무엇이니?
② 너희 아버지의 취미는 무엇이니?
④ 너희 어머니의 고향은 어디니?
「A : 너희 형의 직업은 무엇이니?
　B : 그는 배관공이야.」

25 'I'm a stranger here(저도 여기가 처음
입니다).'에서 힌트를 얻는다.

26 「A : 어디 가시죠?
　B : 도서관에요.」

27 be on a diet : 다이어트 중이다
「A : 케이크와 차를 드시겠어요?
　B : 아니, 괜찮아요. 그리고 차에 설탕은
넣지 마세요. 전 다이어트 중이거
든요.」

28 ④ Here we are. 자, 다 왔습니다.
② Here you are.(= Here it is.) 자, 여기
있습니다. (물건을 건네줄 때 씀)
「A : 김포공항에 다 왔습니다.

　B : 고맙습니다. 요금이 얼마입니까?
　A : 3,000원입니다.」

29 reserve : 예약하다
「A : 웨이터, 이 테이블은 비어 있습니까?
　B : 손님, 죄송하지만 두 테이블은 전화
예약이 돼 있습니다.」

30 「A : 실례합니다. 여기가 어디입니까?
　B : 정말 미안합니다만 저도 여기 처음입
니다.」

31 growl : 으르렁거리다
A의 말은 배가 고프다는 의미이다.
「A : 내 위가 으르렁거려.
　B : 무슨 뜻이니?
　A : 정말 배고프다는 뜻이야.」

32 예, 이 길이 맞습니다.
「A : 실례지만, 저는 우체국에 가려고 합
니다. 이 길이 우체국 가는 길인가요?
　B : 예. 맞습니다.
　A : 여기서 얼마나 멉니까?
　B : 꽤 멀어요. 버스 타는 게 낫겠어요.
　A : 친절에 감사드립니다.
　B : 천만에요.」

33 ③ 상대방이 '죄송하다'고 할 때의 응답은
That's all right(= Don't mention it
= Don't worry about it).
mean to : ~할 작정이다(= intend to)

34 「A : 무엇을 도와드릴까요?
　B : 드레스 셔츠를 사려구요.
　A : 어떤 사이즈를 입으세요?
　B : 제 사이즈를 몰라서요. 입어봐도 되나
요?
　A : 물론입니다.」

35 look around : 둘러보다, 이것저것 고려하다

「A : 도와드릴까요?

B : 아니오. 그냥 구경 중입니다.
아마도 나중에 도움이 필요할 거예요.

A : 그럼 천천히 둘러보세요. 위층에 더 많은 물건이 있습니다.」

36 Take it easy : 마음을 편히 가지세요.
(= Make yours if at home, please relax).

37 ① since : ~때문에, ~이므로, ~여서
②·③·④의 since는 과거의 어떤 때부터 지금까지의 현재완료의 의미로 사용되었다.

무언가를 위해 목숨을
버릴 각오가 되어 있지 않는 한
그것이 삶의 목표라는 어떤 확신도 가질 수 없다.

체 게바라

좋은 책을 만드는 길, 독자님과 함께 하겠습니다.

2023 채용대비 All-New 현대자동차 생산인력 필기시험 한권으로 합격하기

개정7판5쇄 발행	2023년 03월 10일 (인쇄 2023년 02월 27일)
초 판 발 행	2012년 05월 15일 (인쇄 2012년 05월 08일)
발 행 인	박영일
책 임 편 집	이해욱
편 저	SD적성검사연구소
편 집 진 행	이근희 · 구현정
표지디자인	조혜령
편집디자인	안시영 · 장성복
발 행 처	(주)시대고시기획
출 판 등 록	제 10-1521호
주 소	서울시 마포구 큰우물로 75 [도화동 538 성지 B/D] 9F
전 화	1600-3600
팩 스	02-701-8823
홈 페 이 지	www.sdedu.co.kr

I S B N	979-11-383-4386-2 (13320)
정 가	22,000원

현대자동차

생산직(생산인력)

정답 및 해설

고졸/전문대졸 취업 기초부터 합격까지! 취업의 문을 여는 Master Key!

고졸/전문대졸 필기시험 시리즈

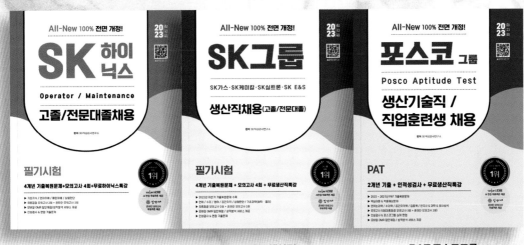

• SK 하이닉스
Operator / Maintenance

• SK 생산직

• PAT 포스코그룹
생산기술직 / 직업훈련생

• GSAT 5급

• GSAT 4급

• GS칼텍스

SD에듀가 합격을 준비하는 당신에게 제안합니다.

성공의 기회! SD에듀를 잡으십시오.
성공의 Next Step!

결심하셨다면 지금 당장 실행하십시오.
SD에듀와 함께라면 문제없습니다.

기회란 포착되어 활용되기 전에는
기회인지조차 알 수 없는 것이다.

- 마크 트웨인 -